U0677811

核心素养视域下高中复数课程实践研究

彭艳贵　著

东北大学出版社
·沈　阳·

ⓒ 彭艳贵 2023

图书在版编目（CIP）数据

核心素养视域下高中复数课程实践研究 / 彭艳贵著
. — 沈阳：东北大学出版社，2023.11
ISBN 978-7-5517-3460-8

Ⅰ．①核…　Ⅱ．①彭…　Ⅲ．①中学数学课－教学研究
－高中　Ⅳ．①G633.602

中国国家版本馆 CIP 数据核字（2024）第 000391 号

——

出　版　者：东北大学出版社
　　　　　　地址：沈阳市和平区文化路三号巷 11 号
　　　　　　邮编：110819
　　　　　　电话：024－83680182（总编室）　83687331（营销部）
　　　　　　传真：024－83680182（总编室）　83680180（营销部）
　　　　　　网址：http://www.neupress.com
　　　　　　E-mail: neuph@ neupress.com
印　刷　者：辽宁一诺广告印务有限公司
发　行　者：东北大学出版社
幅面尺寸：185 mm×260 mm
印　　张：9.25
字　　数：230 千字
出版时间：2023 年 11 月第 1 版
印刷时间：2024 年 1 月第 1 次印刷
策划编辑：周文婷
责任编辑：郎　坤
责任校对：杨　坤
封面设计：潘正一
责任出版：唐敏志

——

ISBN 978-7-5517-3460-8　　　　　　　　　　　定　价：60.00 元

内容简介

　　数学核心素养是新一轮高中数学教学改革的核心内容，既与个体发展的培养目标紧密关联，又是高中数学课程发展的方向。高中阶段的复数关联着代数、平面几何、三角函数等多个知识主题，表现出广泛的联系性，在核心素养理念下，高中复数的学习对于高中生的知识理解和个体发展都是重要的。在历年高中数学课程标准修订过程中，复数虽然一直被认为是高中数学中的基本部分，但它的内容体系从新中国成立以来就表现出一定的波动性，反映了人们对高中复数的价值取向和课程发展的思考过程。尤其是在近些年的高中数学课程发展中，复数成为典型的"容易教的难点课"，教起来简单，但学生对于基本概念的理解存在明显的问题。本书以高中生的学习表现作为一项基本的评价依据，从不同方面对高中复数课程的理论进行分析，对高中复数课程的实践进行讨论，主要包括高中复数课程实施中的现实问题、高中复数的研究发展、高中复数教育价值的理论讨论、高中复数课程的文本分析、高中生的复数学习表现及存在的典型问题、高中复数课程的组织建议。对于相关内容的讨论，最终目的是深入思考基于高中生的发展和学习需求该如何进行高中复数课程内容的选择与组织。

　　本书可作为数学教育研究者及数学教育专业本科生、研究生的参考用书。

前　言

在 2017 年新修订的高中数学课程标准中，把学科核心素养落实到课堂教学中，明确提出了六种数学核心素养：数学抽象素养、逻辑推理素养、数学建模素养、直观想象素养、数学运算素养和数据分析素养。在基础教育范围内，核心素养已经成为理论研究、课程实践、学生发展等方面的重要内容。

基础教育教学改革的主要基础是课程改革，课程的设置与调整反映了基础教育的价值取向，直接影响着相当一段时间的基础教育的教学、学习等方面。复数是高中数学的基本内容之一，具有鲜明的知识特征和重要的教育价值。但从新中国成立以来十几个版本的普通高中数学教学大纲及课程标准文本可以看出，复数内容表现出一定的波动性，经历了从早期比较丰富的复数内容，到大量删减，再以选修形式实现内容基本回归的过程，一方面说明了对高中复数课程的研究和探索，另一方面反映出对高中复数课程内容选择尚未达成相对稳定的标准。在《普通高中数学课程标准（2017 年版）》中，复数课程目标包括：帮助学生通过方程求解，理解引入复数的必要性，了解数系的扩充，掌握复数的表示、运算和几何意义，核心目标是数系扩充与对引入复数必要性的认识。但在教学实践中，在作为高中阶段重要评价方式的高考中，复数内容几乎被认为是"白送分"的题目；在教学过程中，教师也常常把复数作为边缘化的教学内容；学生更习惯于认为虚数就是"平方等于负数"的数，或者仅仅认为复数就是具有特定形式的数学符号，这并不利于学生对复数概念进行根本性理解。

高中数学教育是学生成长、人才培养的一个重要环节。教育的根本目的是促进学生行为变化、必备品格和关键能力的发展，复数由于其系统的理论体系和广泛应用的特点，能够有效地综合代数、平面几何、三角函数等相关知识，可以很好地帮助学生理解数学，同时是学生核心素养提升和发展的良好素材。高中数学课程的内容选择与设计是重要的。每个被选择的高中数学知识内容都应该是学生成长和发展过程中必要的、有价值的那一部分。为了更加充分地讨论高中复数课程内容的设置与组织，本书从复数教育价值的理论分析、复数课程文本、高中生的复数学习表现、高中复数课程的组织与建议等不同方面分别展开讨论，既希望能够为高中复数课程的设置和发展提供一种新的视角，也希望能够为高中数学其他方面的课程设置和相关方面的研究提供参考。

彭艳贵

2022 年 10 月

目　录

第 1 章　高中复数课程发展的基本背景 ················· 1

1.1　高中复数课程发展所面临的现实 ··············· 1

1.2　高中复数课程研究的基本思路 ················· 8

1.3　高中复数课程研究的意义 ··················· 10

1.4　本书的基本框架 ······················· 12

1.5　研究方法 ·························· 14

1.6　核心概念界定 ························ 16

第 2 章　基于教学实践的高中复数课程发展回顾 ··········· 18

2.1　复数的历史发展过程概述 ··················· 18

2.2　高中复数课程内容组织 ···················· 21

2.3　高中复数课程的比较 ····················· 24

2.4　高中复数教与学 ······················· 27

2.5　数学的理解 ························· 34

2.6　小　结 ··························· 39

第 3 章　核心素养与高中复数教育价值 ·············· 40

3.1　复数与学生数学核心素养发展 ················· 40

3.2　高中复数教育价值判断的依据 ················· 41

3.3　高中复数教育价值的阐释 ··················· 42

第 4 章　高中复数课程文本的比较 ················ 47

4.1　新中国成立以来高中复数课程文本的纵向比较 ··········· 47

4.2　高中复数课程文本的国际横向比较 ··············· 55

第 5 章　高中生复数理解水平 ·················· 63

5.1　测评的意义 ························· 63

5.2　研究的理论基础 ······················· 64

5.3　研究方法设计 ························ 70

5.4 测试的指标分析 ……………………………………………… 85

5.5 测试结果统计 …………………………………………………… 89

5.6 分析与结论 ……………………………………………………… 100

5.7 高中生复数理解水平测试表现的讨论 ………………………… 112

第 6 章　核心素养背景下高中复数课程内容分析 ……………… 115

6.1 源于课程与教学理论的思考 ………………………………… 115

6.2 基于研究实践的探索 ………………………………………… 119

6.3 高中复数的基本内容及其层级关系 ………………………… 125

6.4 核心素养背景下高中复数课程内容发展建议 ……………… 129

第1章 高中复数课程发展的基本背景

数学核心素养是 2017 年新修订的普通高中数学课程标准中明确提出的教育理念，它是学生发展核心素养在数学学科中的具体化，是数学课程目标的集中体现[①]，当前关于高中数学教育的研究和讨论应该在数学核心素养的框架和指导下进行。数学课程的最重要问题是课程的内容问题，课程内容是构成课程的一个基本要素，选择合适的内容是数学教育的核心任务[②]。教育理论中关于课程与教学的研究方面，认为教育是一种改变人们行为模式的过程，对学习者本身的研究是教育目标的首要来源，并且有充分的理由把学生的需要作为教育目标的重要来源[③]。自从 16 世纪复数伴随着三次方程公式求解出现以来，经过数百年的发展，复数理论已经成为数学学科的重要分支之一。复数作为高中数学的重要内容之一，在体现数系扩充、数学理论发展和学生的创新思维培养等方面具有重要教育价值。在近几十年的高中数学课程调整过程中，复数部分经历了几次较为明显的波动，反映了人们对高中复数课程的研究、探索和思考过程。基于学生的复数理解进行课程内容相关的分析和讨论，以学生的学习效果和行为表现为出发点，是对当前高中复数课程研究的深入发展。

≫ 1.1 高中复数课程发展所面临的现实

2014 年，《教育部关于全面深化课程改革落实立德树人根本任务的意见》颁布，正式开始基础教育中的核心素养体系研究[④]。在近些年的国内和国际基础教育改革中，促进学生的素养发展已经成为教育的核心目标，我国在高中数学课程标准修订过程中，凝练了高中数学核心素养，落实立德树人的根本任务，发挥高中数学的教育价值。高中的复数部分在近些年的课程发展中也存在着一定的变化。在 2000 年及之前的《全国普通高级中学数学教学大纲》[⑤]（以下简称为"教学大纲"）中，复数作为高中数学的一个知识主题基本稳定在 16 课时以上，具体内容也比较丰富。但教学大纲 2002 年版和《普通高中数学课程标准（实验）》（以下简称为"课程标准"）2003 年版中，复数内容被大量删减，只保

---

① 普通高中数学课程标准修订组. 普通高中数学课程标准（2017 年版）解读 [M]. 北京：高等教育出版社，2018：60-64.

② 鲍建生，徐斌艳. 数学教育研究导引（二）[M]. 南京：江苏教育出版社，2013：367.

③ 拉尔夫·泰勒. 课程与教学的基本原理 [M]. 罗康，张阅，译. 北京：中国轻工业出版社，2014：8.

④ 中华人民共和国教育部. 教育部关于全面深化课程改革落实立德树人根本任务的意见 [EB/OL]. (2014-04-08) [2022-10-30]. http：//www. moe. gov. cn/srcsite/A26/s7054/201404/t20140408_ 167226. html.

⑤ 不同版本高中数学教学大纲的名称略有不同.

留了"复数的引入""复数的概念""复数代数形式的四则运算"三项基本内容，课时也减少为 4 课时，内容删减之多、数量删减之大，在高中数学课程改革中是不多见的。经历了十几年的教学实践之后，2017 年，在新一轮课程标准修订过程中，在课程结构上，把复数部分从原来文、理科的选修课程调整为必修课程，将"平面向量及其应用""复数""立体几何初步"三个部分共同作为高中数学必修课程"主题三：几何与代数"的组成部分①，表明复数从高考意义下的必修内容转变为高中阶段数学学习的基本内容，基础性地位有所增强，在具体内容上，又增加了"复数的三角表示"作为这一知识主题的选修内容，课程学时上从原来的 4 课时做了适当调整。从此次我国高中数学课程标准的变化方面，可以感受到高中复数课程变革的迫切需求，也说明人们对高中阶段复数课程的定位、内容选择和教育价值等方面存在一定的争论，尚未形成严格统一的定论。在当前高中复数教学中，高考复数的考点越来越少，题目逐渐简单化、单一化，教师在教学过程中越来越弱化复数有关概念的讲解，而相对更关心复数代数形式的基本四则运算，学生认为复数内容简单易学却不能准确理解复数有关概念，诸如此类状况表明，高中复数的课程目标与课程实施的实际表现存在一定程度的不一致性状况，这将严重影响我国高中数学教育水平的发展和学生的培养质量。所以，在高中复数课程的实际教学中，为了体现"以学生发展为本、立德树人、提升素养"等理念，从课程改革与发展的角度，结合教学实践、社会发展需求、学生个体发展需求和数学学科发展等因素，有必要对高中复数课程进行深入讨论和研究。在高中复数课程改革和发展过程中，多方面的现实因素促使我们要重新审视关于它的理论发展和实际需求。

1.1.1　高中数学核心素养理念

近年来，核心素养已经成为教育研究与发展过程中的核心词。核心素养的提出，在学生个体发展和教育教学发展等方面，意味着更加丰富的内涵与更多的关注。林崇德先生在解释核心素养概念时强调："核心素养是学生在接受相应学段的教育过程中，逐步形成的适应个人终身发展和社会发展需要的必备品格和关键能力，是知识、能力和态度等方面的综合表现"。要通过教育来发展核心素养，实现个体与社会价值的统一。核心素养的培养，在本质上与以人为本的理念是一致的，是后天通过学习获得的，通过人的行为表现出来的，是可监测的知识、能力和态度②。在课程标准（2017 年版）修订过程中，以数学核心素养为根本，指出数学核心素养既与个体发展的培养目标紧密关联，又是高中数学课程发展的方向。一方面，数学核心素养是个体从数学的角度发现问题、分析问题和解决问题的能力以及个体的数学情感态度、价值观等方面的体现③；另一方面，在高中数学教育中要以高中数学的课程内容为载体，培养学生的必备品格和关键能力。更具体地说，高中数学教学就是要以发展学生的数学学科的核心素养为基本教学方向，注重引导学生把握数学本质，促进学生的创新意识的发展，引导学生在数学学习中体会数学的应用价值、文化价

---

① 中华人民共和国教育部. 普通高中数学课程标准（2017 年版）[S]. 北京：人民教育出版社，2018：25.

② 史宁中. 学科核心素养的培养与教学：以数学学科核心素养的培养为例 [J]. 中小学管理，2017（1）：35–37.

③ 吕世虎，吴振英. 数学核心素养的内涵及其体系构建 [J]. 课程·教材·教法，2017，37（9）：12–17.

值、科学价值和审美价值①。高中复数课程在培养学生的创新精神、探究能力等方面以及在体现数学的应用价值、科学价值、文化价值和审美价值等方面具有很大优势。2017 年版的高中数学课程标准中提出六种数学核心素养：数学抽象素养、逻辑推理素养、数学建模素养、直观想象素养、数学运算素养和数据分析素养。这六种具体的数学学科核心素养既是数学课程设计的基本指导思想，也是高中数学教学的基本要求与目标。

落实课程改革中指向学生核心素养提升的课程目标直接关系到学生的真正发展②。从知识上来说，高中复数的内容及其特征有利于体现数学核心素养。例如，数系的主要特征是在数集的基础上定义一种或几种运算，从自然数系到复数系是在运算的意义下的数系扩充过程，这个数系扩充过程具有逐级抽象的特征，即依据不同运算的需求逐级扩充，最后发展到复数系。表现形式、运算和应用等多方面知识在内的数的概念发展本身就是一个抽象、构造的过程，从最开始的社会生产实践中抽象出自然数的概念，在其上定义序和运算等内容，在此基础上，经过构造等方式的逐级演变，形成了整数系、有理数系、实数系和复数系等运算系统。这个过程既是数学学科历史发展过程的一个缩影，也是数学学科知识体系的浓缩和升华。从学习方面来说，在学生的认识上，高中复数的学习是对数系发展历程的阶段性概括，对学生的认知发展和知识体系建立具有总结性作用，同时可以认为是对学生后续学习内容的展开和延续所做的必要准备。高中复数为核心素养的发展提供了良好的知识载体，使学生能够通过知识学习和经验积累，形成对学科价值等方面的认识和看法，发展必备品格和关键能力，最终实现数学核心素养的发展③。从上面的阐述可以看出，复数理论在表现六个数学学科核心素养方面有其独到之处，在知识价值和教育价值方面应该完善高中复数课程的内容。

1.1.2　数学学科的发展

在数学的发展历史上，负数开方符号的引入被认为是虚数出现的开端，卡尔达诺（G. Cardano）以二次方程的形式对负数开方这一表示进行了较为直接的讨论。他的这一偶然行为不但鬼使神差地解决了一类三次方程的公式求解，而且拉开了复数理论发展的序幕。在卡尔达诺之后的二百余年的时间里，由于缺少逻辑基础，虚数在疑惑、质疑的声音里酝酿和发展着，到 18 世纪，虽然有关概念还没有十分清楚，但欧拉（L. Euler）已经认识到复数对于函数论的根本意义，指出了如何利用复数去计算实积分的值，并于 1748 年给出了非常著名的欧拉公式：$e^{ix} = \cos x + i \sin x$，这个公式不但建立了不同函数之间的重要联系，而且被数学家们认为是极具数学美学价值的重要数学公式④。复数的发展当然不止于此，1752 年，达朗贝尔（J. R. d'Alembert）在流体力学论文《关于流体阻力的一个新理论试论》中，已经得出了柯西-黎曼方程。也就是说，在完善的复数理论之前，复数已经作为一种方法被广泛应用。在 18 世纪末 19 世纪初，韦塞尔（C. Wessel）和阿尔冈（J. R.

① 中华人民共和国教育部. 普通高中数学课程标准（2017 年版）［S］. 北京：人民教育出版社，2018：1-3.

② 刘晓玫. 数学深度学习的教学理解与策略［J］. 基础教育课程，2019（8）：33-38.

③ 吕立杰，韩继伟，张晓娟. 学科核心素养培养：课程实施的价值诉求［J］. 课程·教材·教法，2017，37（9）：18-23.

④ 菲利克斯·克莱因. 高观点下的初等数学：第一卷［M］. 舒湘芹，陈义章，杨钦樑，译. 上海：复旦大学出版社，2008：55-57.

Argand）等人给出了复数的几何解释，为人们接受复数提供了直观的认识。高斯（C. F. Gauss）在代数基本定理的证明中，用到了复数及复函数的几何理论，复数的几何解释和复数的普遍重要性被充分地表现，这在使人们接受复数方面起到了更为有效的作用①。在19世纪，柯西（A. L. Cauchy）、黎曼（B. Riemann）和魏尔斯特拉斯（Karl Weierstrass）等人的研究工作使复分析真正成为现代分析的一个研究领域②。

数学家欧拉首先对复数理论做了比较系统的叙述，创立了一些基本定理，并把复数理论应用到流体力学、地图制图学等研究领域中③，可以说，复数理论在数学问题和实际问题等领域的广泛应用是这个数学分支得以迅速发展的重要动力来源之一。例如，流体力学中平行于一个平面的定常向量场中的每个向量可以用复数来表示，进一步可以借助复积分表示环量、流量等概念。在研究平面电场时，常将电场的电通和电位分别看作解析函数的实部和虚部构成电场的复电位解析函数进行研究，可以简化研究的复杂性。在数学问题方面，从复数理论发展的初级阶段就有广泛的应用，比较典型的如某些原函数不易直接求得的实的定积分可应用留数定理将它化为复变函数的周线积分进行计算。复数理论作为重要的数学分支之一，在多个学科的科学研究和实际应用中具有广泛的应用，在大学理工科专业的教学中基本属于必修内容。所以，美国、新加坡、英国、法国等很多国家在肯定高中复数的基础地位的同时，明确规定复数是学生进入大学理工类专业进一步学习的必要基础，属于大学理工类专业入学考试的基本内容之一。

1.1.3　高中复数的教学与学习

在课程标准 2003 年版中，复数的课程目标要求是，让学生了解数系扩充的过程和引入复数的必要性，学习复数的基本知识，体会人类思维在数系扩充中的作用④。课程标准 2017 年版的课程目标是帮助学生通过方程求解，理解引入复数的必要性，了解数系的扩充，掌握复数的表示、运算和几何意义。两个版本的课程标准中复数内容的核心目标是数系扩充与引入复数必要性的认识，但在现行课程体系下，教学实践反映学生眼中的复数与方程的联系比较淡薄，他们更习惯于虚数就是"平方等于负数"的数，或者仅仅认为复数就是具有形式 $a+bi$ 的数学符号，学生虽然从形式上能够知道复数，但在解方程等内容应用中，还没有表现出必要的意图与基本的认识，这样不利于复数引入必要性的体现。

1.1.3.1　学生的复数学习表现

实际学习过程中，学生在复数课程方面表现得相当"轻松"，这种"轻松"只关心复数的基本运算技能，牺牲了对复数有关概念的本质理解。学生能进行具体复数之间的四则运算，但在反映复数运算本质的一些问题中常常存在错误。例如，学生知道 $i^2=-1$，但在计算 $\sqrt{-1}\cdot\sqrt{-2}$ 这样的问题时却会出错，出现错误时也不能及时意识到存在的问题；学生在形式上知道 $a+bi$ 是复数，但有时却不能准确地判断实数也是一种特殊形式的复数。这

---

① 莫里斯·克莱因. 古今数学思想：第二册［M］. 石生明，石伟勋，孙树本，等译. 上海：上海科学技术出版社. 2014：205-220.

② 李文林. 数学史概论［M］. 2 版. 北京：高等教育出版社. 2002：126-128，258-262.

③ 钟玉泉. 复变函数论［M］. 4 版. 北京：高等教育出版社，2013：1-2.

④ 中华人民共和国教育部. 普通高中数学课程标准：实验［S］. 北京：人民教育出版社，2003：27.

些情况说明，在学生的认识当中，复数与实数的关联性不强，没有反映数系扩充的逻辑特征。在方程 $x^2 = -1$ 引入复数的过程中，隐秘的运算特征也不容易让学生认识到引入复数的过程和必要性，不能理解人类的思维当中为什么要构造出负数开方这么一个奇怪的符号；在高中数学的学习范围内，由于内容较少且缺少与其他知识主题的直接关联，复数显得格外孤立。然而，这些问题在学生看来又有什么关系呢？高考中复数题目是"白送分"的题目，只要能够计算基本的复数代数形式的四则运算就够了。

1.1.3.2　教师的课堂教学实际情况

复数是高中数学的基本内容之一，也是高考的一项基本内容。但是不论是在教学过程中，还是在高考的试题难度表现中，教师都不愿意在复数教学中花费太多的时间。

第一，高中数学课程标准中对复数的教学课时安排就很少，课程标准 2003 年版中复数的教学课时仅为 4 学时，课程标准 2017 年版中课时也没有十分明显有效的强化。第二，高考中复数试题的内容基本限定在复数代数形式的四则运算、模的计算、复数对应复平面上的点所在象限的判断、复数相等几个内容，知识考查范围相对较小，题目的难度也普遍较低，属于"白送分"的题目；对于这种状况下的复数内容，教师往往认为没有必要过于拓展复数内容的教学，只要给学生讲授一些复数基本概念和基本法则，能够保证学生在考试中得分就可以了。第三，教师对复数内容的教学知识不足。按照舒尔曼（L. Shulman）等人的研究观点，教师的教学知识对学生的学习具有重要影响[1]，教学知识中的学科知识和学科教学知识是其重要的两个内容，对教师的教学能力具有重要影响。其中数学学科知识包括一般的学科知识、专门的学科知识和专业的学科知识[2]。教师关于复数课程教学的学科知识的主要的、直接的来源主要是自己曾经的高中复数学习经历和大学学习过程中的"复变函数"或者"复分析"之类课程的学习，但在教师教育课程体系上普遍对高等数学中的复数知识与初等数学中的复数知识联系不够紧密，对于在初等数学教学中尤其有价值的复数理论中的思想方法关注得也不是很多。甚至存在有的教师对复数的基本概念缺乏深入思考的情况，对复数的发展历史缺少相应了解，如一些高中数学教师明确表示不熟悉 $\sqrt{-9}$ 这样与课本中不一样的负数开方的表示形式，由于考试和教学不需要，也不怎么关心判别式小于零的二次方程解的表示等。第四，教师在复数教学的观念上，感觉既轻松又没有热情，感觉轻松是因为简单的几个知识点很好讲，学生做起题来也不费力；教师认为复数部分太简单，高考中仅有一道 5 分的关于复数的简单选择题，没有必要花费太多的时间和精力。在高中复数课堂教学中，有的课堂不重视复数概念的教学，不关注学生对复数有关概念的理解，把教学精力明显偏移到复数运算技能的训练。例如，为了压缩课时，在复数的引入方式上，直接给出虚数单位 i，规定 $i^2 = -1$，然后给出复数的代数表示，介绍复数的实部、虚部，以及四则运算等内容，单纯地从教科书中复数内容和高考试题的要求来说，这样以法则的应用为基本内容的教学似乎已经能够满足考试，还管什么复数概念的理解呢？还管什么复数阶段数系扩充的合理性和必要性呢？教师对高中复数教学缺少热情似

---

① SHULMAN L S. Those who understand：knowledge growth in teaching［J］. Educational researcher，1986（15）：4-14.

② HILL H C，SCHILLING S G，BALL D L. Developing measures of teachers' mathematics knowledge for teaching［J］. Elementary school journal，2004，105（1）：11-30.

乎是理所当然。对于复数理论的重要性和应用性，以及在培养学生方面的教育价值，基本上都不是教师关心的内容。在这样的情况下，课程标准（2017 年版）修订中把复数的三角表示作为选修内容，可预期的教学实践情况是令人担忧的。

1.1.3.3 教学评价的内容与方式

高考是我国学校教育非常重要的一种评价形式，对教学实践具有重要的导向作用。与 2000 年普通高中数学教学大纲修订之前的原有内容相比，近二十年的高中数学课程与教学实践中，复数教学内容进行了较大范围的调整，但从考试的意义来说，评价的目的不应该发生根本的改变。一般认为，在考试等评价方式中，应该注重加强考查这个学科中的一般原理，而不是一些孤立的知识点，这样才能达到教学评价与指导教学的目的。但通过整理近些年的高考复数试题，统计结果显示，我国近十几年的高考试题中复数题目的知识点包括复数概念、复数四则运算、复数的模、复数与复平面上点的对应关系等几个知识点。总体上考查的复数知识点数量少，综合程度低，题目数量和分值少。由于具体实际情况，高中数学的教学与学习的直接目标就是高考，复数在高考中的表现形式直接影响到教师的教学方式与态度、学生的学习方式与态度和复数有关学习内容的选择，主动放弃高考不考的内容，哪怕这些内容对学生理解复数概念有帮助。当前的高考复数试题对于揭示复数基本概念、指引学生理解复数的有关知识、促进学生能力形成与素养发展等方面作用的动力值得思考。

1.1.4　高中复数课程改革与价值取向

新中国成立以来的高中复数课程改革过程中，复数部分表现出一定的波动性，在 2002 年之前，高中复数部分的课时基本达到了 16 课时或 18 课时，甚至 20 课时，但在大纲 2002 年版中，复数部分被删减为 4 课时，仅从课时数量的波动已经能够看出高中复数课程的变化程度。在知识内容上，2002 年之前的教学大纲中的复数内容，包括复数代数表示、三角表示、向量表示等形式的多种复数形式，既包括不同表示形式的复数运算，也包括复数与方程求解，还包括复数与平面几何等内容，课程体系和知识相对详尽，对实现复数的课程目标具有更加充分的保障。但在 2002 年之后的大纲和课程标准中，复数内容大量减少，仅仅保留了复数的代数表示及其四则运算、复数与复平面上点之间的一一对应等少量内容。这对高中复数课程目标的实现是极为不利的，至少无法体现复数引入的必要性与合理性。一种主张删减高中复数课程的观点认为，高中阶段的复数与向量相近，它的作用可以被向量和函数等内容所代替，况且高中阶段也不太适合讲授太复杂的复数理论。相反的观点则认为，开始阶段的复数虽然与向量有相似之处，但二者在表现形式、运算法则等方面存在明显不同，向量的表示形式通常为几何形式和坐标形式，而复数的表示形式有代数表示、三角表示、指数表示和坐标表示，以坐标表示为媒介，可建立复数与向量之间的对应关系。向量的运算形式通常有加法、减法，以及按照物理意义解释的内积和外积运算，复数运算除四则运算以外，还包括在其表示形式下的乘方、开方运算。在应用范围上，也存在不同，在二维情况下，用向量能解决的问题用复数方法也能够解决，而用复数能够解决的问题用向量方法却不一定能够解决，从后续课程的继续学习角度来说，用向量或者其他某个知识替代复数是不合适的①。并且复数在沟通不同学科和知识主题方面具有特殊的意义，齐民友先生曾经表示，在复数域的范围内，三角函数与指数函数两个不同形式的函数能够统一起来，极大地拓展了数学研究领域②。还有学者认为，在课程修订过程中，有两点似乎被忽略了，一是课程的连贯性，二是课程内容与学生认知能力的协调性③。有学者提出这样的看法，也是对高中复数课程发展体系的一种谨慎考虑。从自然数集到复数集贯穿了从小学到高中的整个基础教育过程，以数集及其运算为基础，逐渐展开的系列知识构成了基础教育中的主要数学内容。在数学教育过程中，清楚地展现相关内容是如何在逻辑上展开的，这是有益的，强化数系扩充的连贯性有助于提高学生的认知能力，更有助于以隐形的方式体现这一点。高中复数按照其所处于的学习时间点和数学逻辑阶段，都应该算作基础教育中比较"高级别"的数学内容，恰当的组织和处理方式对学生在这些方面的认知发展是有利的。在我国基础教育数学课程改革过程中，曾经的一个重要主张是反对教材的繁、难、偏、旧，一些人主张改革要大刀阔斧，复数内容只字不提，连根拔去，张奠宙先生在北京参加全国大纲关于"复数"及"平面几何"讨论时，在会上大声疾呼："内容要更新，但基础决不能削弱，要谨慎处理平面几何等内容，学习舞台上的梅兰芳——步移身不移"④。

纵观我国历年的教学大纲和课程标准，课程发展的基本思路中一直都在肯定复数在高中数学学科中的基础地位，课程目标是体现数系扩充和数学的创造性，通过复数课程学习，可以发扬复数的知识价值和复数在培养学生思维发展方面的教育价值。从教学大纲2002年版到课程标准2003年版，高中复数只保留了复数代数表示等最基本的内容，经过十几年的高中数学教学实践，在2017年修订高中数学课程标准过程中，复数部分增加了复数的三角表示作为选修内容，高中数学课程标准中复数内容的往复变化本质上是人们关于高中复数内容的争论，是对已有高中复数课程表现出进一步需要的一种调整。

1.1.5　学生个体发展的目标要求

学校阶段的数学教育应该以学生的数学现实为基础，以学生的终身发展为目标，按照数学的学科特点和学生的认知规律进行教学，增加学生的知识，锻炼学生的思维，发展学生的品格，学生在某一阶段接受的教育，既要发挥促进学生在这个阶段该有的能力的教育作用，也应该协调与个人终身发展的教育。高中复数内容作为高中数学的基本教学内容之一，其在课程内容设置、教学和评价等方面应该注重复数知识的基本原理，超越基本的识别概念和运算动作可能达到的范围而在最大限度上反映数学的一般原理和基本观念，发挥复数与其他知识的广泛联系性。在纵向结构方面，高中复数课程承前启后。复数作为数系的发展和数学理论的升华，在整个数学学科中是数学科学发展到一定阶段的结果，在学生的数学学习过程中是对前面所学数学内容的进一步发展，从认识和方法上有助于学生从创新性的角度认识数学。同时，复数理论是学生升入大学后继续在理工科专业学习的重要基

① 徐章韬. 复数课程改革的理据 [J]. 数学通讯（教师阅读），2014（5）：1-3.
② 齐民友. 三角函数向量复数 [J]. 数学通报，2007，46（10）：1-7.
③ 曹广福. 数学课程标准、教材与课堂教学浅议 [J]. 课程·教材·教法，2016，36（4）：12-16.
④ 邹一心. 我亲见亲闻的张奠宙教授的妙语靓事 [J]. 数学教学，2019（5）：49-50.

础，是学生在专业学习和个人发展方面的重要内容，是学生在知识学习和整体成长过程中的重要环节，以复数概念等内容的理解为基础的长效教育能够帮助学生继承数学知识和发展数学能力。在横向结构方面，复数能够很好地关联其他知识主题。众多伟大数学家在复数的发展过程中，创立了系统的复数理论。与初等数学直接相关的复数的多种表示意味着复数的不同特征与形式，这些表现形式关联着不同的数学领域。复数的几何表示实现了平面几何与代数内容的关联。复数的代数表示既一致又区别地把复数与之前的实数等数系联系在一起，有助于学生认识和理解二者之间的关系。复数的三角表示在复平面上借助模和辐角与三角函数有关内容紧密联系，并且三角表示给复数的乘方、开方运算提供了便利。复数的指数运算把复数与指数函数紧密联系在一起，以指数为主要形式的复数表示和运算在数学理论中占据重要地位。复数的多样化特征，把不同的知识主题紧密地联系在一起，以复数为纽带，有助于学生对整个数学知识体系融会贯通式的理解。

综合来看，在高中数学课程标准修订过程中，反映时代发展的需求是课程标准修改和制订的一条基本原则。要求高中数学课程在修订过程中，反映先进的教育思想和教育理念，关注社会发展所带来的信息化环境因素的影响，跟上科学技术发展的步伐，既能够反映科学技术发展的成果，也能及时更新教学内容，满足社会发展的需要。在课程的发展理论中，数学课程的发展受到学习者本身、学科专家、学习心理学、教师和社会环境等多方面因素的影响。同样，科学严谨的高中复数课程发展需要从多个方面经过连续性研究。当前，不管是在国外的数学教育研究中，还是在国内的数学教育研究中，关于高中阶段复数课程、复数知识体系等相关方面的研究都不是很多。在高中数学教育发展过程中，复数课程的修订更加需要严谨的理论分析和实践研究作为依据。因此，进行高中复数课程研究对我国高中数学教育改革具有重要意义。

》》 1.2 高中复数课程研究的基本思路

教育的发展具有时代性、发展性的特征，不同时期的教育形式会发生变化，教学内容的组织形式也会随之变化。数学被认为是人类认识世界和改造世界的有利工具，数学学科的发展历史悠久，时至今日，数学学科的分支越来越多，应用越来越广泛，爱因斯坦（A. Einstein）曾经这样描述："数学的任何一个分支都可以耗尽任何一个人短暂的一生。"高中数学教育作为学生成长、人才培养的一个重要环节，在高中数学课程的内容选择与设计方面是重要的。每个被选择的高中数学知识内容都应该是学生成长和发展过程中必要的、有价值的那一部分内容。复数作为高中数学中的基本内容，从数学学科、教育理论等方面均表现出重要的教育价值，对复数进行相关的研究是必要且有意义的。高中复数在近几十年的课程发展和教学实践等方面的表现却存在一定的争议，从课程发展方面讨论高中复数课程的定位与取舍，其核心是人们对高中阶段到底需要什么样的复数课程存在疑问，即何种内容、何种形式的复数课程能够体现高中复数课程目标，能够体现高中复数的教育价值？在高中阶段是否把复数作为继续学习的知识基础？是否体现复数在其他学科领域的应用性与关联性？此类问题的讨论是高中复数课程研究的突破口，对已有复数课程文本进行分析可以为问题的探索提供直接的证据。根据课程理论的观点，由于教育的根本目的是改变学生的行为，所以从学生行为的表现来判断课程及其教学计划在多大程度上实现了教育目标才是更为直接的做法。换一个角度来说，学习是学生个体运用已有的或可相信的知识来获得新知识并对新知识理解的过程。华东师范大学的崔允漷教授曾经说过：从课程内容到学生所接受的信息，是包括以学生为核心的转换过程，需要学生通过对信息进行加工来获得知识和实现理解的①。如果假定教师的教学是稳定且有效的，那么课程内容是对学生进行知识加工效果的重要影响因素，学生的学习效果和相关内容的理解水平在一定程度上能够反映课程的内容、形式等方面的问题，即可以通过对学生的复数理解水平和具体表现等方面的调查来了解高中复数课程内容方面存在的不足。

　　高中复数课程发展研究的基本思路可以概括为，在明确高中复数课程教育价值的基础上，从高中数学课程文本、高中生的复数学习表现等方面讨论当前的高中复数课程内容及其实施效果，分析当前高中复数课程内容的基本需求，为解决教师和学生在高中复数课程方面存在的问题提供必要的理论基础和实践经验。已有研究结果表明，高中复数经过多年的教学实践，已经显露一些典型的问题，如当前的高中复数课程及教学不能够很好地实现学生对复数概念的准确把握；高中数学课堂教学弱化复数教学，把本就不多的教学课时压缩；复数课程的学习局限于基本的四则运算而常常忽略它们的具体意义；学生除了在形式上能够辨别复数外，在本质上缺少对复数的正确认识；等等。在修订高中数学课程标准过程中，简化了高中复数课程中的内容，只保留了复数的代数表示及代数表示的四则运算、简单的复数几何意义等内容，实际的教学效果使越来越多的人对这样的复数课程提出不同意见。因此，要解决这样的分歧，需要结合高中复数的教育价值、高中复数课程本身，以及学生的学习效果和发展需求等方面因素，系统地讨论和分析高中复数课程的相关内容，有针对性地设置高中复数课程内容。

　　一般来说，教育研究往往是多因素的，可以通过对问题的直接讨论或者通过对相关问题的间接讨论来实现核心问题的研究。因此，讨论的核心问题应该是高中复数课程内容的发展，为了详细阐述高中复数课程内容调整的必要性，从多个方面进行展开是必要的，包括：高中复数教育价值讨论、高中复数文本研究、高中生复数学习表现和高中复数内容发展的基本建议。首先，明确高中复数的教育价值，讨论其在数学教育发展中的重要意义，为研究的开展提供必要的理论基础。其次，直接对高中复数课程文本进行讨论和分析。研究中从具体内容和表现形式上对教学大纲或课程标准复数部分进行纵向比较和横向比较，讨论不同时期和不同地区针对课程目标所表现出来的课程内容与组织形式的差异。最后，对高中生的复数学习表现进行分析，这样做的目的是基于学生的学习行为来分析高中复数课程内容及其目标的实现情况，进一步分析高中复数课程内容的不足对学生可能造成的影响。著名教育家杜威有一句名言："教之于学，犹如卖之于买。"教学中从内容到方法，都应该尊重学生的理性思维能力，如果假设教师的教学能够比较稳定地实现从课程到学生学习素材的转化，那么这也说明学生的学习效果是对课程内容的一种反映，可见对学习者本身的研究是课程分析的重要内容。为了了解学生相关内容的学习情况，可以对其进行评价性测试，一方面可以评价学生在复数知识学习方面的理解水平；另一方面可以通过学生在应用复数知识或解决复数问题时所表现出来的典型的行为或思维表现，发现和分析学生在

---

① 崔允漷. 上课这件事：老师和专家的认识超越了农村老太太吗？［EB/OL］.（2020-03-12）［2022-10-30］. http：//www. whb. cn/zhuzhan/xue/20200312/332626. html.

复数理解方面存在的知识问题。为了深入研究高中复数课程的发展，可以分析高中复数课程内容发展的基础，整理高中数学课程中复数的基本内容，结合学生核心素养发展的需要，明确高中复数课程内容的发展方向。

》》 1.3　高中复数课程研究的意义

　　课程是学生进行学习的重要载体和基本内容，是学生获得知识和经验的直接来源，中学数学课程的内容及其编排体系对学生进行数学学习具有直接的影响。从课程发展理论的观点来看，为了培养学生、促进学生在特定方面的发展，通常会设想能够给学生的学习提供恰当的课程素材，还要以一定的方式对这些课程素材进行组织和整理，然后通过学生加工和学习这些内容，从而实现人才培养的基本目标。理论上，课程的组织形式是影响学生学习的一个重要因素，反之，学生学习的效果也会在一定程度上反映课程内容及其组织的情况。在实践中，教育者总是希望学生的学习是必要且有效的。何为必要？必要就是学生所学内容对其知识结构发展、个人核心素养发展等具有重要的作用。何为有效？有效就是通过学习行为，能够真正理解并掌握所学知识，能将其转化为自身发展必要的动力。复数作为高中数学中的基本内容，当然应该体现出必要且有效的特征，即高中复数在学生的知识结构发展和个人的数学核心素养等方面的发展是必要的，学生通过学习高中复数的相关内容，应该真正理解复数的有关概念。因此，对高中复数进行系统的研究具有重要的理论意义和现实意义。

1.3.1　理论意义

1.3.1.1　丰富高中复数课程的研究

　　虽然高中复数课程在发展中存在一些亟须解决的问题，但当前不论是国内还是国外，在关于高中复数的研究中，人们更多地把目光集中于高中复数教学设计或教学引入的研究。此外，还包括一些学生学习心理表现和教师的复数理解等方面的研究。但综合来说，当前关于高中复数课程的直接研究很少，尤其是关于高中复数课程内容与学生学习方面的研究很少。在当前的高中数学课程发展中，本书研究以高中复数课程为主要研究内容具有积极意义。并且，本书研究中结合高中数学核心素养理念，以高中复数教育价值的理论研究、课程文本的比较研究和高中生复数理解水平的测评研究为主要途径，注重理论与实践的结合和研究的系统性。因此，本书研究在研究内容、研究路线和方法、研究结果等方面有助于促进高中复数课程的发展。

1.3.1.2　促进高中复数课程理论的发展

　　在核心素养的背景下研究高中复数课程具有重要意义。第一，从数学学科本身的发展，复数在其他学科及实际问题中的应用等方面的发展，以及专家和学者的研究和建议等方面综合分析高中复数内容，有利于研究以复数为知识载体的核心素养；第二，从高中数学课程标准方面分析高中复数课程的发展，具体地从纵向分析我国不同版本教学大纲或者课程标准中复数部分的发展变化，从横向上比较不同国家在高中数学课程标准复数部分的差异，有利于促进发展意义下的课程研究和复数课程文本表现形式的研究；第三，通过对高中学生的复数理解水平进行测试，分析学生在复数部分的学习表现，研究经验课程意义下的高中复数，有助于为数学核心素养的实践明确立足点；第四，归纳高中复数的基本内容，在理论研究和实践分析的基础上，进一步反思，提出数学核心素养背景下高中复数课程内容发展的可行性建议，为深入研究高中复数课程做好准备。

1.3.1.3　明确高中复数对于学生发展的教育价值

随着科学技术以及数学学科的迅速发展，从人才培养方面来说，对人的知识需求越来越大。但对于高中数学教育来说，不可能在有限的时间里无限地学习所有的数学内容，那么就会涉及知识选择的问题，即在数学知识的海洋中选择更加重要、更有代表性的那一部分知识内容。所以，需要从数学学科的逻辑性、学生学习的阶段性、学生进入社会的发展性和进入大学继续学习的基础性等方面，选择合适的数学内容，而且这部分被选择的内容同样会有轻重之分、多少之分。本书研究的一个重要内容是从理论上讨论高中复数课程所具有的教育价值，这样可以明确复数在高中众多数学课程内容之中的地位和作用。本研究从多个方面较为系统地讨论学习高中复数的必要性，以及体现高中复数相应价值所应该达成的课程目标；进一步思考，在这样的课程目标下，如何科学、合理地实现高中复数课程内容的选择与发展。相关研究内容有助于正确认识高中复数的教育价值。

1.3.1.4　深入以复数为内容的数学理解的内涵

从理解的角度研究学生在高中复数课程方面的水平和表现。首先，整理关于数学理解的研究内容。其次，进行必要的综合评价。最后，以此为理论基础，整理并划分学生复数学习过程中的四种理解水平和特征表现。基于高中生复数理解水平的理论框架，以测试的方式对学生的复数理解水平和表现进行归纳分析和评价，相关研究是对高中数学教育中关于数学理解的一种新的尝试和探索，也是对高中生复数学习所进行的更加直接、具体的评价方式的讨论。本研究中比较直观地描绘出学生在复数学习中所达成的理解水平，以及归纳学生在解决复数问题时的表现，丰富了数学理解方面的研究方法和研究内容。根据理论分析结果，综合学生在复数学习方面的实际表现、复数课程文本的内容与要求等方面情况，按照数学学科的特点和学生的认知规律等，提出高中复数课程内容的发展建议，可以在理论上为进一步明确高中复数课程具体内容建立必要的理论基础。

1.3.2　现实意义

1.3.2.1　对我国基础教育改革和落实核心素养理念具有重要意义

课程是教育改革的众多关键因素之一，研究高中复数课程内容有助于落实数学核心素养。第一，课程是为学生学习提供的基本素材，这些被选择的内容应该是在学生的学习和发展过程中必要的那一部分内容。那么，如何确定被选择的数学内容是必要的呢？这需要借助科学的方法深入研究和认真思考。第二，这些被选择的课程内容应该是与学生学习的其他高中数学内容协调的，甚至与其他阶段的数学内容相和谐一致的，是某一知识主题的发展，或者是某一知识主题的开始，或者是学习某一知识的有利工具或有效方法，又或者是知识之间存在某种必然的联系。第三，自从 2017 年修订课程标准时明确提出核心素养以来，关于如何在数学教学中有效落实核心素养，已经成为数学教育研究和高中数学教学实践中亟须解决的重要问题。高中数学核心素养的落实需要以知识为载体，恰当选择和合理组织的高中复数内容有助于落实高中数学核心素养。所以，在高中复数课程研究中，重点对高中复数课程内容进行研究，这对基础教育改革的各个方面具有促进作用。

1.3.2.2　对高中复数教学的指导具有重要意义

研究中分析高中数学课程标准中复数部分的课程目标，结合教学实践，指出当前高中复数课程实施过程中存在的主要问题。当前高中复数教学中，由于受到高考导向的作用和教师对于复数知识认识不足等方面的影响，学生的学习效果已经表现出明显的欠佳。本书研究分析高中复数的目标与价值，使人们进一步认识和理解复数，并且通过分析具体的复数相关概念、法则等知识，为复数教学提供结构式的知识理解关键节点。从根本上为教师有效进行复数教学提供帮助，既可以提高教师对复数教学价值的认识，又可以加深教师对复数概念等知识的理解。

1.3.2.3　对学生的复数学习指导具有重要意义

关于高中复数课程内容的研究能够使高中复数课程更加趋于科学化、合理化，符合时代发展的要求，符合学生素养发展的需求，更加符合社会发展对人才培养的需求。在课程体系研究中，为学生的学习和发展探索严谨的、必要的、符合高中数学课程要求的、更加有利于学生学习的高中复数课程内容体系。在复数理解的研究中，分析学生在复数问题思考和处理时表现出来的主要特征，对有关复数概念、法则等知识理解和运用过程中存在的问题，在一定程度上也能从心理学角度反映学生在复数有关概念的理解上的心理特征，可以为学生在复数内容学习方面提供有效指导。

≫ 1.4　本书的基本框架

1.4.1　整体思路

复数是高中数学课程中的基本内容之一，在数学教育中发挥着不可替代的作用。本书研究中的主要问题是高中复数课程的内容设置及其对学生数学理解水平的影响。针对此研究问题，著者将具体从高中复数的教育价值讨论、高中复数课程文本和学生的复数理解水平几个方面展开研究，最后归纳高中复数的基本内容，并提出课程内容的发展建议。这是因为对高中复数教育价值的讨论可以首先为深入研究提供必要性支撑，对高中复数课程文本进行研究是对高中复数课程内容设置方面疑问的直接讨论，对学生在当前高中复数课程实施中的理解水平进行测评研究可以获得课程内容对学生的学习产生哪些影响的实证性依据，通过从理论到实践对不同方面问题进行系统的研究和讨论，可以为高中复数课程内容的发展提供更加科学可行的建议。

具体来说，在设计研究思路上，首先，分析已有研究文献，明确理论研究的基础，总结教学实践经验，审视高中复数的教育价值。其次，对高中数学课程标准中的复数课程文本进行纵向比较和横向比较，对高中生的复数理解水平进行测评分析，为研究高中复数课程发展提供直接或间接的依据。普通高中数学课程标准是高中数学课程及内容的最直观具体的表现形式，通过对我国不同时期的高中数学课程教学大纲或课程标准的文本进行比较，这对研究我国高中复数课程的发展趋势是有意义的。通过对国际上不同国家的高中数学课程标准复数部分的文本进行比较，研究不同国家在复数的课程目标和内容组织等方面的异同，对深入思考高中复数课程的发展是有意义的。自从 2002 年普通高中数学教学大纲的内容调整和 2003 年普通高中数学课程标准的修订，高中数学课程中的复数内容被大量删减。直到现在，高中复数课程发展经历了二十年的教学实践检验，所得到的学生学习效果是衡量课程发展及课程目标实现的一个重要方面。按照"一切教育都是为了学生的发展"这样的以学生为中心的教育理念，对学生在高中复数学习过程中所达到的理解水平进行研究和分析，同时对学生在以复数为主要内容的问题解决中表现出的不足和存在的主要问题进行归纳，分析高中复数课程内容设置的不足对学生学习和理解可能造成的影响。以上几个方面的研究可以为深入探讨高中复数课程内容的选择与组织提供科学依据和研究基础。最后，根据上述研究结果，在分析高中复数课程特征的基础上，结合核心素养理念、课程发展理论和数学学科本身等，为高中复数课程内容发展提出建议。

1.4.2　具体研究策略

为了有效地开展相关研究工作，按照分析的研究思路和理论框架，明确了整体流程，针对每个主要研究内容，还详细拟定了具体的策略。

1.4.2.1　高中复数教育价值的理论探究

基于以上论述，本书研究中将在理论上讨论高中复数的教育价值。首先，在数学教育功能的意义下，明确高中复数在数学教育中和对学生培养中的地位和作用，以及在学生数学核心素养发展方面的具体体现。其次，高中数学中的复数内容，作为整个复数理论的一部分，在高中数学教育中发挥其特定的作用，研究中将从高中复数的学习对学生的知识学习、思维发展、素养发展等方面进行具体的分析。在考虑学生的发展时，既要关心学生的阶段性发展，又要从学生的整体成才视野考虑数学教育问题。因此，在本书研究中关于高中复数教育价值讨论的最后部分，将分析高中复数该如何促进学生的可持续性发展，分析高中复数应该表现为局部与整体的协调性，高中复数既应该满足本来的功能职责，又要满足学生个体的长远发展需要。

1.4.2.2　高中复数课程文本的比较研究

作为文本课程的教学大纲或课程标准，是对课程内容的具体表现，通常情况下是由专家和学者根据课程发展需要制定和修订而形成的，对课程发展具有重要影响。随着时间的推移，社会发展需求和教育发展等方面的变化，都将影响高中数学课程内容的变化，对应地影响教学大纲或课程标准的内容，所以，通过对比不同时期课程文本的内容，会对高中数学课程变化和发展趋势的研究提供帮助。自新中国成立以来，我国发布了若干版本的教学大纲或课程标准，对这些不同版本的教学大纲或课程标准中复数部分进行比较和分析，有助于研究高中复数课程在不同时期的变化趋势与内容选择等方面的信息。对于不同地区，由于受到社会环境、观念和意识等方面的影响，专家和学者在课程的认识上也存在一定的差异，因此，本书研究中还将对不同国家或地区的课程标准内容进行比较，这有利于为我国的高中复数课程发展提供借鉴。综合来说，在教学大纲或课程标准中的复数部分，通常包括复数课程的总体目标要求和具体的知识要求等方面的内容，结合本书研究的主要目标之一是探寻科学合理的高中复数课程内容设置要求，因此，在这一部分的比较研究中，将重点对不同时期和不同地区的教学大纲或课程标准中的复数部分课程的目标、知识点分布、复数与相关数学知识之间的衔接关系等方面进行比较研究。

1.4.2.3 高中生复数理解水平的表现分析

学生是数学学习的主体，是学校数学教育发展的核心因素，学生在数学知识与素养等方面的获得是数学教学的根本目标。同时，学生的数学学习处于经验课程层次，属于数学课程的一种表现形式。因此，对高中生在复数理解水平方面的研究是高中复数课程研究的一个重要方面。对高中生复数理解水平的分析可以通过复数问题求解与测试的方式进行。测试主要考虑的是，在高中生的数学学习过程中，知识是学生发展的重要载体，知识的学习是学生发展的表现形式，在普通高中数学课程标准中，也通常是按照知识层面来提出学习要求的。本研究对高中生的复数理解水平调查的研究工具主要是高中复数测试卷。首先，测试问卷的编制主要参考以下方面进行理论划分：普通高中课程标准中对复数知识的认知要求，数学教育研究者概括的数学知识三种层次：知识理解、知识迁移和知识创新，杜宾斯基（E. Dubinsky）的 APOS 理论，斯法德（A. Sfard）的内化、压缩和具体化三个阶段划分理论，皮亚杰（J. Piaget）的认知分析理论，比格斯（J. Biggs）的 SOLO 分类理论，以及莱什（R. Lesh）和兰多（T. Landau）等人关于概念理解的评价理论等。其次，明确理论基础之后，分析问题的层次和具体要求，针对具体内容进行具体分析，为高中复数课程的研究和发展寻找理论和现实依据。

1.4.2.4 高中复数课程内容初步归纳与数学核心素养背景下的发展建议

高中复数课程内容及其发展建议的研究主要目的是，以课程发展理论和实践研究为基础，分析当前高中复数课程实施过程中存在的问题和不足之处，明确高中复数课程的教育目标，阐述在高中复数课程教育目标实现过程中，对课程内容、组织形式等方面的要求。在具体的高中复数课程的相关研究中，按照"先厘清复数课程内容，再分析复数知识表现形式"的原则，研究高中复数课程的内容及其组织建议。具体做法是：基于已有经验，初步建立高中复数概念图，再从学生核心素养发展的意义下，分析具有数学专业理论意义的复数基本课程内容，这样做可以在当前发展学生核心素养的教育理念下，思考和研究高中复数课程内容的基本发展。按照研究的分析结果，在原来高中复数知识体系的基础上，关于高中复数课程的研究将着重讨论如下几个方面：突出数系扩充的特征；表现复数的起源，突出复数与方程的关系；强化复数几何意义，注重知识体系的建立，充分表现复数的多种表示形式和复数的数学文化价值等。

》》 1.5 研究方法

根据研究问题，选择和设计恰当的研究方法是必要的。在教育研究的实证研究方法中，主要包括两个大的类别：质化研究方法和量化研究方法。质化研究是以研究者本人作为研究工具，在自然情境下，采用资料收集方法，对某些社会现象进行整体性的研究而获得解释性理解的一种活动①。量化研究就是把教育现象转化为数量，通过分析数量关系对

---

① 陈向明. 质的研究方法与社会科学研究 ［M］. 北京：教育科学出版社，2001：12.

研究所作出的假设进行判断的研究方法[1]。维尔斯曼（W. Wiersma）认为，质化研究和量化研究虽然有所区别，但在本质上它们属于一个连续体的两端[2]。研究工作中所采用的研究方法是有目的、有计划并能够系统解决问题的方式[3]。按照前述分析，本书的主要研究问题是基于学生理解等方面问题讨论高中复数课程内容，具体展开为讨论高中复数的教育价值、比较分析高中复数课程文本、研究高中生的复数理解水平、讨论高中复数课程内容的发展建议四个主要研究部分，主要采用质化研究和量化研究相结合的方法对相关问题展开研究。主要研究方法包括以下几个方面。

1.5.1　文献法

文献法是指通过检索、收集、鉴别、整理与研究内容有关的文献材料，经过阅读、分析，从而准确地研究某一问题的方法。通过文献阅读，可以获得与研究内容相关的理论研究和实践研究成果，获得进一步研究的理论基础和实践基础。通过对文献的分析，可以了解所研究事物的相关事实，掌握以往研究的方法与脉络，为进一步研究指明方向，寻找突破口。通常情况下，文献研究法对问题的研究思路与研究过程具有一定影响。本书研究中通过学术机构的馆藏资料、个人收集整理等途径，整理了关于复数历史发展研究和历年的教学大纲或课程标准等方面的电子文档和纸质材料，借助对这些材料的梳理和分析研究相关问题，如通过文献资料的梳理来阐述复数的历史发展过程；借助材料文档的分析，对高中复数课程文本进行研究，讨论高中复数课程内容的发展趋势等。

1.5.2　比较研究法

比较研究法的含义是，根据一定的教育规律或教育事实，对某一类教育现象在不同背景下的表现进行对比，从中发现某些结论。本书研究中采用纵向比较和横向比较的方法对高中数学教学大纲或课程标准中的复数部分进行比较。具体采用纵向比较的方法研究新中国成立以来我国教学大纲或课程标准中复数部分的变化趋势，采用横向比较的方法研究不同国家的高中数学课程标准中复数部分的课程设计情况。运用比较研究法有助于在研究中进一步讨论和明确我国高中复数课程发展的现状。

1.5.3　调查研究法

调查研究法是研究者采用访谈、观察、测量等方式，对教育问题或教育现象等进行考察，从而发现教育特征与规律的研究方法。本书研究中借助测试的方式对高中生的复数理解水平进行调查，主要目的是通过学生的测试表现了解学生在不同复数理解水平方面的特征和存在的主要问题。主要过程为，通过对已有文献资料的整理和述评，划分高中复数理解水平的层次，并根据测试卷设计的基本方法与原则，设计高中生复数理解水平测试卷。测试过程包括理论分析、编制试卷、预测、修订、正测等过程，严谨的操作过程可以保证

---

[1] 朱德全，李姗泽. 教育研究方法［M］. 重庆：西南师范大学出版社，2011：16.

[2] 威廉·维尔斯马，斯蒂芬·G. 于尔斯. 教育研究方法导论［M］. 袁振国，主译. 北京：教育科学出版社，2000：17.

[3] 陈向明. 教育研究方法［M］. 北京：教育科学出版社，2013：20-21.

测试卷的质量。为保证测试卷编制的有效性，本书研究中采用咨询专家的方法保证高中生复数理解水平测试卷的质量。选择的专家包括数学教育研究者、高中数学教研员、教学一线的优秀教师等，他们在高中数学课程发展和教学中能力突出，其教学观点具有典型的代表性。在研究过程中，充分吸收专家的观点，提高研究的科学性和合理性，也为后续研究奠定必要的基础。在测试实施过程中，对测试实施者进行必要的说明，由其进行监督和实施整个测试过程。经过分析与预测验证，测试时间确定为40分钟到45分钟，满足学生在测试过程中的时间要求。测试结束后，按照统计学方法，借助SPSS 22.0统计软件，对测试结果进行分析。测试和分析的结果将作为高中复数课程研究的重要依据。研究中还借助个别访谈的方法作为高中生复数理解水平调查的补充，即在对学生进行测试之后，有针对性地选择被试学生进行访谈，深入了解学生在复数问题解答时的心理表现和行为动机等，作为测试结果分析的进一步解释说明。

≫ 1.6 核心概念界定

1.6.1 复数理解

关于数学理解的研究比较广泛，普遍认为，理解是数学学习中的基本要求和目标。按照布劳内尔（W. A. Brownell）等人的观点，数学理解表现为在特定的情境中对数学内容的操作、感觉和思考，既包括对内容本质的理解，也包括对形式符号的理解，往往通过语言或行为特征表现为不同的水平。斯根普（R. Skemp）提出的工具性理解和关系性理解划分了理解的类型，形象地描述出学习者在处理不同数学内容时所表现出的关于理解的特征。莱什等人分析提出了数学内容的内在关系网络和表征系统等来定义数学理解，并将数学理解从表现形式上分为四个水平[1]。皮瑞（S. Pirie）和基伦（T. Kieren）提出的理解模型建立了具有八个水平的数学理解的递归模型，描述了学生在数学学习过程中的动态变化。李士锜从认知心理学方面指出，数学理解是在学习一个数学概念、原理和法则等内容时，能够在心理上形成恰当的认知结构，并内化到个人的内部认知网络[2]。以上列举的几种经典的数学理解的定义方式是大家耳熟能详的，对数学理解的研究具有重要的作用。

基于对已有研究的借鉴和思考，本书研究中的复数理解是指，学生在进行高中复数学习过程中，在心理表象上能够准确反映所学复数内容，能够准确掌握复数概念、定理、法则，以及与其他知识主题内容之间的联系，能够达到高中复数课程目标的基本要求，并能进行适当的拓展和应用。

1.6.2 高中复数课程内容

教育家进行了许多尝试，试图准确定义"课程"的含义，但迄今为止，还没有一致的意见，杰弗里·豪森（G. Howson）认为，课程具有比教学大纲更为广泛的含义，应该包

---

① 鲍建生，周超. 数学学习的心理基础与过程 [M]. 上海：上海教育出版社，2009：118-129.
② 李士锜. PME：数学教育心理 [M]. 上海：华东师范大学出版社，2001：64-87.

括目的、内容、方法和评价手段①。较常见的说法是，课程是指在学校教育中，为了实现对学生的培养目标而选择的教育内容及其进程的总和。课程是基础教育发展的基本要素。2017 年教育部组织对高中数学课程标准重新修订，进一步明确培养学生适应社会发展的必备品格和关键能力，指明了课程发展的基本依据。在日常的研究和学习中，结合课程内容引导学生可持续创造力的发展是高中数学教学的重要内容。

课程理论研究的主要内容通常包括课程的设计、课程的选择与编制、课程的实施和课程的评价方面相关的理论与实践等内容。本书研究以高中复数为载体，具体研究和讨论高中阶段数学课程中复数部分基本内容的选择、组织等。

1.6.3　教育价值

价值是指在某个领域发展中按照一定规律性的本质存在，可以认为是客观事物的一种有用属性。教育价值指特定阶段学生在学习某个数学内容之后的收获或对学生的成长和发展所具有的价值。本书研究中主要是指学生在高中复数学习过程中，由知识学习活动等，使学生获得的数学思想方法熏陶、数学素养发展、知识获得等方面的价值表现。

---

① 杰弗里·豪森. 数学课程发展［M］. 陈应枢，译. 北京：人民教育出版社，1991：2.

第2章 基于教学实践的高中复数课程发展回顾

关于高中复数及相关内容的研究发展回顾是本书的重要部分，为本书研究提供了必要的理论基础和实践经验。本章将对相关文献进行梳理，分别从复数的历史发展过程、高中复数课程的有关研究、复数的教与学的相关研究、数学理解的研究等方面进行阐述和评价。

≫ 2.1 复数的历史发展过程概述

从社会文化视角思考事物发展的历史可以产生新的认知观念，对相关内容的重新思考和审视也可以产生新的知识观和认知主体观。认知的历史维度和文化基础已经成为当前研究的重要内容。知识是人们在社会实践中通过认知主体的感受、反思等系列的思维活动产生的，由于经验的传递性和继承性，认知主体会接受历史的经验，感受文化的背景，产生了伴随历史和文化的思维传统。复数及复数的历史发展具有其自身的特征，任何关于复数的研究都应该深入参考复数的历史发展过程。一方面，从复数的历史发展方面，文艺复兴时期，新兴制造业的兴起、人类新的劳动方式的出现等方面的社会发展在一定程度上促进了文化的发展，数学研究的内容与方法实现了从对具体数学对象的研究转变为对一般代数方法等数学方法的寻求。虚数的出现是人们在研究和实践二次和三次方程的求解过程中，引入了负数开方的符号表示及其运算，逐渐发展为今天如此复杂的复数理论。另一方面，复数理论的历史发展过程，在一定程度上能够反映复数概念的表征过程，以及人们认识和接受复数的过程。从这两个方面来说，不论是对复数理论的研究，还是对复数教学的研究，复数的历史发展过程及相关研究都是不可缺少的内容。

数学的历史发展过程，是从不完善或者零碎的数学知识开始的，沿着逐步趋于完善的轨迹前行，更进一步说，数学的历史发展过程是真理的累积过程[①]。更进一步，复数的历史发展过程在一定程度上与学生的复数认知过程相符合。在复数的历史发展过程中，存在几个关键节点：一是三次方程公式解法中出现不可约情况，产生虚数的萌芽；二是邦贝利（R. Bombelli）对虚数运算的系统定义，求解三次方程的根；三是韦塞尔、阿尔冈和高斯等人的研究给出关于复数的几何解释，使得人们逐渐认识和接受复数；四是欧拉、达朗贝尔、柯西、黎曼等人在复数理论发展方面的贡献。这样的顺序过程可以揭示复数知识的展开方式，反映复数在发展过程中体现的认知关键点，对学生学习复数的认知过程具有指导

---

① GLAS E. Fallibilism and the use of history in mathematics education [J]. Science & education, 1998, 7 (4): 361-379.

作用。因此，分析复数的历史发展过程在本书研究中是有意义的。

在古希腊时期，学者丢番图（Diophantus）等人已经讨论了方程求解问题，包括一次、二次方程，也包括个别的三次方程。阿拉伯数学家阿尔·花拉子米（Al-Khwarizmi）已经较为系统地求解了六种不同类型的一次和二次方程，虽然这些关于方程的数学成就已经非常了不起——讨论了多种形式的方程求解问题，但此时，当方程求解过程中遇到负数开方时，毫无疑问地认为方程是无解的。现在的教学实际和历史发展一样，义务教育阶段的数学课程中求解方程也是如此。直到 16 世纪，由于负数开方这种符号的创造性应用才改变了这种局面，并产生新的数学问题，促进数学发展。

通常在教科书中看到的，虚数的引入是在 $x^2 = -1$ 这样的二次方程中。但从一些数学史著作中了解到，虚数萌芽的出现更多的可能是来自三次方程求解。菲利克斯·克莱因（F. Klein）说："据说第一个用虚数的人是卡尔达诺，他是在 1545 年解三次方程时偶然用到的。"[①] 李文林认为，卡尔达诺在用三次方程求根公式求解三次方程的根时，出现判别式 $\left(\dfrac{q}{2}\right)^2 - \left(\dfrac{p}{3}\right)^3 < 0$ 这种"不可约"的情形，实质上已经邂逅了复数。卡尔达诺的三次方程解法并非他的原创，而是来自另一位人们所熟悉的意大利数学家塔塔里亚（N. Fontana）。卡尔达诺将这种三次方程求解方法写进了著作《大术》（*Ars Magna*）（国内又译《大衍术》）中，不仅将这种方法进行一定推广，而且补充了几何证明[②]。在《大术》第 12 章 "论三次方等于一次方加常数的方程（On the cube equal to the first power and number）"，对于 $\left(\dfrac{q}{2}\right)^2 < \left(\dfrac{p}{3}\right)^3$，即判别式小于零的不可约情形。按照其在《大术》第 1 章 "论各类方程中的两种根（On double solutions in certain types of cases）"中的说明，此时方程有一个正根和两个负根[③]，从而卡尔达诺已经不得不面对虚数的存在，但他当时还没有完全准确地掌握虚根，所以没能给出关于方程的一般性的解的讨论，相关说明并不充分；转而在其他章节，如 25 章 "论不完善的特殊性法则（On imperfect and particular rules）"讨论特殊形式方程的根的情况；在 37 章 "论设根为负的法则〔On the rule（triple）for postulating a negative〕"给出具体的以负数开方作为根的方程实例，并讨论特殊的法则，同时这一章的举例中说明了卡尔达诺对虚数了解得不充分，尤其是对于一些运算法则认识不完善。西北大学的赵继伟博士关于这些内容做过系统的研究，可以更为直接地说明相关问题[④]。卡尔达诺在著作《大术》第 37 章，关于负数开方作为根的这种方程求解情况，以另一种形式列举并讨论了特殊的二次问题："把 10 分成两个部分，使这两个部分的乘积为 40"，相当于求解二次方程 $x(10-x) = 40$，卡尔达诺认为可以将 10 分成的这两部分表示为 $5+\sqrt{-15}$ 和 $5-\sqrt{-15}$，尽管他检验了这两个根是符合题目要求的，但仍然认

① 菲利克斯·克莱因. 高观点下的初等数学：第一卷［M］. 舒湘芹，陈义章，杨钦樑，译. 上海：复旦大学出版社，2008：55.

② 李文林. 数学史概论［M］. 2 版. 北京：高等教育出版社，2002：126-128.

③ CARDANO G. Ars magna or the rules of algebra［M］. WITMER T R. New York：Dover Publications Incorporated，1968：7-221.

④ 赵继伟.《大术》研究［D］. 西安：西北大学，2005：112-116.

为这没有什么用处①。这完全是一种纯形式的表示而已，与传统的数学相比，像这种放弃数的几何意义而完全从形式上的思考是非常具有开创性的，引出了一个全新的数学对象，并吸引了人们的注意力②。数学理论发展到这个阶段，人们只能接受实数作为方程的根是完全正常的。在三次方程求解过程中，一类特殊的方程引入负数开方后，看似不可能的情况下，按照一定的规则计算却能得出实数根，在这个方程的求解和计算中，表现出负数开方这种符号表示及其运算的必要性，这也是数学家难以彻底舍弃当时看似不可思议的复数的原因，从而引起了人们对这种新形式符号的疑问和探索。1572 年，意大利数学家邦贝利从思考定义和符号开始，以前人的成果为基础，全面讨论了各种二次、三次和四次方程的解法。在其著作《代数》中，用"负之正（plus than minus）"和"负之负（minus than minus）"来表示 i 和−i，对于三次方程 $x^3 = 15x+4$，利用卡尔达诺−塔塔里亚的公式法求解得到如下结果：

$$x = \sqrt[3]{2+\sqrt{-121}} + \sqrt[3]{2-\sqrt{-121}} = \sqrt[3]{2+11i} + \sqrt[3]{2-11i}$$

因为 $2+11i = (2+i)^3$，$2-11i = (2-i)^3$，所以上面这个方程的解可以进一步表示为 $x = (2+i) + (2-i) = 4$，在计算中，邦贝利已经引入字母符号来表示虚数并且在运算的意义上定义了虚数运算法则，类似于以下形式③：

（+1）（+i）=（+i）；（−1）（+i）=（−i）；（+1）（−i）=（−i）；（−i）（−i）=（−1）

邦贝利引入最开始的虚数符号表示 $\sqrt{-1}$ 和它的运算法则是复数发展中重要环节，即使对于今天的学生学习复数也是重要的理解过程。邦贝利虽然引入了虚数运算法则，并且在求解三次方程过程中应用它们，但他仍然认为复数很"玄"。在此基础上，荷兰人吉拉德（A. Girard）已经承认复数作为一种数并可以作为方程的解，从而做出了类似于代数学基本定理的推断，虽然没有证明，但已经是在方程求解意义下的复数发展了。此后的笛卡儿（R. Descartes）、牛顿（Isaac Newton）、莱布尼茨（G. W. Leibniz）等人都对复数产生了异议，他们有时在运算中采用复数，但却不认为复数根是有意义的。此时的复数也确实不具备物理意义或几何意义等任何一种让人们信服并可以接受的表示形式。复数理论的早期发展过程犹如抽丝剥茧，伴随着数学的发展，在数学家的辛勤努力下不断地发展起来的，在这个发展过程中，数学理论的发展和特定的历史文化环境都起到了积累和促进作用。有关研究结果表明，在方程求解过程中，虚数及其运算更容易被学生接受。复数的历史不是一下子就发展起来的，当然，在教学中，也不能要求学生一下子就掌握复数内容，在高中数学课堂中，也许应该突出这些历史文化背景，让学生有认识和理解复数的过程。

长期以来，复数并不被数学家广泛接受，直到 18 世纪，复数一直都不被主流数学提及。即使到了 19 世纪初期，复变函数理论已经被应用在流体动力学等问题中，一些数学家仍然不能接受 $\sqrt{-1}$ 的存在而避免使用它。复数的几何解释的出现和相关理论的完善使复数能够逐渐被人们认识和接受。英国数学家沃利斯（J. Wallis）是最先用几何方法对虚数

① VICTOR J K. 数学史通论 ［M］. 李文林，王丽霞，译. 2 版. 北京：高等教育出版社，2008：360-366.

② 程小红. 十六、十七世纪数学发展的算法倾向 ［D］. 西安：西北大学，2002：24-25.

③ BAGNI G T. Bombelli's Algebra（1572）and a new mathematical object ［J］. For the learning of mathematics，2009，29（2）：29-31.

进行解释的数学家，他的思路是，在有向线段能够表示负数和正数的基础上，也能够表示虚数，把虚数作为比例中项的方式用几何作图呈现出来。挪威的业余数学家韦塞尔于 1797 年在他的文章中发表了关于"用单个代数式表示平面上线段的长度和方向"的办法，这最后成为了考虑复数量的一种新方法①。复数的几何表示的内容，使数学家逐渐接受了"数学地位"还没有稳固的复数。这种关于几何线段的代数表示，关联了几何量与代数表示，也确立了复数在数学中的地位。在复数的历史发展中，法国哲学家、数学家笛卡儿也是一位重要的人物，他在 1637 年出版的《几何学》中给出虚数这个名称。伟大的数学家欧拉解决了约翰·伯努利（J. Bernoulli）与莱布尼茨之间关于复数的争论，有效地使用了复数，为复数的发展注入了一些必要的活力，从而使人们对复数也产生了一些信心。欧拉第一个使用符号 i 表示虚数，并写在他的论文中。复数的欧拉公式作为数学中的重要公式之一，完美地体现了数学的美学价值。在 19 世纪初期，高斯在与朋友的通信中，讨论了复数的几何解释，此时高斯已经对复数意义有了清晰理解，并开始掌握复函数的几何理论。在复数的历史发展过程中，韦塞尔、阿尔冈和高斯等人对复数的几何表示在促进人们接受复数方面发挥了更大的作用②。

回顾数学的历史发展过程，可以了解复数产生与发展的数学背景和历史文化背景，对于今天人们的认识观念形成了一定影响。复数的产生在于三次方程公式求解和相关二次方程的讨论，但复数最初不被接受也反映了当时人们还缺少关于复数理解的必要条件。经过数学家的不断研究和探索，复数运算规则的明确、复数几何解释的给出等，使人们逐渐接受复数，并将复数深入发展形成系统的理论。这样的过程既是复数的历史发展过程，也是人们对复数认知过程的具体体现，同样与高中生的复数理解过程相吻合。因此，了解复数的历史发展对研究高中复数是重要的。

≫ 2.2　高中复数课程内容组织

在传统意义上，学校的教学内容被分成不同的多个独立学科，为学生提供了专门的学习领域，方便学生学习专门的学科知识，学习者个体能够关联这些知识，在课程整合的意义下，形成个体完整而独特的认识。因此那些跨学科的知识内容，能够帮助学习者建立知识之间的关联，具有重要意义。复数是数学教学中的一项基本内容，但毫无例外地，包括高中和大学阶段不同级别的复数的教学与应用都仅仅被限定于复数运算和几何解释等个别的领域，从学科整合的观点考虑就显得不够恰当③。实践研究结果表明，对于一些特定内容提供的整合机会并没有得到充分利用，比如运动变换在复数范围的讨论可以给学生的复数学习带来全新的认识和感受，但高中阶段的复数课程并不包含这些内容。在高中数学课程内容的考虑上，数学家倾向于选择有深度的、能够体现数学概念本质特征的那些内容，这样的数学内容有利于学生形成良好的数学知识结构、掌握数学的本质、有效地训练学生

①　VICTOR J K. 数学史通论 [M]. 李文林，王丽霞，译. 2 版. 北京：高等教育出版社，2008：737.

②　M. 克莱因. 数学确定性的丧失 [M]. 李宏魁，译. 长沙：湖南科学技术出版社，2004：153.

③　ANEVSKA K，GOGOVSKA V，MALCHESKI R. The role of complex numbers in interdisciplinary integration in mathematics teaching [J]. Procedia-social and behavioral sciences，2015，191：2573-2577.

的数学思维；而教育学家更多地关注学生的知识获得的感受和体验，在注重知识学习的同时，更加关注学生非智力因素的发展，如十分强调学生学习兴趣的培养、学生在学习过程中的个人情感等。若是在课程发展中，结合两种观点，尤其是在高中数学课程的设计中是有益的。

高中数学教材中复数内容的编写引起了数学教育研究者的关注。高中复数教材的内容编写，既应该关注数学文化的渗透、学生数学思维的训练，也应该关注数学知识的整体性和陶冶数学美学价值等方面[①]。具体来说，第一，高中复数及教材编写应该注重渗透数学文化，让学生感受到复数的历史发展过程，以及复数历史发展过程中的重要事件。第二，高中复数应该关注数学思维训练，如能够把所遇到的一般数学问题转化为复数问题，利用恰当的复数形式进行求解，或者利用复数的几何特征渗透数形结合思想等。第三，高中复数及教材编写应该注重复数知识的整体性，复数是联系向量、三角函数、指数函数、平面几何等众多知识主题的重要知识，是数学知识主题协调的纽带，按照高中复数的课程目标完整合理地呈现这些内容是必要的。因此，在高中复数部分，应该让学生感受到复数在数学学科中的重要作用，同时可以通过多方面的复数特征性内容帮助学生深入认识和掌握复数概念。第四，数学的美学价值对学生的素养发展具有重要作用，复数的内容和形式对于刚开始接触复数的学生来说，具有很大的吸引力，如欧拉公式 $e^{i\pi}+1=0$，完美地把数学中的几个重要符号 e，i，π，1，0 统一在一起，并且复数的知识在内容和表示形式上都充分地体现了数学的美学价值，让学生感受数学的形式美和内涵美，通过数学学习过程渗透数学的美来陶冶学生的身心，促进学生数学素养的发展。

复数发展的历史本身反映了数学家对复数概念的理解过程。在复数的历史发展过程中，卡尔达诺引用了形式化的复数和复数加法、乘法运算，表明卡尔达诺的复数概念是不完整的复数概念[②]。如果复数的发展历史仅仅停留于此，那么复数的内容和发展就不会有今天的价值和成就。卡尔达诺说："算数就是如此神奇，它的目标可以很精致但又不中用。"邦贝利、笛卡儿、牛顿等众多伟大的数学家对复数的这种形式化表示和运算都持消极的态度。即使是大数学家欧拉，给出了著名的公式 $e^{ix}=\cos x+i\sin x$，但对于复数的理解也是不清晰的。直至韦塞尔的复数的几何解释出现，使复数的意义得以扩展、复数概念的内涵得以丰富。阿尔冈关于复数的几何阐述进一步地推动了人们对复数概念的理解和复数在数学学科中的发展。研究理论认为，概念是一类表征的内容，这些表征的内容能够反映个体掌握概念的心理状态[③]。也就是说，概念的理解和掌握是动态的过程。复数概念在特定的历史发展阶段与今天学习者学习过程中的特定阶段是类似的，个体是按照各自的心理表征来理解复数概念的，卡尔达诺的复数概念的心理表征应该符合满足方程求解的代数形式及加法、乘法运算。因为当时要解决的问题是三次方程求根，并不是创造复数，所以说卡尔达诺的复数的发现是偶然的，负数开方在方程求根的应用过程中还包括对应的加法和乘法运算，所以说卡尔达诺的复数也是系统的，对发现者卡尔达诺和塔塔利亚来说，他们

① 钟劲松，刘源. 漫谈高中教材复数内容编写的关注点 [J]. 中国数学教育（高中版），2016（12）：10-13.

② BUEHLER D. Incomplete understanding of complex numbers Girolamo Cardano：a case study in the acquisition of mathematical concepts [J]. Synthese，2014，191（17）：4231-4252.

③ BURGE T. Concepts, definitions, and meaning [J]. Metaphilosophy，2010，24（4）：309-325.

已经能够明确方程中出现的负数开方所求得的根是对的，负数开方所表示的既不是负数也不是正数，应该是另外一类数，卡尔达诺把它称为"不可能量（impossible quantities）"①。比较来说，当前的高中复数教学侧重于复数的代数表示和运算，那么学生对复数概念的心理表征也将如此，不会涉及复数与不同数学内容之间的联系和复数的物理背景等内容。

要避免不充分或者偏颇的复数内容呈现而使学生产生错误的或者是不完全的心理表征，那样将会影响学生对复数概念的获得和深刻理解。数学概念学习一般要经历六个基本过程：感知—想象—概括—固化—应用—结构②。所以高中复数概念的教材呈现和教学等过程中，要给学生提供感知的素材、思考的空间，使学生获得的复数概念能够上升为抽象的、本质的知识形态，注重复数概念等相关知识的应用，在应用中加深学生对复数概念的理解，形成稳定的认知结构。教科书是知识呈现的载体，知识背后所蕴含的思想是数学教育的一项重要内容。在掌握复数概念、法则等知识的同时，更重要的是，高中复数教学要给学生渗透复数的应用、复数的思想。从某种意义上说，一个概念是怎么产生的也许比这个概念本身更重要，因为前者才是培养学生的发现能力与创新能力的重要源泉，后者仅仅是知识的陈述③。按照布鲁姆（B. Bloom）认知目标分类理论，复数作为一般数学概念的理解，可以分为记忆层次、理解层次、运用层次、分析层次、评价层次、创造层次这六个层次。在教学中，要实现这六个层次，既要把握复数概念的实质，又要强化复数教学的隐性目标和课程目标④。从复数的发展历史可以看出，方程求解和数系扩充等内容只是复数核心价值的一部分，而复数的核心价值在几何解释和物理应用方面体现得尤为明显，若没有复数的几何解释，复数则无法被数学家所接受；若没有后来复数在物理学中的广泛应用，复数则不可能像今天这样受到如此重视。所以，高中复数内容的教学该包含哪些内容，以何种方式呈现是值得研究的重要内容。

通过以上相关内容的分析可以看出，由于对高中复数部分的学习要求不够明确，认识存在偏差，高中数学教材呈现的复数内容的不完善，以及教师关于复数的素养不足等原因，必将导致高中复数的教学存在一定问题，从而难以达到高中复数教学所应该具有的效果。关于对高中复数内容的设置与教学需要重新分析与思考，进一步科学化、系统化。在高中数学课程的发展与教材的编写过程中，给学生提供问题的真伪性、内容的科学性与严谨性、历史发展的偶然性和必然性、主体的鲜明性，是值得思考的几个重要方面⑤。在课程标准修订和教材编写时，首先不能忽略教材知识的连贯性和知识内容与学生认知能力的协调性。对于高中复数课程，要体现其与前后知识的衔接，为了给复数系与实数系、有理数系在数系理论上的衔接，复数知识与三角函数、指数函数等内容的衔接，为了给以后的高等数学学习做准备，复数的课程表现形式不能过于抽象和复杂，以便于学生接受和理

---

① EMELIE K. Cardano："arithmetic subtlety" and impossible solutions［J］. Philosophia mathematica，1989，s2-4（2）：195-216.

② 李兴贵，王富英. 数学概念学习的基本过程［J］. 数学通报，2014，53（2）：5-8.

③ 张蜀青，曹广福. 复数概念教学之管见［J］. 数学通讯，2014（22）：1-3.

④ 李昌官. 布卢姆认知目标新分类指导下的数学教学设计：以"数系的扩充与复数的概念"教学设计为例［J］. 数学教育学报，2012，21（3）：67-71.

⑤ 曹广福. 数学课程标准、教材与课堂教学浅议［J］. 课程·教材·教法，2016（4）：12-16.

解。如果像《统一的现代数学》中那样过多地强调复数的数学结构，多半学生接受起来会很费力；但明显高于学生的认知能力，将达不到促进学生数学思维训练和给学生准备知识基础的目标，同样是不合适的。复数的课程内容应该是科学和严谨的，避免刻意地编造一些不合适的题目，如在复数的课程内容中，为了引入复数而让学生求解简单的一元二次方程 $x^2+1=0$，单纯从这个例子中实在看不出引入复数的必要性，复数的历史发展过程让人们看到，复数的产生和出现是具有特定的方程求解的背景的，是具有一定的历史偶然性和必然性的。课程中给学生提供合理和必要的数学素材，让学生能够在做数学题的过程中学习数学，才是好的数学课程应该具备的基本要求。

≫ 2.3　高中复数课程的比较

新中国成立以来，高中数学的教学大纲和课程标准经历了多次修订，发生了一些比较明显的变化，我国的高中复数课程内容已经发生演变，当前高中复数属于"容易教"的难点课[①]。一方面是由于高中复数内容要求简单，容易被处理成"机械的识记和模仿"；另一方面不利于复数的数学本质和数学思想方法的体现。比较教学大纲 2002 年版与它之前的 1996 年版，可以发现高中复数内容在结构及要求上均有较大变化[②]，删减复数内容之后，不论是从复数概念的引入和理解，还是复数的几何意义等其他方面，在基本的教学要求方面都难以得到满足，也不利于学生数学素养与能力的培养。我国在 2002 年修订教学大纲时，复数部分被淡化处理，削减了大部分内容。

在我国高中数学教材中复数的表示形式的比较方面，一些具体的研究工作为高中复数课程编写做了理论性的分析[③]。复数的代数表示作为复数概念的重要表现形式，在高中复数部分是非常重要的，新中国成立以来的高中数学教科书中复数代数表示的形式和内容的稳定表现，体现了复数代数表示在高中复数课程中的基本地位。复数的坐标表示也是高中复数内容中一种基本表示形式，它主要与复数的几何解释联系在一起，在表示复数的几何特征方面具有重要地位和作用。复数的向量表示虽然也是高中复数的一项基本内容，但在对新中国成立以来的高中复数课程比较中发现，其中有两套教材不包括复数的向量表示，大多数的高中数学教材中都把复数与二维向量紧密联系在一起，用向量来表示复数，相等向量表示同一个复数，在几何意义上拓展了复数的内容。复数的三角表示从新中国成立以来直到 2000 年之前的教科书中都以较大篇幅存在，如果说代数表示是学生学习高中复数最开始接受的复数形式，那么复数的三角表示就是学生在高中阶段深入学习复数的重要表示形式。在历年的高中数学教科书中，复数的指数表示相对较少，仅存在于中间阶段的三个版本的教材中，复数的指数表示在实际问题的应用中能够更加方便地表示数量关系，在

① 卢建川. 基于问题驱动的高中复数教学研究与教学内容的重构 [D]. 广州：广州大学，2016：9-24.
② 左浩德，蒋红慧. 课堂改革对课堂教学的影响：以高中数学复数部分为例 [J]. 数学之友，2015，20（5）：3-6.
③ 宋广华，李春兰. 复数的表示形式编排变迁之研究：以"人教版"高中数学教科书为例：1949 至今 [J]. 内蒙古师范大学学报（教育科学版），2017，30（12）：7-11.

体现复数在科学技术方面的应用中，具有独特优势，但是抽象性相对较强，难度较高，所以在高中数学教材中的出现较少。对比新中国成立以来我国高中数学教材中复数表示形式的变化，受教学大纲或课程标准等规范性文本内容修订的影响，复数的表示形式在多样性方面越来越弱，涉及的相关计算为避免烦琐而趋于简单，虽然有利于学生以最简化的方式了解复数概念，但是简化的复数表示形式缺乏与现代数学之间的平衡性考虑，表示形式之间的关联性也同时被弱化，不利于学生对复数概念的深入理解。

许多国家在高中阶段都把复数作为重要的高中数学学习内容，这些国家的经验非常值得中国的教育改革借鉴。澳大利亚在事先研究制定的课程设计手册的背景下，于 2012 年底颁布了全国统一的高中数学课程，这是澳大利亚首次制定在全国范围内统一的课程。在高中数学课程标准制定过程中，充分借鉴其他国家的高中数学课程标准，按照学生发展的需要，把高中数学课程划分为实用数学课程、普通数学课程、数学方法课程和数学专业课程四种课程类型，这四种课程类型对数学学习的要求程度越来越高，其中复数包含在数学专业课程当中。澳大利亚高中数学课程中的复数课程在设计时，注重数系的连续性和完整性，把有理数系、实数系和复数系的课程内容联系在一起，有利于学生在数系扩充的意义下比较一致地学习复数内容，为学生进入大学的一些专业尤其是理工类专业学习提供了必要的知识基础。

作为课程标准的具体表现形式，还有学者在高中复数教材方面对中国人教版教材和新加坡教材中复数内容的表现和组织形式等方面进行比较[①]。新加坡的基础教育发展水平较好，同中国具有比较相近的文化背景。从主题上比较，中国的高中复数侧重于数系扩充，新加坡的高中复数侧重关于复数知识体系的系统性。从内容的数量上，新加坡的高中复数内容明显多于中国的高中复数内容。从内容的具体安排上，中国的高中以方程 $x^2+1=0$ 求解的方式引出复数概念，给出复数的代数表示，体现数系扩充思想，然后给出复数代数形式的四则运算，在复数的几何解释方面，仅说明了复数代数形式与复平面上的点之间的一一对应和复数代数形式加减法的几何意义；新加坡的高中复数课程在概念引入上，同样也是采用方程 $x^2+1=0$ 求解的方式，然后给出复数的代数形式及其四则运算，这些内容似乎与中国的复数课程内容比较接近，但这些内容已经几乎是中国高中数学课程中的全部复数内容，在新加坡高中复数课程中，则仅是三个主要部分的一小部分。可见，新加坡高中复数在内容上明显多于中国的高中复数，而且具备更加充分的内容支撑这种简化的复数引入方式。新加坡高中复数的第二部分是在复数代数表示和四则运算等内容的基础上，作为重点内容进一步介绍复数的极坐标表示，在第三部分利用复数的几何意义来表示复平面上的轨迹和图形。由此可见，在复数的知识体系上，新加坡的高中复数课程明显要丰富得多。在中国与新加坡的高中复数内容的比较中可以看出，在复数的引出方式和代数表示方面，二者几乎相同，但在其他更丰富的知识体系上和复数的应用意识方面，新加坡的高中复数是多于中国的高中复数部分的。

英国的高中复数内容包含在进阶纯数学（further pure maths）模块中，相对而言，这

---

① 吴骏，胡鹏艳，朱维宗，等. 中国与新加坡高中数学教材复数内容比较研究［J］. 数学通报，2016，55（1）：12-16.

一模块的知识难度较高。英国的高中数学教材中的复数部分是值得关注的。学者在对中国和英国的高中数学教材复数部分的知识范围、复数知识呈现结构等方面进行了比较①。这些研究在内容和方法上都为深入研究复数课程提供了宝贵的经验。英国的高中数学教材中，借助数学史中古希腊数学家丢番图在研究几何问题时得到的一个一元二次方程判别式小于零而无解，又给出卡尔达诺的方程组：$a+b=10$，$ab=40$，在实数范围内本来无解，但在给出负数开方的创造性表示之后，得到一种新的解的表示形式，从而引出复数，这种复数的引入方式充分地体现了知识的发生过程，符合学生的心理特征。在具体复数内容上，英国高中数学教材中的复数包括复数的代数表示、三角表示、指数表示等多种表示形式，以及对应形式的复数运算、方程求解、几何意义等内容，还包括欧拉公式、棣莫弗定理等关于复数一般性的内容。英国的高中复数内容注重逐步分析问题的关键、基本原理和依据等，使学生在学习过程中对复数知识和所遇到的问题能有一个全面的理解和认识。可见，英国的高中复数知识体系比较系统和完整，有利于学生学习相对完整的复数知识和形成相对完整的复数意识。

法国的高中复数内容包含在高中三年级的几何内容当中，以复平面的方式开始复数内容，先给出复平面上点的坐标，再定义实部和虚部等基本概念，通过必要概念的引入来引出复数的表示形式。在复数的表示形式这个重要的复数概念确定之后，可以给出对应的复数运算，而且在复平面上也可以比较方便地利用复数的模和辐角给出复数的三角表示。这种复数课程表现形式以复数的几何意义为基础，把复数的表示、运算等内容统一于几何当中。法国高中复数的最后部分还把复数运算与几何变换结合起来，更加充分地表现出复数在几何方面的特性和利用复数几何特征解决有关问题的重要作用②。法国的高中复数课程体系与方式，为我国的高中复数课程体系建构提供了一种新的思路。我国的高中复数课程可以采用从几何的点出发定义复数，特别是定义虚数单位 i，为学生理解虚数单位 i 排除障碍，也有利于利用几何来解释复数，让学生更容易接受和理解复数，还可以借助复数的几何变换加强学生在复数的应用方面的意识发展和能力发展。

美国对于教育的发展和基础教育改革等方面历来都具有积极态度，以前的美国高中数学课程设置与要求在不同的州一般是独立的，各州教学内容与要求的不同，对学习的交流、评价和教育发展规划等方面产生了一定的影响。2010 年，全美州长协会（National Governors Association）和美国州首席教育官员理事会（The Council of Chief State School Officers）共同推出《美国统一州核心课程标准》（*Common Core State Standards*）③。《美国统一州核心课程标准》的范围包括学生在 K-12 年级所学知识、技能，进而确保学生高中毕业以后，可以在高校课程学习和劳动力职业培训等方面获得成功④。美国高中数学统一课程标准中复数部分的课程设置以数系扩充为基本目的，包括虚数单位 i 的引入，复数的多种表达形式、复数的几何意义、复数范围内解方程、代数学基本定理等，在围绕课程

① 王奋平. 中英高中数学教材复数内容比较研究：以英国 AQA 数学课本和人教版 A 版数学课本为例［J］. 数学教育学报，2011，20（3）：83-86.

② 邓冠铁，高志强. 法国数学课程标准简介［J］. 数学通报，2009，48（1）：12-16.

③ National Governors Association，The Council of Chief State School Officers. Common core state standards for mathematics［EB/OL］.（2016-06-02）［2022-10-30］. http：//www. corestandards. org/Math.

④ 曹一鸣，王立东，Paul Cobb. 美国统一州核心课程标准高中数学部分述评［J］. 数学教育学报，2010，19（5）：8-11.

设置目的方面体现得比较多，但对知识的细节性内容介绍比较少，知识的难度普遍不大，如复数开 n 次方、复数范围内方程根的性质、欧拉公式等内容均没有提及。另外，《美国高中数学统一课程标准》中，明确提到，除了复数引入、复数的代数形式、代数表示的四则运算，以及复数范围内解实系数二次方程这几个部分外，其他的复数内容的学习目的是"为了选修微积分、高级统计学或离散数学等高级课程而应该额外学习的知识"，即美国高中复数内容的学习的另外一个目的是奠定学生进一步学习的知识基础。

2.4 高中复数教与学

2.4.1 与复数教学有关的研究

教师作为教学一线的实践者，更容易受到高考制度的影响，高考中出现频率比较高的复数内容往往是教师在教学中更关心的内容，有关研究结果表明，近些年的高考复数考查更倾向于四则运算等内容[1]，导致教师和学生对数系的扩充过程及复数的几何意义等其他方面复数知识的认识较为模糊[2]。任何一个数学内容都应该受到应有的重视，复数从出现到发展成为一个系统的理论经历了几百年的时间，如某些教材那样，基于方程 $x^2+1=0$ 在实数范围内无解，从而扩充数系求解方程的方式引出高中的复数概念，使一个在数学中具有深远影响的数学概念被蜻蜓点水般一带而过，对揭示数学知识的产生过程，体现数学思想方法是不利的[3]。基于复数的历史发展，从三次方程求解引入复数是当前在高中复数教学中呼声比较高的一种复数概念引入方式，教师在教学中考虑复数引入的必要性和合理性，结合复数的历史发展过程，在教学研究与设计中更希望借助稍微复杂一点的方程，像卡尔达诺遇到的三次方程那样，让学生直观地看到和感受到方程求解的一般方法和引入复数对方程求解的影响；在符合历史发展的意义下，让学生接受复数概念和认识复数概念，在层层设计的数学问题中，让学生从认识问题逐渐过渡到理解复数概念，让学生感受数系扩充的思想，把数学中的创新思维传递给学生而不是硬塞给学生，整个教学过程注重课标强调的"让学生体验知识的发生过程"和"体现数学的文化价值"。

在高中复数的教学中，概念的引入是最难突破的环节，其极大地影响着学生对概念的理解和运用，高中复数首先要强调和做好复数概念的引入[4]。高中复数教学的着力点在于尊重历史的前提下，探究复数概念的产生，可以把自然数系扩充到实数系的思想引入到复数课堂中，让学生自然地产生扩充数系的想法，并感受复数作为数的概念融合于从自然数系到复数系的整个数系的逻辑关系中[5]。有研究者认为，在复数的教学中，类比实数的内容与方法，从而促进复数的学习，强调将实数与复数有机地联系起来，有利于学生的复数

① 彭艳贵，王鹤颖. 基于 SOLO 分类理论的高考复数试题研究［J］. 课程教学研究，2020（1）：36-44.

② 孙军波. 核心素养观下的主题单元起始课教学实践：以复数单元起始课为例［J］. 数学通报，2019，58（12）：31-34.

③ 吴现荣，宋军. HPM 视角下数系的扩充与复数的引入教学［J］. 数学教学，2016（10）：39-42.

④ 王海青. 数学史视角下"数系的扩充和复数的概念"的教学思考［J］. 数学通报，2017，56（4）：15-19.

⑤ 郑长喜. SPOC 环境下的高中数学翻转课堂教学设计：以"数系的扩充和复数的概念"为例［J］. 数学教学通讯，2018（18）：8-11.

理解和知识系统化，更有利于将复数统一到数系的系统中①。教学中要尊重学生的认知规律，注重学生知识获得的过程性。经过小学到高中的学习，在意识中学生已经将自然数到实数看成一个连贯的整体，高中阶段的学生已经能够灵活自如地处理初等数学中的各种实数范围内的问题。把这种数系的连续性继续发展到复数应该是高中复数教学的一条基本原则，在思维上有利于学生接受复数这一"新"的数，在知识上有助于在复数学习之后，把它真正纳入到"数"的范围。有研究者基于问题驱动的教学理念，对高中复数的教学进行了系统的研究②。首先，结合复数的历史发展过程，分析了高中数学教材中复数的一些重要知识点编写过程中存在的问题，如虚数引入、复数运算等。其次，通过课堂教学的观摩、研讨等方式分析高中复数的教学现状，研究高中复数教学中存在的问题，包括教材中复数知识呈现方式的问题、教师对复数内容进行教学处理时存在的问题等。最后，提出教学意义下的高中复数课程重构的思路与具体案例，为高中复数教学和课程发展提供了重要的研究经验和理论依据。

　　复数的产生和发展过程具有传奇性，其中凝聚了数学家对数学符号创新的应用，表现了数学家在研究过程中不屈不挠的精神，按照弗莱登塔尔的数学再创造原则，这个过程对于学生的数学创新精神培养非常有益。因此，重视复数教学，强调复数的教学设计是非常必要的。复数的教学设计应该明确复数概念的逻辑起点，准确揭示复数的历史发展过程，清楚地刻画复数的几何意义，从而呈现数系的扩充过程③。在数学概念的教学中，不但要讲清楚概念的内涵和外延，还要讲清楚概念产生的历史背景，让数学概念有源可溯，为学生构建概念体系提供条件，对于一些发展过程比较复杂的数学概念，选择恰当的问题形式阐述数学概念的发生和发展显得尤为重要④。在复数的教学设计中，应该展现现实世界与数学知识不足之间的矛盾，这正是复数出现的必要性的有利说明；一定要考虑复数的历史背景，其中，三次方程公式求解是教学的一个基本固着点，基于实数的数系扩充表明了实数是复数教学的另一个固着点，几何解释作为复数历史发展的一项重要内容也是不可忽略的，虽然高中阶段学生缺少复数在现实世界中应用的物理背景，但已经学习了一元二次方程、向量、乘方和开方运算等一系列必要的知识基础。因此，在高中阶段对复数内容进行系统的教学设计使学生学习复数相关内容是可行的。复数作为高中数学课程中出现的一次数系扩充过程，在形式上是独特的，学生对这种形式比较陌生，也就容易产生理解上的困难。在教学中，以复数几何意义为线索，结合复数的历史发展，如通过一元二次和三次方程引出虚数单位，逐渐生成复数的概念并展开，是一种有效的课程处理方式。为了使学生能够在相应的数系扩充过程中充分认识复数，可以用旋转变换等几何含义来设计教学，让学生认识 $\sqrt{-1}$ 这样比较难以理解的概念，充分利用复数的几何意义是教学设计的一个关键⑤。在高中阶段，由于学生已经先学习了向量内容，随后又学习了复数内容，如果不加以区分，学生很容易产生疑问，二者似乎很接近，为什么还要学习两个内容呢？因此，在

　　① 芮玉贵.《复数的几何意义》的教学设计与教学反思 [J]. 数学通报，2010，49（9）：32-36.

　　② 卢建川. 基于问题驱动的高中复数教学研究与教学内容的重构 [D]. 广州：广州大学，2016：9-24.

　　③ 孙军波. 核心素养观下的主题单元起始课教学实践：以复数单元起始课为例 [J]. 数学通报，2019，58（12）：31-34.

　　④ 张蜀青. 问题驱动的高中数学课堂教学设计理论与实践 [D]. 广州：广州大学，2019：51-55.

　　⑤ 吕天玺，王光明. 基于数学核心素养的"复数"教学设计 [J]. 数学通报，2018，57（6）：39-43.

复数教学中，区分向量与复数两个概念很重要。在关于高中复数的研究文献中，普遍存在着对高中复数内容进一步强化的主张，如复数知识的系统性、实数与复数的一致关联性、虚数单位 i 等复数概念的历史背景、复数几何意义等。表明人们较一致地认为高中复数内容及其表现形式是学生学习的一个重要影响因素。

在近些年的高考试题中，复数部分主要是复数代数形式的四则运算，缺少运算背后的意义理解，对其他内容的关注也不够，不利于实现"数系的扩充"的基本课程目标，数系的扩充过程体现了数学的发现和创造过程，同时体现了数学产生、发展的客观需求①。因此高中复数应该在相关概念的深入理解过程中认识数系扩充，从而理解复数。基于布鲁姆的认知目标分类理论进行高中复数概念的教学设计给高中数学教学提供了重要参考②。布鲁姆的认知分类理论自从问世以来，在世界范围内影响很大，对数学教育教学具有重要意义。在高中数学教学中，仅仅教给学生事实性的知识是不够的，应该加强数学知识的组织性和结构性，这样才能实现学生对知识的有效获得。布鲁姆的认知目标分类理论对知识进行了较为明确的划分，既包括事实性和概念性知识，也包括程序性和元认知知识。具体来说，事实性知识是指学习新内容过程中所必须掌握的抽象程度较低的关于某些内容的基本要素；概念性知识是指反映概念、原理等相互之间关系的那一部分知识；程序性知识是指像方法、法则一类的，能够体现知识操作过程的那一部分知识；元认知知识是指导学生获取知识和调整认知意识的知识。在高中复数的教学中，教师不仅要关注让学生记住复数概念、复数集、复数相等、模等基本概念的事实性知识，更应该关注这些概念之间的关系的概念性知识，以及能够进行有关问题运算和判断的基本方法的过程性知识，还有使学生在复数学习过程中清楚为什么要进行数系扩充、如何进行数系扩充等具有思维策略和认知策略的元认知知识。有的教师基于布鲁姆的认知分类理论，从认知的过程维度（如记忆、理解、运用、分析、评价、创造六个方面）进行教学设计。在复数引入过程中，为了引起学生的疑问，设计问题，如"已知 $x^2-x+1=0$，有 $x+\dfrac{1}{x}=1$，再两边平方，就会有 $x^2+\dfrac{1}{x^2}=-1$"，这个问题的设计既回避了历史上导致复数产生的三次方程的复杂性，又能够引起学生进一步思考的欲望，给学生的思考创立了条件。学生在思考中，意识到方程 $x^2-x+1=0$ 在实数范围内无解，却能推导出两个平方数的和为负数 $x^2+\dfrac{1}{x^2}=-1$，这在实数范围内是不合常理的，这样的问题情境在一定程度上为复数的出现提供了必要性和合理性。这样引出的复数，形成的复数概念就会避免简单的记忆。引出复数概念之后，再对比从自然数系扩充到实数系的扩充过程，把复数系协调地衔接于整个数系，完整地表现出整个数系扩充过程。在引入复数和表现复数概念的宏观方面，与传统方式相比，这样的教学设计具有更大的优势。在具体概念引入上，还需要设计合理的方式拓展复数的知识体系，逐步深入

---

① 宋长权. 刍议课堂教学中的数学意义取向：以"数系的扩充"新课引入为例 [J]. 现代中小学教育，2011（9）：28-30.

② 李昌官. 布卢姆认知目标新分类指导下的数学教学设计：以"数系的扩充与复数的概念"教学设计为例 [J]. 数学教育学报，2012，21（3）：67-71.

地让学生理解复数的表示、复数运算、模等其他概念，学生在复数学习过程中，可能存在一些认知的困难，如虚数单位 i 的认识和理解，在原有基础上，进一步设计教学，设计直观的例子，为学生突破认知障碍提供帮助。

高中的复数虽然只占了高中数学课程的一小部分，但它并不是孤立的。高中复数在本质上是之前内容的发展，更是大学里的数学专业基础课程"复变函数"的开端。结合自己的教学经历，有的大学数学教师表示，由于学生的高中复数知识基础的不足，课程开始时总要额外地补充一部分内容。因此，从大学数学专业课程的视角思考高中复数课程的教学是有意义的①。如果学生在高中阶段接触的复数内容太少，不能获得对基本概念的初步认识和理解，那么在大学里的数学专业基础课程"复变函数"学习中可能会遇到困难，比如在给出复数的模、辐角和三角表示的过程中，因为辐角的多值性，由于学生之前未接触复数的三角表示方式，会给学生的复数知识的学习带来困难。从复变函数理论的角度看待高中复数，为了学生学习的衔接顺畅，高中复数和大学课程中存在重合部分，但这部分内容在大学课程中比较简略，这就需要在高中阶段系统地学习这部分课程，在思想方法上为后续学习做好准备，在复数的历史发展背景下，透过复数相关概念的内涵和外延讲解复数课程体系。作为数学专业基础课程，大学里的复变函数理论课程抽象性和理论性更强，学生在刚开始接触的时候，可能在概念的本质理解方面存在困难，特别是在复数的多值性和表示多样性方面不容易掌握，所以，从知识学习的整体连贯性来说，高中复数教学的基础性和系统性是必要的，有助于学生今后进入大学学习相关内容。

比较而言，当前关于高中复数的研究很大部分都是关于复数教学和教学设计方面的研究。进一步具体划分，这些研究可以概括为：关于高中复数教学的引入方式的研究、关于教学设计的研究、关于教学中存在主要问题的研究、关于复数教学中学生的学习表现的研究等方面。这些研究有的直接从教学内容进行单纯的与教学直接相关的设计分析，有的研究建议对复数内容进行处理并设计教学，有的研究从学生的认知特点等对复数教学进行分析。大量的高中复数教学实践的分析和经验的总结是宝贵的，可以为后续的研究工作提供重要参考。

2.4.2 与复数学习有关的研究

在学习较为抽象的数学内容时，皮亚杰提出的同化和顺应作为个体认知方面在数学概念获得过程将发挥积极的作用，可以说明，经过恰当的方式和过程协调在学习中学生需要将课程中的新的概念与原有的知识结构，使之达到一种新的平衡状态。也说明在高中数学课程内容研究中，对学生知识获得过程进行研究尤为重要，因为高中数学课程的研究一定要考虑学生的概念能力，这样才能使学生按照数学家期望的方式构思这些概念，实现有意义的概念学习②。

数学因为其内容包含大量的难以具体化的理论性的概念、方法和模型等内容，表现出

---

① 韩晓，杨泽忠. 从复变函数论的角度看中学复数内容的教学 [J]. 高中数学教与学，2014（12）：23-25.

② SHLOMO V. Subordinate and superordinate accommodations, indissociability and the case of the complex numbers [J]. International journal of mathematical education in science & technology, 1988, 19（4）：593-606.

高度的抽象性，而抽象性被认为是培养学生推理和思维能力的有用工具[①]。复数概念是一个比较典型的经过多级抽象而得来的数学概念。在教科书中，一般以形式化的方式给出复数概念，"形如 $a+bi$（a，$b \in \mathbf{R}$）的数称为复数"。学生在学习过程中会产生各自的概念表象，在此过程中会有一些因素影响学生概念表象的形成与修正[②]。如在刚开始时，复数的名称可能在语义方面对学生的认识产生一定影响，复数的"复"可能使学生注意到这是一个复杂的数，或者是多个数构成的数学概念，虚数中的"虚"可能让学生认为这个数是不存在的。通常情况下，复数有代数表示、三角表示、指数表示、坐标表示等多种表示方式，这些表示方式也是复数概念的一部分，每种表示方式能够体现复数的不同特征，在解决不同问题时，需要判断和选择恰当的表示方式。但对于学生来说，在复数表示方式的转换中存在困难，学生有时难以接受这些形式都是用来表示某个数，更不能理解这么多形式都是表示同一个数[③]。再如，学生在实数范围内已经接受多项式 x^2-1 可以分解，而多项式 x^2+1 不能分解，然而，在复数部分又变成可以分解。以上内容若不能给学生提供充分的理解，则会使学生产生认知上的混乱。学生在认识复数概念时，需要正确认识虚数单位 i，至少在形式上应该知道负数开方与虚数的关系。有关研究结果表明，学生对于复数的代数表示 $a+bi$ 的认识可能还是停留在二维数对的情形，把复数看成两个独立的部分，而不是把 $a+bi$ 当作一个完整的、独立的数。抽象的数学概念的学习并不是一点好处没有，学习抽象的数学概念对一些有兴趣的学生是一种激励。如果想在教学中促进学生对复数概念的理解，降低概念的抽象性，需要教师寻找比较直观的方法帮助学生积极建立和修正概念表象[④]。学生在复数概念学习过程中的一些心理因素受到复数知识形式的影响，正确的复数知识形式和呈现方式帮助学生理解概念。在关于高中生的复数计算方面能力的研究中，复数形式的转换、选择最恰当的形式进行相应的计算是比较明显的难点[⑤]。很多学生在相关的复数计算方面都存在诸如此类的困难，主要原因还是对复数概念缺少本质的理解。

在复数概念学习的心理过程描述上，斯法德描述了两种概念形式：操作性概念（operational conception）和结构性概念（structural conception），操作性概念强调的是作用于数学概念之上的过程、运算、行为等，如通过负数的平方根认识虚数单位 i 的过程；结构性概念指的是把数学概念看成一个抽象的对象，如把复数看成一个独立的、抽象的数而不是实数和虚数单位的结构性组合[⑥]。在复数概念的理解程度研究中，可以把复数的每种表示形式都看成一种相对独立的复数概念形式，那么对复数概念的认识过程可以体现为从每种概

① BUCCI P, LONG T J, WEIDE B W. Do we really teach abstraction？［J］. ACM SIGCSE bulletin, 2001, 33（1）：26-30.

② NORDLANDER M C, NORDLANDER E. On the concept image of complex numbers［J］. International journal of mathematical education in science & technology, 2012, 43（5）：627-641.

③④ DANDENHOWER P. Introductory complex analysis at two British Columbia university：the first week-complex numbers［J］. Issues in mathematics education, CBMS, 2006, 13：139-170.

⑤ EMILY M. SMITH. Students' understanding of complex numbers in middle-division physics［D］. Columbus：Oregon State University, 2016：2.

⑥ SFARD A. On the dual nature of mathematical conceptions：reflections on processes and objects as different sides of the same coin［J］. Educational studies in mathematics, 1991, 22（1）：1-36.

念形式的操作性概念到结构性概念的发展过程。研究某一个复数概念形式上的操作性概念和结构性概念，有助于揭示学习者对复数概念的掌握水平。在实际的解决问题情境中，当学习者能够很好地完成复数的表示形式时，则意味着掌握了对应的操作性概念；当学习者能够将复数表示与几何解释联系在一起并能够灵活地进行转换时，表明已经掌握了复数的结构性概念。所以说复数的表示形式在表现复数概念的本质特征和描述复数概念掌握水平方面具有重要意义。在复数概念理解的意义下，为了让学生充分掌握复数概念，合理地建构复数课程是必要的，在课程设置上为学生学习提供充分的条件的同时，要考虑教师的教学便利性，为教师教学留有发挥的余地。

复数作为一种数，属于代数的一部分，是最高级别的数，具有较高的抽象性，很多学生在复数内容的深入学习过程中遇到的困难都与代数特征有关。学生在学习一个数学概念或内容过程中，需要以一个相对具体的概念作为基础，在对这个具体概念逐步抽象后，才能达到更高一个级别的概念。如学生熟练掌握算术运算之后，才能把算术运算看作一种相对具体的数学形式，并以此作为基础，进一步认识用字母表示数的方程或代数式等概念。复数是一个比较抽象的概念，主要抽象在于复数集是由实数集经过进一步扩充而来的结果，是为了满足开方运算的完备性而进一步将实数扩充而得来的数集。这个扩充过程按照途径不同可以分为添加元素的方法和构造的方法，不管哪一种方法，在学生接触复数概念之初，需要解决的认识问题是，如何认识和接受复数的表示，如何将复数内容像已经学过的内容一样形式化地表示出来。关键之处在于，学生在学习过程中应该找到复数概念的抽象路径，即复数概念是由什么抽象而来的，方程求解和负数开方应该是关键，可以作为复数概念抽象的一个相对基础，当学生能够意识到负数开方的必要性、运算的可行性时，经过逐步抽象得到复数概念就应该可以实现。

在学习一些具有代数特征的数学内容时，学生所面临的困难主要表现在以下四个方面：一是代数的形式表示及抽象化；二是符号的表征及其规则，这里的表征包括语言表征、阅读识别和书写表征；三是之前所学内容的思维固化；四是代数结构的理解[1]。当学生能够接受抽象的复数概念时，说明学生对复数已经有了感知，想要进一步理解复数概念，还需要会运用符号表征复数，并且能够运用这种表征和形式规则进行有关复数的推理和判断。在复数概念的理解上，需要学生能在形式上表示复数，并能够对这种形式的复数表征形式按照特定的规则要求进行运算或推理。再详细划分的话，学生对复数的表征首先要能够识别表示复数的数学符号，其次是能够书写和使用这些符号。只有当学生能够把这些符号与思维当中所认识的复数概念协调地结合在一起并灵活运用时，才表明在复数的表征和形式运用上，学生已经掌握了复数概念。随着对复数概念的深入理解，学生逐渐掌握了具体复数的形式化的运算，可以把这些具体的复数运算经过抽象，形成一般的代数思维，得到一般的复数运算结论，如由复数的代数表示的运算得到两个复数相加的运算法则："实部对应地与实部相加，虚部对应地与虚部相加"。这时候，在思维中学生已经不是关注具体复数运算的操作性结果，而是关注某个式子所表达的一般性含义。有时候把具体

---

① 鲍建生，周超. 数学学习的心理基础与过程 [M]. 上海：上海教育出版社，2009：388.

的算术运算和代数法则结合起来可能会更有效[①]。在对复数概念进一步理解的过程中，从代数的角度来说，将复数集和在其上定义的运算综合起来，需要学生对特定代数结构进行理解，因为代数结构的理解是学生对复数内容进一步抽象和深入理解的表现。按照认知心理学的解释，学生能够把之前的复数内容抽象、内化成为一种对象，而不再停留在过程操作的水平。

在学校的数学学习中，学生可能很早就开始接触并学习复数内容，他们在大学中又继续学习复数相关的课程，但对于与中学复数直接相关概念的理解，很多学生的理解都不会超出高中生的基本复数概念（如 $i=\sqrt{-1}$）太多[②]，包括将来要成为教师的那部分学生。所以高中阶段系统地认识和理解复数概念，这样的经历对于学生（尤其是将来要成为数学教师那部分学生来说）的今后发展是宝贵的。教师进行教学需要具备相应的学科知识和教学知识。教师在复数部分的学科知识应该包括不同形式复数的代数表示和几何解释的内容[③]。复数具有多种表示形式，不同的符号表示形式意味着不同的几何解释，体现复数的不同方面的概念内涵，如果把复数的不同表示形式看作独立的数学概念，那么这些概念将有助于学习者从不同的角度理解复数。教师在复数教学过程中，应该具备处理复数不同表示形式的能力，理解它们之间的关联，并能够灵活地进行形式变化。关于职前教师的研究发现，他们对多种复数表示形式的认识和理解反映了他们对复数概念的认知程度，换一种方式来说，对每种复数表示形式的认识就是对复数概念的深入理解过程，而每种复数表示形式认识的过程包括从过程性到概念性，即学习者在操作过程中从认识复数概念逐步达到对概念的深入理解，掌握概念不同方面的关联以及概念之间的关联，形成概念性理解。当这些职前教师对复数概念的理解不足时，就需要进一步发展每种形式的二重概念属性[④]。在复数的代数表示上，也有职前教师以一组实数对的形式来描述复数 $a+bi$，这种观点可以理解成依据向量或者干脆把复数拆分成实部和虚部两个部分组合的形式，或许会帮助他们认识复数加法的几何意义，但本质上这显然是不恰当或者不充分的，如果仅把 $a+bi$ 看成一个实数组或者两个实数的组合，而不是一个独立的数，那么在解释复数乘法时，将会遇到困难，从而使学习者难以准确地给出复数乘法的几何解释。

概括来说，国内关于高中复数的研究较多是围绕如何处理课程内容而进行的教学设计研究，并且这些关于复数教学的研究往往表现出对高中复数课程内容进一步丰富或者是强化某些复数概念的需求，如虚数单位 i 的引入、复数的几何意义等。还有一部分是对高中复数教科书或课程标准内容的比较研究，这些研究分析了国内外的高中复数课程的内容与要求等。围绕复数学习进行研究的文献在国外的研究文献中更容易获得，一般会强调复数的知识特征，如复数的抽象性，分析学生在学习复数的有关概念时的心理特征与外在表

① LEE L, WHEELER D. The arithmetic connection [J]. Educational studies in mathematics, 1989, 20 (1)：41-54.

② CONNER M E, RASMUSSEN C, ZANDIEH M, et al. Student understanding of complex numbers [C]. Proceedings of the 10th Annual Conference on Research in Undergraduate Mathematics Education, 2007.

③ BALL D L, LUBIENSKI S T, MEWBORN D S. Research on teaching mathematics：the unsolved problem of teachers' mathematical knowledge [C] //RICHARDSON V. Handbook of research on teaching. 4th New York：Macmillan, 2001：433-456.

④ KARAKOK G, SOTO-JOHNSON H, DYBEN S A. Secondary teachers' conception of various forms of complex numbers [J]. Journal of mathematics teacher education, 2015, 18 (4)：327-351.

现，或者是在复数知识处理和理解上存在认知困难等。这些研究为高中复数课程内容的进一步研究提供了重要基础。

》》 2.5 数学的理解

数学理解是数学教育中一个最核心的研究问题和发展问题，任何一个数学内容的学习都是学习个体的理解过程。在高中阶段刚开始接触复数内容时，学生对于复数的认识一般比较倾向于直观、具体，在学习数学这样一个以抽象为特征的学科时，行为表现、理解水平、学习效果、思维方式等内容值得研究者关注。本书的一个重要研究内容是关于高中生复数理解水平的分析。因此，作为研究工作的理论基础和实践基础，有必要在此梳理数学理解研究的主要内容。

2.5.1 关于数学理解

在学校教育中，数学一直都占有重要地位，学生的数学理解层次和水平关系着学生的数学知识掌握情况和数学能力发展情况。数学教学和学习要以理解为根本，避免过于机械的操作，有利于提高学生的学习效率，最终也符合国家提倡的在学校教育中"减负"的目标。达到特定水平的数学理解是数学学习的基本要求，在对数学学习效果的描述中，通常认为达到一定的理解水平才是完成了相应阶段的数学学习。在数学课程的教学与学习中，关于理解的研究和讨论已经持续了很长时间，并取得了丰富的成果。全美数学教师协会（National Council of Teachers of Mathematics）曾经明确地提出"数学概念和理解"应该是数学课程的重点，数学教学中应该突出数学理解，将其作为数学教育研究的重点。所以，数学教学中应该从具体的知识内容、内容的组织形式、教学的方法和手段、结果的评价等多个方面围绕理解开展教学。早在20世纪初已经存在关于理解的心理学研究，麦克莱伦（J. A. Mclellan）和杜威（J. Duwey）等曾经做出了先驱性的工作，在关于儿童的数的概念研究上，认为儿童获得数的概念需要"把部分联系于整体，需要测量也需要计数"①。贾德（C. H. Judd）和布劳内尔等对教学和学习中的数学理解进行了研究，分析了影响理解的因素②，他们的研究仅限于算术学习，说明在数的理解上是由具体到一般的缓慢过程，把理解的研究融合于数学教学与学习，付诸教学实践，借助于更加具体的事实，有助于更有针对性地分析和讨论理解的内涵、方式和层次等内容。高中复数的表达形式多样、抽象程度较高，在学习过程中，需要学生表现出较高的理解水平，才能达到复数课程学习的效果。

关于数学理解的研究中，一个比较有代表性的成果是斯根普关于理解的研究。1971年，英国数学教育家、心理学家斯根普从学习心理学的视角明确指出："理解某个事物的

---

① D. A. 格劳斯. 数学教与学研究手册［M］. 陈昌平，王继延，陈美廉，等译. 上海：上海教育出版社. 1999：22.

② BROWNELL W A. Psychological considerations in the learning and the teaching of arithmetic ［C］//The teaching of arithmetic：tenth yearbook of the National Council of Teachers of Mathematics. New York：Columbia University，1935：1-31.

含义是将它同化于适当的图式之中。"① 这表明，理解是一种属于个体自觉或不自觉的心理行为，是个体获得知识的一种必要活动。斯根普后来继续对相关内容进行了研究和改进，他在后续的研究中，进一步地将理解划分为工具性理解（instrumental understanding）和关系性理解（relational understanding）两种类型②。工具性理解能够使个体在基本层次上知道事物是什么，是理解得以深入发展的必要基础；关系性理解不仅要知道事物是什么，还要掌握事物是这样的原因，包含着对事物内在关系与规律的洞察与掌握。其中工具性理解满足个体在接受新事物时的形式化、具体化的需要，关系性理解满足个体在接受新事物时的本源性、关系性的需要，各自在不同角度发挥着作用。

另一个具有代表性的关于理解的研究是皮瑞和基伦提出的超回归理解模型。皮瑞和基伦在他们提出的超回归理解模型中，将数学理解分为八个水平：原始认识、产生表象、形成表象、性质认知、形式化、观察评述、构造化、发明创造③。并且每个理解水平都包含两种重要的活动：一种是表示达到特定理解水平的体验性活动，另一种是推进理解水平提高的表达性活动。学生在学习过程中的数学理解表现模式：通过活动认识数学事物→抽象表达数学事物→更高级别的理解水平→新的体验活动→抽象表达→……往复地重复这个过程，直至达到需要的理解水平，见表 2.1。

理解是一个动态的过程，并不一定是单向的思维过程，但随着对某一类知识的理解水平的增加，个体所处在的理解层次应该是逐渐包含上一级的理解层次。在教学中，了解学生在学习过程中所处的理解水平，掌握不同理解层级之间的关系，有助于教师采取有效的教学措施，从而促进学生的理解向更高水平发展。超回归理解模型比较详细地描述了学生在数学学习过程的理解水平与实现理解的过程，以此理论为依据，既可以诊断学生在学习过程中所处的理解水平，又可以有

表 2.1　超回归理解模型的水平划分

理解水平	体验性活动	表达性活动
产生表象	制作表象	检查表象
形成表象	查看表象	说明表象
关注性质	预测性质	记录性质
形式化	应用方法	验证方法
观察评述	确定特点	描述特点
组织结构	猜想定理	证明定理

针对性地提出提升理解水平的方法，是对学生的数学理解水平详细刻画并能够实践操作的好方法。

在实践方面，国内许多学者开展了关于数学理解的研究。李士锜从心理学角度，系统地讨论了一般意义下的数学理解④。数学理解是指学生在学习数学概念、定理等内容时，在心理上能够建立新旧知识联系并组织起恰当的认知结构。数学理解是一个内部的思维过程，所以对理解的评价需要借助于学生的外在表现来进行，从而带有一定的行为主义特征。第一，建立知识之间的相互联系是数学理解的一个重要基础，认知结构的建立需要学生在已有知识的基础上，同化或顺应新的知识，过程上表现为通过加深对旧知识的认识逐

① SKEMP R. The psychology of learning mathematics［M］. Harmondsworth：Penguin Books, 1971：46.

② SKEMP R. Relational understanding and instrumental understanding［J］. The arithmetic teacher, 1978, 26（3）：9-15.

③ PIRIE S, KIEREN T. Through the recursive eye：mathematical understanding as a dynamic phenomenon［C］. Actes de la Conference International, PME, 1989, 3（9）：119-126.

④ 李士锜. PME：数学教育心理［M］. 上海：华东师范大学出版社, 2001：64-87.

渐开始认识新知识，如学生认识数列极限的概念，需要以简单数列概念为基础，从有限数列逐渐认识无限数列，认识数列的变化趋势。同样地，如果不能建立新旧知识之间的必要联系，将对学生的理解产生严重的影响。一种情况是学生死记硬背新知识，等待以后接触到某个或某些知识能够作为前面提到新知识和旧知识之间的联结点，促进它们之间建立联系，这时候学生可能恍然大悟，达到了一定的理解水平。另一种情况是在学生获得新旧知识的联结知识之前，已经忘记了所学的新知识。所以说数学的学习和理解需要以学生已有的知识为基础，并且能够建立知识之间的联系为基础。第二，数学理解就是同化或顺应的过程，同化是指把所学新知识纳入学生个体已有的认知结构中，顺应是指当学生学习新知识时，没有现成的图式可供直接利用，改造已有图式建立新图式的过程。不论是同化还是顺应，都是新知识与学生个体已有的认知图示相互作用的过程。第三，理解是一个信息或要素组织的过程。数学理解是处理新旧知识联系，产生新旧知识关系，建立起相应的关系结构的过程，并且这个建构过程是螺旋上升的。例如，在学习自然数和运算的过程中，经历过数数的过程之后，小学生一般先学习自然数的加法运算，再学习减法运算；反过来，学习减法运算又有助于学生进一步认识加法运算，并且所有这些运算的学习都有助于学生建立自然数概念的认知结构，这些概念是相辅相成的，不仅已有知识直接关系新知识的认知结构建立，而且后续学习的知识也有助于先前概念的理解。按照认知心理学的观点，理解通过建构和再建构的过程处理信息，将孤立的知识联结成整体，以适合的方式存储于学习者个体的记忆中，既有利于记忆，也有利于知识的迁移。

数学理解是数学教育研究中的一个核心研究点，它同时被看作非常重要的教学目标和教学手段，是一种学生理解数学的能力[1]。理解是学习者在学习过程中所表现出来的对于数学认识和发展的个性特征，是一种涉及学习者内部心理变化的、结构化的学习能力。研究中通常认为数学理解具有过程性、默会性和层次性等几个方面的特征。首先，数学理解是学生通过表象认识数学事物，随着认识的深入，逐渐修正表象，实现理解深入的过程；其次，数学理解是一种隐含的复杂思维活动；最后，数学理解是一种结构化的，具有层次和结构特征的过程。

学生的学习过程就是从外部获得信息，对信息进行思维操作编码，存储在思维结构中，并能够根据需要随时进行提取的过程。而学生理解的主要活动是在学生获得相关外部信息后而进行的信息组织和传输过程。学习者（学生）根据自身已有经验和认知结构，主动建构心理表征进而获得心理意义，在此过程中，原有知识与新的外界刺激相互作用，发生了意义同化[2]。这种关于理解的观点仍然是在认知心理学框架下的信息加工观点，认为理解就是信息加工、建立心理表征的过程，在一般的理解加工过程以外，还把字、词、句等信息表达方式看作交流和信息传递的载体，学生的学习过程包括对字的理解、对词的理解、对句子的理解、对段落的理解，是逐渐复杂的过程。

通过对已有研究的广泛分析，可以判断数学理解具有层次性、过程性等特征。学生在数学学习过程中表现出来的数学理解，是对数学学科中的概念、定理等知识的操作性应用、知识之间关系的准确把握，以及能够把知识进行迁移和创新应用的能力。学生在数学

---

① 王瑞霖，綦春霞. 数学理解的五层递进及教学策略［J］. 中国教育学刊，2014（12）：40-45.

② 李新成. 现代认知心理学关于理解过程的研究［J］. 教育理论与实践，1997（2）：46-50.

学习过程中主要对象是数学概念、定理、法则及推理论证等内容，这些知识可以分为概念性知识和过程性知识。其中，过程性知识是指对数学规则、逻辑等内容的掌握；概念性知识是指概念、定理等内容之间的关系。根据已有研究对学生学习过程中的知识形态的分析，也可以把学生在学习中的理解从类型上分为关于知识获得的过程性理解和关于知识协调的概念性理解[1]。前一种理解作用于知识的过程性范畴，对象往往是知识的表现形式、推理过程和表现方法等，也是在学生的学习中相对比较容易达成的一种理解形式，过程性理解的实现有助于概念性理解的达成；后一种理解作用于知识概念性范畴，反映着知识之间的关系及原理，从根本上影响着知识的过程性理解，可以说概念性理解的达成是知识深入掌握的表现，在学生学习过程中，两种理解的关系是相互促进的。按照皮亚杰的认知发展理论，学生在复数内容学习过程中已经能够进行心理运算，在数学学习中满足一定的数学抽象性的需要，也能够在头脑中进行一定的逆向思维运算，但思维也有一定的局限性，在数学学习中的理解对具体事物的依赖还比较强。直观上可以认为，过程性理解在较直观层面上引导学生发现数学概念、定理等知识的内在关系；反过来，概念性理解使得学生认识事物关联的同时，帮助他们抽象思维的发展，促进过程性理解，两种理解类型在不同方面发挥作用，又协调发展。

在以理解为目标的具体教学策略方面，有研究者提出，理解具有表现出知识层面的数学理解力和具有较高数学素养的双重内涵。理解性学习具有层级性特征，即在学生学习过程中，对相关内容理解的生成是一种不断发展的层级跃迁过程，并不是一蹴而就的。理解具有多维度特征，认为理解性学习要从多个角度、不同方面来实现[2]。理解是数学知识学习的本质要求。有效的理解可以帮助学生在学习中避免不必要的死记硬背和重复训练，使知识在头脑中变得更加有意义，而提高组织、整合的效率，同化或顺应新的知识。在知识应用中，更容易完成知识的迁移和创新，形成能力。在教学中，教师也可以看成促进学生理解的外部资源的一部分，教师在教学过程中可以把自身对知识的理解方式、方法以及综合学生的认知基础、学习方式等，设计成有效的教学路径，促进学生完成相应阶段的理解过程。

2.5.2　关于数学概念的理解

概念被认为是思维的一种基本形式，而此处的数学概念的内容包括反映客观事物的数量关系，也包括空间形式等本质的属性特征。数学教育研究中认为，数学概念主要有两种形式的来源：一种是对客观事物本质属性的直接反映，如点、线、面、自然数等；另一种是在已有数学概念或数学事实的基础上，进行逐步的抽象和概括而来的，如无理数和复数等概念，可以看成在有理数系和实数系的基础上产生的。第一，数学概念来源于现实事物或者逐级抽象，所以数学概念具有抽象性和相对具体性的特征，说数学概念具有抽象性是因为数学概念描述的是事物的本质属性，随着概念级别的提高，抽象程度也会越来越高。

---

① HALLETT D, NUNES T, BRYANT P. Individual differences in conceptual and procedural knowledge when learning fractions [J]. Journal of educational psychology, 2010, 102 (2)：395-406.

② 匡金龙，包静娟. 为理解而设计：促进小学生数学理解的教学策略研究 [J]. 上海教育科研，2013 (11)：61-64.

说数学概念具有具体性是因为数学概念在逐级抽象过程中，对上一级概念抽象后产生下一级概念，上一级概念相对于下一级概念是具体的，如数字是对物品基数特征或序数特征的抽象，而数字又是抽象字母的具体模型。第二，数学概念在描述事物本质属性过程中，往往采用扩大或缩小概念外延的方式生成一系列相关概念，进而表现出数学概念的可系列生成性。第三，很多数学概念表现为按步骤操作的程序，数学概念是反映事物本质属性的思维方式，具有客观性，人们在表示数学概念的时候，一般采用特定的数学符号、语言给出相应的定义，数学概念的稳定状态又表现为一种客观存在的对象，所以在运用和处理数学概念过程中，数学概念表现出过程性和对象性的特征。

数学概念被解释为人们具有的心理特征或思维属性，一般以图式理论为基础进行研究。按照图式理论，数学概念的来源主要有两种方式：概念形成和概念同化。概念形成是一种学习者个体加深对事物认识和理解的心理结构的构造过程，以学习者的直接经验为基础。已有研究中有不同的理论和观点阐述了概念形成的方式，这些理论中包括两个基本条件：一是学习者个体能够从事物中抽象和提炼出属性特征，二是学习者个体能够分辨事物的特征并能够将它们进行归类①。数学概念是关于事物本质属性的思维方式，其形成过程就是在识别某一类事物对其抽象本质属性的过程。具体过程可以描述为：刺激模式→分辨各种属性→找出共同属性→概括本质属性→确认本质属性→形成概念→形式化表示②。概念同化是在学习者个体已有经验的基础上，主动地联系原有概念，从而认识新概念的一种方式。概念同化以学习者的间接经验为基础，以通过新概念和旧概念的比较，将新概念纳入已有认知系统当中。概念同化的心理过程为：分辨新旧概念→建立新旧概念之间的联系→强化和巩固新概念。概念同化强调以已有概念为基础，以带有演绎特征的方式获得新概念，新旧概念的分辨尤其重要，概念同化体现了数学概念的逐级抽象性，层次性更加明显。布劳内尔等曾经描述了关于概念理解的几个特征，如理解一个概念就是在一定情境中操作和思考它，对一个概念的理解会有不同程度的表现，理解的程度会受到所处的情境、教师和个人经验等方面的影响，概念的理解至少包括对事物本质的理解和形式表达的理解两个方面，最主要的是从学生的语言和行为中可以推断学生的理解水平。莱什和兰多等用概念理解模式来定义概念的理解，概念模式是一种内在心理结构，它包括，描述学生理解状态的与概念有关的各种内在关系网络以及这种关系网络联结形成的概念体系，表示学生理解外在表现的符号、语言等能够及时调节的概念表征系统，以及能够促进理解发展的具有动态机制的模式加工系统。按照莱什和兰多等的研究，可以从以下四个方面评价学生在数学概念方面的理解水平。第一，感知，学生对某个数学概念的认识；第二，表征，学生以书面或口头等形式对概念的表示；第三，联结，能够通过外部行为表现出来的概念之间的各种联系；第四，应用，在解决问题过程中灵活调整和应用数学概念。因此，评价学生的数学概念理解可以把这四个方面作为基础。

2.5.3　复数概念理解的两个特征

概括来说，高中复数的内容主要包括虚数单位 i 的引入、复数的表示形式、复数的运

---

① 鲍建生，周超. 数学学习的心理基础与过程［M］. 上海：上海教育出版社，2009：118-129.

② 曹才翰，章建跃. 数学教育心理学［M］. 北京：北京师范大学出版社，2006：112-120.

算和复数的几何意义这几个部分。从广义上，高中复数的各个部分都应该属于对复数概念范畴的理解。其中虚数单位 i 和复数的表示形式是对复数概念的一种符号表征，复数的运算是复数作为数的概念的一种基本操作性特征，复数的几何意义是复数本质属性的一种反映。因此，把这些内容都纳入到复数概念的范畴，即讨论学生对这些复数概念的理解，所以，按照内容来说，对复数概念的理解应该包括代数内容的理解和几何内容的理解，对应地具有代数特征和几何特征。代数特征包括学生对复数概念的认识和基本感知，对复数的形式化表示的理解，复数相关概念之间联系的结构化特征，还有灵活应用复数结论解决实际问题或数学问题的能力。复数的几何解释是复数概念的重要内容，几何的直观性能将概念和具体的图像联系起来，对数学学习具有重要意义。复数的几何特征参照范希尔（Van Hiele）等的几何思维发展理论，包括在复数范围内感知几何图形，利用观察图形、度量等方法找出图形的简单性质，能用逻辑方法进行推理建立几何量之间的联系，最后是能够应用几何结论灵活解决各种数学问题。当综合复数的代数特征与几何特征时，复数概念的理解丰富多彩，对描述学生高中复数的学习状况和表现具有重要意义。

》》 2.6　小　结

　　复数的历史发展过程反映了复数知识体系发展和构建的基本路线，也是人们在思维水平上对复数的接受和认可过程，更是人们在数学思维上的创新发展过程。高中阶段的复数在学生培养方面能够很好地渗透数学文化、训练数学思维、发展数学知识、陶冶数学情操，是优秀的数学教育载体，在高中复数内容的认识上，应该充分考虑其教育价值，有目标性地选择和设计高中复数课程内容。不同的国家或地区，在高中复数课程的内容上表现出一定的特征，既有异也有同。不同的专家学者在思考高中复数的课程时，也提出课程内容设置和课程目标实现等方面的主张。在体现高中复数课程落实的教学和学习的研究中，教师根据具体教学条件和对高中复数课程的认识和理解，实施复数课程。学生在学习中受到高中复数课程内容、教学条件、概念获得过程等方面的限制，对复数的深入理解产生了一定影响。

　　通过对已有研究的梳理可以看出，当前关于高中复数的研究，整体上并不算多，尤其是对高中复数课程内容的研究更少。国内关于高中复数的研究往往集中于高中复数相关内容的教学设计方面，并且这些研究也表现出一个共同的特征，即在高中复数教学设计的研究中往往表现出增加高中复数内容或者考虑重新编排高中复数内容的主张。国内关于学生在高中复数学习方面的研究也不多，国外的一些研究对学生在复数学习方面的认知表现和存在的主要困难等进行了分析。关于高中复数课程的直接研究很少，国内比较具有代表性的观点和研究有：张奠宙先生曾经提出重视高中复数的主张；曹广福教授和卢建川老师基于问题驱动理论，把复数作为一个知识载体，讨论高中复数课程的构建。在已有研究的基础上，本书进一步地对高中复数课程文本和学生的理解水平进行具体的研究，既是对高中复数课程内容研究的深化和创新，也是对研究方法和研究路线的探索，相关的研究结果将对发展高中复数课程内容、落实高中复数课程目标、贯彻数学核心素养理念等具有重要意义。

第 3 章　核心素养与高中复数教育价值

本书研究中所讨论的高中复数教育价值，出发点是基于高中复数学习的必要性，结合学生发展和社会需求等，进行较为基本的讨论，为后续研究提供必要的理论基础。复数是高中数学中的基本内容之一，在讨论高中复数的教育价值时，首先要遵循范围更大的高中数学教育价值，再结合复数的具体内容进行分析。

≫ 3.1　复数与学生数学核心素养发展

一般的核心素养基本内涵包括文化基础、自主发展和社会参与三个方面。文化基础是指对各科学领域的知识、技能等人类智慧成果的掌握；自主发展包括勤学反思，有效管理自己的学习；社会参与包括问题解决和创新意识发展等①。这些方面是对学生素养发展的基本概括，在学科的核心素养研究中，把学生的素养发展和学科内容紧密结合。通过数学学习培养学生的数学素养是数学教育的一项基本目标。一般认为，数学素养是数学知识、数学能力以及数学情感态度和价值观三个方面内容的综合体现②。随着数学教育的发展，课程标准 2017 年版中明确提出高中数学的六个核心素养是高中数学课程学习的基本目标。数学核心素养属于个体内在的、具身的、整体的心理特征，表现为看待事物和处理问题时的稳定的意识、习惯和模式③。史宁中教授在谈论素养时说，基础教育阶段的数学教育至少要清晰两件事：一是不能单纯地让学生记一些概念和掌握一些技巧；另一个是学生素养的形成与发展，本质上是在数学内容获得过程中实现的④。结合具体高中数学内容，学生的这种心理特征才能够逐步完善并形成稳定的数学素养。高中复数内容的恰当组织和完整呈现可以给学生提供"感悟"的源泉，很好地满足学生素养发展的基本需求。复数是数学发展过程中高度抽象化的逻辑发展的结果，具备丰富的特征。数系的发展是由具体到抽象，由抽象到进一步抽象的过程，复数的学习需要以学生掌握实数理论作为基础，并达到一定的抽象水平的要求，通过复数学习可以进一步促进学生的数学抽象素养的发展。数系是在逐渐抽象过程中发展起来的严谨的逻辑体系，复数是数学知识经过逻辑演绎发展的结果，通过复数相关内容的学习、结论的判断和应用等，可以促进学生逻辑推理素养的发展。复数具有广泛的实际应用性，在处理这些问题的过程中，一般需要将问题数学化、模

---

① 核心素养研究课题组. 中国学生发展核心素养 [J]. 中国教育学刊, 2016 (10)：1-3.

② 桂德怀, 徐斌艳. 数学素养内涵之探析 [J]. 数学教育学报, 2008, 17 (5)：22-24.

③ 常磊, 鲍建生. 情境视角下的数学核心素养 [J]. 数学教育学报, 2017, 26 (2)：24-28.

④ 史宁中. 试论数学推理过程的逻辑性：兼论什么是有逻辑的推理 [J]. 数学教育学报, 2016, 25 (4)：1-16.

型化，在应用复数方法来解决和处理问题时，有助于培养学生的数学模型素养，学生在数学学习中获得数学概念的方法包括概念形成和概念同化，需要通过相对直观的材料认识复数，掌握其本质属性。所发展的素养有如下几方面。复数的几何解释是复数的直观体现，高中复数课程的一个重要内容是复数与复平面上的点之间的对应，在复数的含义和解释等方面可以促进学生直观想象素养的发展。复数作为"最高级别"的数，代数特征是它的根本特征之一，高中阶段学生学习的复数运算、复数与方程，以及以后要学的以复数为变量的函数等，可以促进学生数学运算素养的发展。在使用复数的某些特征来表示实际问题中的某些数量关系时，可以促进复数学习过程中数据分析素养的发展。数学素养伴随着学习过程逐渐发展，基于复数的多个素养综合在一起，对学生的个人成长起到关键作用。

》》 3.2 高中复数教育价值判断的依据

3.2.1 教育的基本需求

拉尔夫·泰勒（Ralph W. Tyler）在思考确定教育的基本需求时，详细分析和阐述了教学目标的确定因素。以下四个方面是影响教学目标确定的重要方面，是高中复数的功能与价值的体现。一是学习者本身，即学习需要考虑学习者本身的需求，学习能够给学习者带来的发展或收益。学校教育的主要内容应该是学生已有的经验和公认的常模之间的教育性需求。在学生的数学信念、数学思维、知识结构等方面，高中复数的学习存在一定的积极意义。二是社会发展的需求，即科学技术、知识体系等方面的迅速发展引起了越来越多的社会需求，学校的教育应该提供最被需要的内容，如赫伯特·斯宾塞（Herbert Spencer）所强调的那样，讨论"什么知识是最有价值的"。在学科发展和科技发展上，复数在解决数学问题和实际问题等方面的作用是广泛的。三是学科专家的观点，学科专家是教育研究专业性的代表，一般负责教学内容的选择与课程内容的编制等，而且学科专家关于高中复数的普遍认同能够提供关于教育的有效建议。四是数学学科本身的发展也是高中复数教育价值判断的一个重要方面。数学中方程问题求解、负数开方符号的创新性使用，展示了复数出现的必然性，尤其是 19 世纪以来复数理论的迅速发展和广泛应用完善了数学理论，充分反映数学学科发展对复数教育需求及复数的出现对数学发展的意义。

3.2.2 基于数学教育功能的思考

在张奠宙先生和宋乃庆教授主编的《数学教育概论》一书中，对数学教育的功能进行了论述，主要的三种功能为：实用性功能、思维训练功能、选拔性功能[①]，在现实发展意义下，指明数学教育的主要价值体现。实用性功能是指数学在日常生活中，在科学技术以及社会发展中，在描述自然现象和社会现象过程中，都具有重要作用，因此，在数学教育过程中，应该把数学的实用性传递给学生。思维训练功能是指通过数学知识的学习训练学生的思维，使学生思考问题的过程中更加严谨、更加准确，注重思维的逻辑性，养成科学的思维方法，形成良好的思维品质。选拔性功能是指为了帮助学生的后续学习准备必要的

① 张奠宙，宋乃庆. 数学教育概论 [M]. 北京：高等教育出版社，2004：190-191.

知识基础，学生在某一个阶段的学习应该满足基本的学习要求，完成基本的学习任务，实现必要的知识掌握。高中复数在解决数学问题和实际问题时所表现出来的广泛作用有目共睹，在思维的逻辑性上具有严格的要求，在知识学习上发挥着承前启后的重要联系作用。因此，在实用性、思维训练和选拔性三个功能方面，复数具有良好的作用。

3.2.3 高中数学课程标准的具体要求

普通高中数学课程标准在课程性质中提出，高中数学课程具有基础性，要能够给学生的未来发展提供必要的基础，既要为适应社会奠定基础，也要为进一步接受高等教育奠定基础，还要为物理、化学、技术等其他学科的学习奠定基础；高中数学课程具有选择性，充分考虑学生的需求，为学生提供多样化的课程内容；高中数学课程具有发展性，要保证课程内容的承前启后功能，促进学生的核心素养实现阶段性的提升，为学生的可持续发展做好准备①。在课程的目标中，阐述数学在人的理性思维形成、智力发展和科学精神培养等方面具有重要的作用。在数学教育中，学生可以获得进一步学习和未来发展所需要的基础知识、基本技能、基本思想和基本方法，即获得学生个人发展必要的"四基"，加强学生从数学角度发现问题的能力、提出问题的能力、分析问题的能力和解决问题的能力，即实现学生的"四能"。引导学生用数学的视角观察现实世界，能够用数学的思维审视世界，会用数学的语言表达世界，培养学生树立正确的人生观、世界观和价值观念②。从课程标准中的课程性质与目标可以归纳出，"四基"和"四能"是高中数学的教育价值所反映的重要内容。在课程标准 2017 年版中，具体强调"复数是一类重要的运算对象，有广泛的应用"，通过复数的学习，"了解数系的扩充，理解引入复数的必要性，掌握复数的表示、运算及其几何意义"。

综合以上几个方面的介绍，复数作为高中数学的基本内容之一，它的教育价值结合个体的发展、社会需求、科学进步，在教育过程中所发挥的功能，以及高中数学课程标准的要求等方面，可以概括为：高中复数对学生知识结构发展方面的价值、高中复数在学生数学观念变化方面的价值、高中复数在提升学生思维品质方面的价值、复数在实际应用方面的价值、高中复数在学生个体发展意义下的价值，一共有五个方面。

》》 3.3 高中复数教育价值的阐释

学科课程体系与学科体系不同，在课程的研究中构建学科课程体系中，一般需要考虑这个学科的自身内容与逻辑。此外，还要考虑社会发展的需求、学生成长的规律等③。复数作为数学学科课程的一部分，它的功能除了传递相关的复数知识以外，还应该包括对人才培养方面的重要教育价值。所以，对高中复数教育价值的认识有助于课程的研究与发展，在高中复数课程的设计中，除了必要的复数知识体系以外，还要从宏观上综合规划以

---

① 普通高中教学课程标准修订组. 普通高中数学课程标准（2017 年版）解读［M］. 北京：高等教育出版社，2018：48.

② 中华人民共和国教育部. 普通高中数学课程标准：实验［M］. 人民教育出版社，2003：1-8.

③ 吕立杰，李刚. 人才培养目标的课程转化路径探析［J］. 教育研究，2018，39（12）：58-64.

复数知识为载体培养学生的数学观念、思维品质、科学的方法与技能等。如通过高中复数的学习使学生认识到复数在解决各种数学问题时的积极作用，增强学生的数学学习信念，从而让学生在学习过程中感受数学符号的创造性应用为数学发展带来的机遇与挑战，培养学生的数学创新意识，使学生在获得知识的同时，掌握必要的技能与方法。

3.3.1 高中复数对学生知识结构发展方面的价值

数学教育的"双基"曾经是我国基础教育的优势，随着基础教育改革的深入，人们越来越关注除了基础知识和基本技能以外的数学教育其他内涵。史宁中教授在原来"双基"的基础上，与时俱进地提出"四基"的基础教育教学理论，在课程标准 2017 年版中也明确了"四基"这一内容。复数作为高中数学的基本内容之一，能够有效地体现"四基"，并发展学生的数学知识结构，使学生能够深入思考数学问题的来源、概念的形成过程、结论的探索途径与方法等。

在高中阶段，复数主要以数系扩充的形式出现并介绍给学生，体现了数学知识与实际需求之间的矛盾，也通过具体形式表现了数系结构与运算性质的变化。复数的出现，使学生基本完成了基础教育阶段的数系扩充，完善了从自然数到复数的数系结构，让学生再一次认识到与之前所学的数不同的一种新的数，从而对数系的认识也更加完善。由于复数的表达形式的特殊性，在复数的运算方面也与以前的实数、有理数等不同，如复数代数形式的加法运算，形式上分为两个部分，实部与实部相加，虚部与虚部相加，乘法运算看起来形式就更复杂一些了，复数范围内的开方运算的封闭性拓展了实数系原有的运算范围。复数这样一种"新"的数的出现，势必会对学生的数学知识的认识和理解产生影响。复数具有代数表示、坐标表示、三角表示、指数表示等多种表示形式，在复数的历史发展过程中，这些表示形式伴随着复数理论的发展和内涵的扩大而出现的，每种表示形式都是复数特征的一种直接反映。复数通过不同的表示形式，可以和不同的数学知识主题建立联系。如复数的代数表示通常与四则运算、方程求解、函数等内容联系在一起，使复数在代数意义下的特征更为明显；复数的坐标表示可以与复平面建立关系，所以很多平面几何问题可以与复数问题互相转化；复数的三角表示用复数的模和辐角来确定复数，用三角知识结合放缩变换、伸缩变换表示复数的运算或位置关系变化等问题是有效的；复数的指数表示虽然也是借助于复数的模和辐角两个量来表示的，但这种表示方法已经把复数与指数函数建立了关系。通过上面的例子可以看出，复数可以是基础教育阶段关联性较强的一个内容，通过复数，可以把代数与几何内容联系起来；通过复数，可以把三角函数与指数函数联系起来；通过复数，可以把复数运算与几何变换联系起来。在复数学习过程中，学生也可以迅速地在不同知识主题之间建立联系，发展原有的知识结构，深入理解所学的数学内容。

3.3.2 高中复数对改变学生数学观念的影响

数学理论的发展是数学家在历史的长河中不断发明创造的过程。数学的发明和发现也不会局限于固有的一些观念。复数的出现既体现了问题求解的实际需要，也体现了数学内部的逻辑规律，对学生数学观念的发展具有促进作用。代数形式 $a+bi$ 是复数的一种重要表示形式，在学习过程中，学生学习实部和虚部两个部分表示的复数，使学生在意识上改变自然数、有理数、实数等"数"只能是由一个部分表示的原有看法。众所周知，复数的产生是三次方程公式求解时对负数开方符号创造性应用的结果。在较早时期，一元二次方程公式求解中当判别式小于零时，可以直接得出方程无解的结论。但在一元三次方程公式求解时的机缘巧合，再加上当时数学家的敏锐发现和创造性的智慧，巧妙地引入新的符号和运算，从而引出数学发展历史上的一个重要的内容。复数的历史尤其具有文化和教育价值，这样的复数历史发展过程，容易对学生的数学观念发展产生强有力的促进作用。让学生看到，数学内容不仅是定义的记忆、定理法则的运用、公式的计算等，更加生动的内容是对某个知识内涵的创新、形式的创造和实用方面的思考。在学生的强烈数学观念的影响下，说不定可以构造出如"某类函数$\frac{1}{2}$阶导数"或者类似比较具有创新性的内容，并赋予其恰当的解释。荷兰的著名数学教育家弗莱登塔尔（H. Freudenthal）曾提出数学再创造的教育原则，在数学教育中，使学生从接受性的学习转变为主动创造性的学习。通过复数的学习和对复数历史的了解，可以增强学生的数学观念，使学生坚信数学是有用的，从而在解决一些问题时，探寻恰当的方法可能会取得意想不到的效果，坚定数学学习的信心，提高数学学习的热情。

3.3.3　高中复数在提升学生思维品质方面的价值

在当前的高中数学中，虽然复数的地位不如向量，但复数的数学价值却不可小视。包括复数在内的数系扩充是基础数学中非常重要的能够完整体现数学创造和发展过程的内容，充分发挥这部分内容的教育价值是必要的[1]。提升学生的思维能力是高中数学教育的基本目标之一，复数的出现和发展过程综合地体现了思维的创新发展过程，有助于学生形成理性思维和严谨的科学精神。复数的多种表示形式展现了复数的独特优越性，灵活应用复数，对发散思维、开阔思路是非常有益的[2]。数学是思维的科学，复数由于其抽象性和多样性的特点，在锻炼学生的思维方面更加凸显其价值。创新性思维是人脑对感知的信息进行加工改造并获得创新性结果的过程，在教育意义上，通过复数这一良好的知识载体可以促进学生对相关数学事实的再创造，获得相对于学生来说的新的发现或发明，对学生的思维发展具有积极的促进作用[3]。

逻辑性和抽象性是复数明显的特征。单独的负数开方符号并不能说成复数，还应该包括关于虚数单位 i 的复数有关运算，即给出了复数的表示，再结合一定的复数运算法则，才是符合逻辑关系的复数。复数的发展被看成数系在实数系基础上的进一步扩充，对高中阶段的学生来说，是比实数更加抽象的数学对象。复数与很多的数学内容都有较为直接的关联。复数作为中学数学解题比较重要的方法，在学生的学习与相应的解题训练中，思考不同的方法可以让学生锻炼从不同的角度看待数学问题，训练学生的思维。如复数的多种表示，在处理不同的数学问题时，往往需要根据具体的需要判断采用何种复数表示形式或者如何转化为恰当的表示形式。通过复数的学习，可以培养学生观察、分析、判断和逻辑推理等良好习惯，使学生逐步养成逻辑的严谨性和规范性。通过复数的学习，还可以启发

---

① 沈源钦. 新旧教材"复数"内容编排的比较研究 [J]. 数学教学通讯, 2013（6）: 2-4.

② 徐章韬, 刘海英. 作为彰显复数教学价值的数学解题 [J]. 中学数学研究, 2014（6）: 3-5.

③ 何小亚. 数学学与教的心理学 [M]. 广州：华南理工大学出版社, 2011: 29.

学生用辩证的思维方式思考问题，如在方程求解的问题中，学生能够逐渐准确地判断条件对于结果的限制，实数范围内求解方程与复数范围内求解方程的方法与结果的差异。复数有助于学生通过辩证思维认识过程，加强头脑中的知识整合与统一，促进数学理解。如圆锥曲线中的椭圆和双曲线，椭圆的标准方程为 $\frac{x^2}{a^2}+\frac{y^2}{b^2}=1$，有关系 $a^2=b^2+c^2$，如果在椭圆的标准方程中用 bi 来代替 b，就有 $\frac{x^2}{a^2}+\frac{y^2}{(bi)^2}=1$ 和关系 $a^2=(bi)^2+c^2$，这与我们所熟知的双曲线的标准方程为 $\frac{x^2}{a^2}-\frac{y^2}{b^2}=1$ 和关系 $c^2=a^2+b^2$ 是一致的。这样可以看出，对于椭圆中的结论，通过引入复数，只要把 b 对应地换成 bi，可以使双曲线与椭圆在形式上实现统一[①]。复数在解决一些数学问题时，往往能够表现出创新性的特征，这些创新性特征体现了学生在数学学习中想象能力、知识迁移能力等方面的发展。因此，复数学习对提高学生思维的严谨性、创新性和辩证性等方面品质具有重要的价值。

3.3.4 复数的实用性价值

存在且持续发展的事物往往与它的实际价值有关。数学上重要理论的发展或创立，经常与探索自然现象、社会现象的基本规律联系在一起，往往在理论上或实践上表现出广泛的应用前景，这一点是不能忽略的[②]。数学从它萌芽之日起，就表现出解决因人类实际需要而提出的各种问题的功效。数学是探索自然现象、社会现象基本规律的工具和语言。16世纪复数刚刚产生时，使三次方程公式求解成为可能。但此后的大约两百年的时间里，复数并没有给数学或现实世界带来实质性的发展，更是常常受到数学家的质疑。直到18世纪末，韦塞尔、阿尔冈等在复数方面做了一定的工作，赋予复数几何解释；到了19世纪初期，欧拉不但能够用几何解释复数，而且具备了相对完整的复数理论。此后，复数理论获得迅速发展。

除了复数具备证明自己的几何解释以外，很重要的原因是复数在物理等现实问题中的广泛应用。复数在流体力学、固体力学中的弹性理论、热力学、电力问题等方面都有广泛用途。随着复数理论的发展，人们已经公认，复数是探索自然规律、解决现实问题的有力工具。例如，流体力学中无旋流动的研究是很重要的，若内部在区域 D 内的围线 C 上的流速环量为 0，当流体在 D 内作无源、漏的无旋流动，其充要条件为 $\int_C \overline{v(z)}\,dz=0$，只要围线 C 及其内部含于 D 内。如此的例子说明复数理论已经发展成为一个重要的数学分支，在解决实际问题方面具有广泛的应用。多数关于复数实际应用的例子大都涉及高等数学内容，而高中复数的学习可以为高中生进入大学提供必要的知识基础，使学生更早地接触和了解复数的相对基础性内容，可以为学生进一步学习高等数学、复变函数、数学分析等打基础，给学生提供复数在数学内部应用的机会和条件。如应用复数解决平面几何问题、代数问题、三角函数问题等，应用复数方法求解其他知识主题的问题时，不仅可以加深学生对复数的理解，渗透复数所体现的数学思想与方法，也可以促进学生自身知识体系内各个

---

① 徐章韬. 复数课程改革的理据 [J]. 数学通讯（教师阅读），2014（5）：1-3.

② 孙熙椿. 论复数的产生及其历史意义 [J]. 江西师范大学学报（自然科学版），1989（3）：64-69.

不同知识之间的联系。

比较而言，复数是数学不同分支中实用性较强的一个内容，在高中复数的教学中，通过学习复数的知识和内容，使学生认识复数的实用性，实现普通高中数学课程标准中提出的"四能"要求，引导学生会用数学的视角观察现实世界，会用数学的思维审视世界，会用数学的语言表达世界，这里的"三会"就是高中阶段的数学核心内容，是超越了具体数学内容的教学目标①。

3.3.5　学生个体发展需求下的高中复数

学生的个体发展是对于学生个体的智慧、行为、品德等方面的发展；反过来，也促进学生满足于社会发展对人才培养的需求。高中数学教育的关注点既包括知识层面，也包括能力和学生的素养发展方面。数学教学不能仅关注某一节课的当前教学效果和当下阶段的效益，而应更多地关注与学生未来所能产生的联系和后续的效应。数学教育不应该是知识复制式的教学，应该在教学中更多地关注学生的发展，注重学生的思考、交流与探究能力，关注学生的情感体验。在教学中要做到以学生为本，逐步发展学生的认知结构、能力培养，从而促使学生的可持续发展。

学校教育的目标应该是立足于学生终身发展的可持续性教育。高中数学教育的任何阶段、任何内容都不应该是孤立的，根据数学知识的抽象性和学生的思维发展水平，数学内容的学习表现为循序渐进式的螺旋上升的过程。教育的局部环节应该一致并服务于人才培养的整体过程。高中复数的学习也不应该仅仅局限于复数知识内容本身，而应该通过高中复数基本内容的学习，拓展学生的视野和格局，思考和掌握这些内容背后所反映的基本观念和基本原理。基于学生个体长远发展需求的高中复数教学：第一，要具备高远的目标。即高中复数不仅要介绍给学生基本的概念、法则和命题等内容，还应该在不给学生的认知带来过多困难的情况下关注学生的长远发展。第二，复数知识的学习应该以本质的理解为基础，不能局限于一个结论或一个公式的简单记忆。第三，在教学过程中，要注重发现问题，让学生独立思考，掌握原理，以一种研究式的态度探究问题，从而能够有效地解决问题，增强学生的学习能力，发展学生的独立思想。第四，高中阶段的复数教学，应超越基本的识别概念和运算动作可能达到的范围，而在最大限度上反映数学的一般原理和基本观念，发挥复数与其他知识的广泛联系性。高中复数内容的教学应该为学生的终身发展发挥其特有的作用。

核心素养是当前基础教育改革中的重要内容，为学生的培养提供了重要的依据，数学核心素养的提出也为高中数学课程发展指明了方向。本章基于数学核心素养理念，从教育的基本需求、教育功能两个宏观层面和高中数学课程标准的要求这一具体层面对高中复数的教育价值进行了理论分析。高中复数在学生的知识结构构建、数学观念的形成、思维品质的提高、数学应用意识的培养和综合素养的发展等方面表现出重要的教育价值。基于此，对高中复数课程内容进行深入研究，明确未来高中复数课程内容的发展走向，是必要且有意义的。

---

① 史宁中. 高中数学课程标准修订中的关键问题［J］. 数学教育学报，2018，27（1）：8-10.

第4章　高中复数课程文本的比较

　　教学大纲和课程标准是高中数学课程最直接的文本表现形式，本书将借助对高中数学课程文本的直接讨论来研究高中复数的内容。复数理论作为重要的数学分支之一，学界对在高中阶段学习一定复数知识的必要性已达成共识，但对于高中复数课程内容的设置仍然存在一定的争议，因此，对高中复数的基本内容及其发展规律进行研究和分析是必要的。本章将对教学大纲或课程标准中的复数部分分别进行纵向和横向的比较。首先对我国历年教学大纲或课程标准中的复数部分的内容及要求进行纵向比较，分析我国高中复数课程的发展和变化趋势。然后将中国、美国、新加坡、英国和澳大利亚五个国家高中数学课程标准中的复数部分文本的主要内容进行横向的比较和分析，分析这五个基础教育发展较为突出的国家的高中数学课程在复数部分的内容差异。

》》4.1　新中国成立以来高中复数课程文本的纵向比较

　　当今时代，社会各领域快速发展，研究与社会发展密切相关的、包括数学的科学知识是有益的。数学的知识、工具和方法等不断地发展和进步，定期回顾，有助于探寻事物的发展规律与趋势。在基础教育发展过程中，我国以统一制定的高中数学课程文本来明确高中数学的基本内容，即 2002 年以前的普通高中数学教学大纲，2003 年以后的普通高中数学课程标准，它们作为我国基础教育中指导高中数学教学的纲领性文件，通常包括课程的内容、教学目标和实施建议等。对课程进行历史发展过程及发展趋势的分析，是进行相关研究的一种常用且有效的方法。

　　教学大纲和课程标准的演变是一个连续、渐进的过程，其内容反映着数学教育理论与实践的积淀①。课程的变化与调整是人们对于课程的教育价值与需求进行判断并主动促使课程发展变化的体现。复数是高中数学课程中的基本内容之一，在近二十年的高中数学课程改革中经历了比较明显的变化，仅保留了一些最基本的内容。但正如张奠宙先生所提倡的那样，高中数学的内容要更新，但复数等基础性内容绝对不能削弱。过多地删减复数内容对高中数学课程发展是不利的，曹广福教授也认为，数学理论由于其自身的特点，具有非常强的系统性和逻辑性，肢解开来不仅不利于学习，甚至会起到相反的作用②。复数理论在数学学科、物理学科，以及解决实际问题时具有重要的作用，高中复数理论对学生的发展也具有重要的价值。高中复数课程的发展需要以科学的方法作为依据。有学者研究了

---

　　① 蔡上鹤. 建国以来初中数学教学大纲的演变和启示［J］. 数学通报，2005（3）：5-7.

　　② 曹广福. 数学课程标准、教材与课堂教学浅议［J］. 课程·教材·教法，2016，36（4）：12-16.

复数的表示形式在新中国成立以来的变迁发现，复数表示形式的多样化减弱，关于复数表示形式的运算越来越简单化，与复数表示形式相关的数学发展历史越来越少①。高中复数内容的简化给学生的学习带来了"复数是虚无的纯粹的创造物"的错觉，不利于学生理解复数②。在国内外的研究中，关于高中复数的研究总体不多，关于教学大纲或课程标准中复数的研究就更少了。从教学大纲或课程标准的发展历程方面对高中复数的课程文本进行比较研究是有意义的。

4.1.1　研究思路与方法

本书中整理了共计 11 个版本的教学大纲或课程标准中的复数部分文本，具体包括 1963 年、1978 年、1980 年、1982 年、1986 年、1990 年、1996 年、2000 年、2002 年版教学大纲和 2003 年、2017 年版课程标准。相关研究资料来源于学校或科研机构等部门的图书馆档案和文献资料，形式既有电子文档也有纸质材料，但均可以保证内容的翔实准确。研究中具体对复数部分的课时、知识点分布和教学要求进行纵向的比较和分析，探索和分析高中复数课程内容在特定时间段内的发展变化。在不同版本教学大纲或课程标准中，有的文理科内容相同，有的文科的要求略低于理科，根据复数知识的特点和主要功能，本书中统一按照理科的（教学大纲或课程标准）要求进行比较和分析。通过比较分析结果为高中复数课程的发展提供相关的建议。

4.1.2　比较与分析

4.1.2.1　历年教学大纲或课程标准的文本中复数部分的课时安排变化趋势

在我国的历年教学大纲或课程标准中，在教学建议部分一般会给出关于某个数学单元或主题的教学课时数建议。相关数学内容的课时设置与教学内容、教学目标和教学要求紧密相关，是教材编写、教师教学和学生学习的重要参考。更加直接一点说，课时数量是对学生需要完成高中复数课程的质和量的要求程度的数量化表现。因此，在历年高中复数课程的对比中，首先从"课时"这一比较直观的因素开始，分析不同时期高中复数课程的要求和变化。

表 4.1　历年教学大纲/课程标准复数部分的课时数量统计*

年份	1963	1978	1980	1982	1986	1990	1996	2000	2002	2003	2017
课时	16	16	16	20	18	18	18	16	4	4	6

注：*1982 年教学大纲复数部分文科为 16 课时，1996 年教学大纲复数部分文科为 10 课时。

在表 4.1 中可以看到，在 2000 年以前几个版本的教学大纲中，复数部分的教学课时数量一直保持在 16 课时以上，虽然 1996 年版教学大纲中复数部分文科的课时数量是 10 课时，但理科设置了 18 课时，已经处于历年版本教学大纲中复数课时数量比较高的水平。1982 年版教学大纲中的复数课时达到了最高的 20 课时。在之后的 2002 年版教学大纲，2003 年版课程标准都是 4 课时，处于 11 个版本教学大纲或课程标准中复数部分课时数量

①　宋广华，李春兰. 复数的表示形式编排变迁之研究：以"人教版"高中数学教科书为例：1949 至今 [J]. 内蒙古师范大学学报（教育科学版），2017，30（12）：7-11.

②　卢建川. 基于问题驱动的高中复数教学研究与教学内容的重构 [D]. 广州：广州大学，2016：1.

最少的阶段，在 2017 年版课程标准中稍有增加，达到 6 课时。可见，新世纪时期的几个版本的教学大纲或课程标准的课时数量是明显少于以往的。根据上面表格中的数据绘制了11 个版本教学大纲或课程标准复数部分的课时数量折线图，可以直观地反映复数部分在历年的设置和编排上的课时数量变化趋势，见图 4.1。

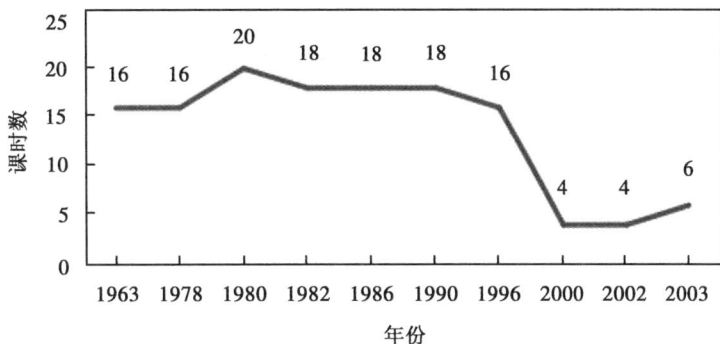

图 4.1　历年教学大纲/课程标准中复数部分的课时变化趋势图

上面的普通高中复数课时数量变化的特征比较明显。1963—1980 年三个版本教学大纲中复数的课时数量持平，呈一条直线形；之后在 1982 年版教学大纲中课时数量增加，1986—1996 年三个版本教学大纲的复数课时数量持平，还是呈直线形；2000 年版教学大纲中的复数课时数量略呈下降趋势回归到 1980 年的数量水平，但在 2002 年版教学大纲中，复数的课时数量急剧下降，和 2003 年、2017 年这三个版本的教学大纲或课程标准中复数部分课时一直维持在数量较低的水平。

4.1.2.2　历年教学大纲或课程标准文本中复数知识点分布比较

具体知识是课程文本的主要表现形式，是实现课程目标的主要载体，在教学大纲或课程标准中，课程目标的明确、教学要求的提出、教学和学习行为等方面的建议，都需要借助具体的知识，某个数学主题下的知识通常要按照一定的逻辑关系和展开形式给出。为了避免过于烦琐的讨论，本书中关于课程内容的比较研究，将结合教学大纲或课程标准中直接给出的知识点来进行，在语义上直接借助教学大纲或课程标准的说明方法，对于不同版本的教学大纲或课程标准中的个别知识点存在表述不一致的状况，仅在必要时对表述方式稍作统一性归纳，按照知识点的内涵适当进行合并和区分。例如，1980 年版教学大纲中给出"复数"知识点，1982 年版教学大纲给出"复数和它的代数表示"，从复数的概念内涵和教学角度考虑，代数表示是复数的最开始形式，是复数的一种重要表示，介绍复数时通常是先介绍复数的代数表示，基于此认为这两个版本的教学大纲所属的"复数"和"复数和它的代数表示"应该为同一个知识点。再如，复数的三角表示离不开复数的模和辐角，因此，本书认为只要以复数的"三角表示"作为基本内容，就应该包括"复数的模"，并且复数的模也是表达复数几何意义、共轭复数等方面的重要概念，而所有版本的教学大纲或课程标准复数部分都没有提及复数的辐角，所以统计知识点时就不再单列辐角这一知识点。复数的几何意义或复数运算的几何意义虽然在 1982 年、1996 年和 2000 年版教学大纲中没有直接提出，但在相应的教学大纲中都明确给出了复数的三角表示的相关内容，复数的三角表示可以看成复数在复平面上的对应点的另一种表示形式，并且复数的几何意义是复数理论中的重要内容，因此有充分的理由认为复数或运算的几何意义也是历年版本中的共同内容，研究中对复数在复平面上的几何意义与复数运算的几何意义合并统计，未再进行知识点范围的详细区分。历年教学大纲/课程标准复数知识点的统计情况详见表4.2。

表 4.2　历年教学大纲/课程标准复数知识点的统计

序号	主要知识点	1963	1978	1980	1982	1986	1990	1996	2000	2002	2003	2017
1	数的概念的发展	√	√	√	√	√	√	√	√	√	√	√
2	复数和它的代数表示	√	√	√	√	√	√	√	√	√	√	√
3	代数表示的四则运算	√	√	√	√	√	√	√	√	√	√	√
4	复数或运算的几何意义	√	√	√	√	√	√	√	√	√	√	√
5	复数的三角表示	√	√	√	√	√	√	√	√			√
6	复数的三角表示的运算	√	√	√	√	√	√	√	√			√
7	复数的绝对值（模）	√	√	√	√	√	√	√	√			√
8	复数的向量表示			√	√	√	√	√	√			
9	复数相等	√	√	√	√						√	√
10	共轭复数	√	√	√	√							
11	复数的指数表示式 *		√	√	√							
12	不同表示形式的互化					√	√	√	√			√
13	复数等于零的定义	√										
14	二项方程的解法				√	√	√					
15	一元二次方程				√	√	√					
16	一元 n 次方程的根的个数				√							
17	一元 n 次方程的根和系数的关系				√							
18	实数系数方程的虚根成对定理				√							

注：* 为 2017 年版普通高中数学课程标准中的选修内容。

通过上面表格中的历年教学大纲或课程标准中复数部分的知识点统计结果，可以看出，1963 年、1978 年和 1980 年版教学大纲的复数知识点数量偏多一些，知识点数量分别为 10、10、11 个；1982 年版大纲中的复数知识点最多，数量达到 16 个；1986 年和 1990 年版教学大纲中复数知识点的数量均为 11 个；1996 年和 2000 年版教学大纲中复数知识点的数量均为 9 个；而 2002 年版教学大纲中复数知识点的数量达到最少，为 4 个；2003 年版课程标准中复数知识点数量为 5 个，与 2002 年版教学大纲中复数部分相差不大，将"复数相等"做了明确要求；2017 年最新修订的课程标准中，必修部分与 2003 年版课程标准中复数内容相同，但增加了复数的三角表示作为选修，即比 2003 年版的课程标准多了复数三角表示等 4 个选修的复数知识点，具体的复数内容又回归到了 1996 年版和 2000

年版的教学大纲中复数部分内容的水平。通过上面的统计结果可以看出，历年教学大纲或课程标准中复数的知识点分布较为规整，说明复数内容的总体编排思路具有继承性和动态性，即这 11 个版本的教学大纲或课程标准中复数部分内容的基础是较为稳定的，但在课程的发展中，某些内容的取舍是动态变化的，如复数的三角表示和一元 n 次方程的根的性质。

4.1.2.3　历年教学大纲或课程标准文本中复数部分教学要求的比较

在历年的教学大纲或者课程标准中，除了给出复数部分的基本内容以外，还明确了对应内容的具体教学要求，详见表 4.3。教学要求规定学生在相关复数知识学习方面需要达到的程度，是对具体复数知识点学习的明确要求。

表 4.3　历年教学大纲或课程标准中复数的具体教学要求

年份	复数所属部分	教学目标
1963	复数	了解数的发展，掌握有关复数的一些概念、性质和运算法则，能够熟练地进行复数的计算
1978	复数	了解数的概念的扩展，掌握复数的概念、表示法（代数式和三角式）和运算法则，能够进行复数的运算； 理解复数运算的几何意义
1980	复数	了解数的概念的扩展，掌握复数的概念、表示法（代数形式和三角形式）和运算法则，能够进行复数的运算；理解复数运算的几何意义
1982	复数	了解数的概念的扩展，掌握复数的概念、表示法（代数形式和三角形式）和运算法则，能够进行复数的运算
1986	复数	了解数的概念的扩展，掌握复数的概念、表示法（代数形式和三角形式）和运算法则，能够进行复数的运算
1990	复数	（1）了解引进复数的必要性；理解复数的有关概念，掌握复数的代数表示及向量表示； （2）掌握复数代数形式的运算法则，能进行复数代数形式的加法、减法、乘法、除法运算； （3）掌握复数三角形式，会进行复数三角形式和代数形式的互化；掌握复数三角形式的乘法、除法、乘方、开方运算
1996	复数	（1）了解引进复数的必要性；理解复数的有关概念，掌握复数的代数表示及向量表示； （2）掌握复数代数形式的运算法则，能进行复数代数形式的加法、减法、乘法、除法运算； （3）掌握复数三角形式，会进行复数三角形式和代数形式的互化；掌握复数三角形式的乘法、除法、乘方、开方运算
2000	复数	（1）了解引进复数的必要性；理解复数的有关概念；掌握复数的代数表示与几何意义； （2）掌握复数代数形式的运算法则，能进行复数代数形式的加法、减法、乘法、除法运算； （3）了解数系从自然数到有理数到实数再到复数扩充的基本思想
2002	数系的扩充： 复数	（1）在问题情境中了解数系的扩充过程，体会实际需求与数学内部的矛盾（数的运算规则、方程求根）在数系扩充过程中的作用，感受人类理性思维的作用以及数与现实世界的联系； （2）理解复数的基本概念以及复数相等的充要条件； （3）了解复数的代数表示法及其几何意义； （4）能进行复数代数形式的四则运算，了解复数代数形式的加、减运算的几何意义

表4.3(续)

年份	复数所属部分	教学目标
2003	数系的扩充与复数的引入	(1) 通过方程的解,认识复数; (2) 理解复数的代数表示及其几何意义,理解两个复数相等的几何含义; (3) 掌握复数代数表示的四则运算,了解复数加、减运算的几何意义; (4) 通过复数的几何意义,了解复数的三角表示,了解复数的代数表示与三角表示之间的关系,了解复数乘、除运算的三角表示及其几何意义
2017	复数	了解数的概念的扩展,掌握复数的概念、表示法(代数形式和三角形式)和运算法则,能够进行复数的运算

从上述不同版本的教学大纲或课程标准复数部分教学要求的统计可以看出,它们之中存在几个明显特征。

第一,在1963年、1978年、1980年、1982年、1986年、1990年这六个版本的教学大纲中提出"了解数的概念的扩展";1996年、2000年、2002年三个版本的教学大纲中要求"了解引进复数的必要性";而2003年和2017年版课程标准中表述方式是"了解数系的扩充过程"。在所有的这些版本的教学大纲或课程标准中,虽然表述方式存在差异,但都把数系扩充这样的数的概念的发展作为学生在复数学习过程中首先要了解的内容,也是对知识起源关注的一种表现。

第二,运算作为数系的重要内容,所有11个版本的教学大纲或课程标准中都将复数的运算作为重要的教学目标,虽然要求程度略有差别,但也都在理解或掌握这样较高的水平。

第三,在1963年、1978年、1982年、1986年、1990年五个版本的教学大纲中,对复数有关概念和代数表示的要求是"掌握复数概念、表示法(代数表示和三角表示)";在1996年、2000年、2002年三个版本的教学大纲中对复数概念和代数表示的要求是"理解复数的有关概念,掌握复数的代数表示";但在2003年版教学大纲中,要求则为"理解复数的基本概念"和"了解复数的代数表示",复数代数表示的要求明显降低;在2017年版课程标准中,对复数的有关概念要求不高,而对复数代数表示的要求则为"理解复数的代数表示",教学目标的程度有所回归。

第四,复数的三角表示在近些年表现出一定的波动性。在2000年及以前的各个教学大纲中,复数的三角表示都是复数部分的基本内容,并且是要求较高的掌握水平。但在2002年版教学大纲和2003年版课程标准中都不包括复数的三角表示,而2017年刚刚修订的课程标准中又增加了复数的三角表示作为选修内容,体现了复数三角表示部分在高中复数内容设置上的回归。

第五,在复数的教学目标方面,方程及根的性质也是一个差异比较明显的内容,1982年版教学大纲中要求"了解复数集内一元n次方程的一些性质,能在复数集内解一些简单的一元n次方程",1986年版和1990年版教学大纲中要求"使学生掌握在复数集中解一元二次方程和二项方程的方法",这三个版本的教学大纲对复数与方程的关联内容做了一定的要求。但综合比较,各个版本的教学大纲或课程标准复数部分的具体要求,对复数范围内求解方程和方程根的性质强调的不是很多,这是高中复数课程发展过程中值得思考的一个方面，毕竟方程与复数的起源直接相关。

4.1.3 关于历年高中复数课程比较的讨论

4.1.3.1 课时变化的讨论

关于课程内容实施的课时数量的教学建议，是课程实施的重要参考。在统计结果中看到，历年教学大纲中复数教学建议中的课时数量先是在 1982 年版教学大纲中少量增加，到 2002 年版教学大纲中又迅速减少，减少的直接原因是当时的基础教育数学改革中反对"繁""难""偏""旧"的主张，大量复数内容被删减，教学要求降到较低水平。在这 11 个版本的教学大纲或课程标准中，2002 年版教学大纲的复数课时数是 4 课时，属于最明显的"低谷"。课时数量反映了对相关课程内容的教学要求，由于各方面因素的制约，也意味着教师和学生在落实课程内容时，相应的投入也会较低。同时，较少的课时将限制课程内容在教学中不能充分展开，除了呈现复数概念及其代数表示、复数的四则运算、复数几何意义这几个基本概念的基本定义方式以外，恐怕难以深入体现知识之间的关联性内容，而知识的系统性是数学课程的逻辑性要求，也是促进学生的数学理解的重要手段。史宁中教授曾经说过，在课程的修订、教材的编写或是教学设计等数学活动中，不应该按照单一的知识点来进行设计，而应该体现整体性，把具有逻辑联系的知识点整合到一起来综合设计，过于琐碎的内容对于数学本质的清楚展现是不利的，更无法有效地体现数学核心素养[①]。

众所周知，复数理论是数学学科中的一个重要分支，在高中阶段复数内容的取舍，学习时间的多少，主要还是出于高中数学课程发展最优化的考虑。随着社会的进步，以及数学学科的发展，众多的数学知识不可能都在高中阶段学习，需要选择在高中阶段对于人才培养和促进个体发展最有价值的那部分内容。但对于高中阶段的复数内容，在前面已经阐述了它的教育价值，对于学生思维品质提高、知识结构完善、数学观念发展、体现应用性、人才培养等方面具有重要意义。仅就知识方面，人们一致认为高中复数应该体现数系扩充的过程、思想和方法，要想实现这一目标，需要在理论和实践的基础上重新审视高中复数课程的内容和教学要求。

4.1.3.2 复数知识点分布变化特征的讨论

在复数知识点内容和数量方面，反映高中复数的主要内容具有阶段性波动的特征。在历年教学大纲或课程标准中，1963 年、1978 年和 1980 年的教学大纲中复数部分知识点比较接近，1986 年和 1990 年的复数部分知识点基本一致，1996 年和 2000 年的复数部分知识点基本一致，2002 年和 2003 年的复数部分知识点基本一致，体现出高中数学复数部分课程内容的调整具有一定的阶段性，反映了人们对高中复数课程认识的发展变化过程。从 1963 年版教学大纲开始，复数部分的知识点数量和内容先是调整、增加了部分内容，1982 年版教学大纲中复数部分的知识点数量最多，但在随后又进行了适当减少的调整。从整个过程看，2000 年以前的教学大纲中复数部分知识点的内容和数量较为稳定，调整的幅度相对较为平缓。2002 年版教学大纲和 2003 年版课程标准中的复数内容属于大量减少阶段，

---

① 史宁中. 高中数学课程标准修订中的关键问题 [J]. 数学教育学报，2018，27（1）：8-10.

但在随后的 2017 年版课程标准中又进行了回归性的调整，与 2000 年之前的教学大纲中的复数要求较为接近。在这一系列的调整过程中，人们对复数的基本教育思想比较稳定，基本内容一直都包括"数的概念的发展""复数的概念和代数表示""复数的几何意义"等，而"复数与方程根的性质"和"复数的三角表示"相关的内容是在修订过程中被调整的主要部分，在今后的高中复数课程发展中可以参考相关的思路，厘清需要坚持的内容，科学地验证和确定波动的内容。

在数及运算的标准上，应该达到理解数的含义，清楚准确表征数的方法，清楚数量关系和数系的内容①。在复数知识点的具体内容方面，统计中的前四个知识点"数的概念的发展""复数和它的代数表示""代数表示的四则运算""复数或运算的几何意义"是所有教学大纲或课程标准文本中复数部分的绝对共同的内容。这些方面着重体现了关注复数出现的动机，让学生知道引进复数的必要性，给出复数概念的具体表征形式，从运算的角度突出复数作为一种"数"的特征，并能够从几何意义方面解释复数或复数的运算，使学生认识复数引入的合理性。关于"复数的三角表示"，经过了先删减后增加的过程，除了2002 年版教学大纲和 2003 年版课程标准以外，是其他所有版本教学大纲或课程标准都包含的内容。而关于复数的指数表示，在 1978 年、1980 年、1982 年版教学大纲中简单地出现，但不作为主要内容。1982 年版教学大纲中的复数部分比其他版本的教学大纲或课程标准明显多了一元 n 次方程的根的性质的内容。1986 年版和 1990 年版的教学大纲或课程标准中虽然也提到了方程求解，但不作为教学的主要要求内容。

在对复数知识点统计时，本书借助的是教学大纲或课程标准中的文本所直接表述的内容。但在复数的概念展开过程中，有很大的理由认为复数相等、复数的模、共轭复数都应该是与复数直接相关的重要内容。复数相等是复数作为数的概念的一个基础性内容，能够体现复数作为数的重要性质，复数的模是复数几何意义方面的要素，尤其与复数的几何特征、复数的三角表示等直接关联，共轭复数一方面体现复数的几何意义；另一方面是复数代数运算中除法的重要工具。在具体课程内容展开的过程中，如教材编写、教学方案设计等，会将这些内容呈现出来。例如，在 2003 年版的普通高中数学课程标准中并没有明确提出复数相等和复数的模，但在编写的教科书中，以简单的形式给出了复数相等和复数的模的概念，却并没有过多地展开说明。因此，在课程标准的阐述时，可以进一步明确比较重要的一些概念，指明教学目标，可以使人们更加清晰地解读课程标准并以此来指导教学。

4.1.3.3　高中复数教学要求的讨论

如果要设计一个教学计划并通过努力不断地改进它，就一定要准确地确定要达到的教育目标②。关于高中复数的教学目标，比较统一的一个认识是，高中复数课程学习的一个最基本的作用是以此来体现数系扩充，完善数系扩充过程。在历年的教学大纲或课程标准中也实际地体现了这一点。复数在数系扩充部分应该强调两个内容：一个是数系扩充的整体连续性，即数系扩充在逻辑上表现为，按照运算封闭性和解决实际问题的需要，从自然

---

① 全美数学教师理事会. 美国学校数学教育的原则和标准 ［M］. 蔡金法，吴放，李建华，等译. 北京：人民教育出版社，2004：264.

② 拉尔夫·泰勒. 课程与教学的基本原理 ［M］. 罗康，张阅，译. 北京：中国轻工业出版社，2014：3.

数开始，经历整数、有理数、实数，再到复数的扩充过程，整个过程是连贯的整体，体现数系发展的宏观过程，是数学思想和逻辑性的体现；另一个是较为具体地从实数扩充到复数的内容、方法等，是复数发展的具体内容，是数系扩充具体表现形式的实施。运算在数的概念中，包括在整个数学学科的发展中是至关重要的，表示了数学量之间的关系和处理方式，也是数学结构的重要基础。尤其是复数，是为了解决运算问题，满足运算的需要而构造出来的数，因此，在高中复数的课程文本中以较高水平要求复数的运算是具有积极意义的。可以通过数及其运算的相关概念，渗透数的意识。复数的表示作为复数的概念的具体表征形式，也是复数教学目标中的一个基本要求，复数的代数表示在教学目标中处于首要地位，而复数的其他表示形式在不同版本的教学大纲或课程标准中时有时无，具体教学目标的要求也有强弱之分，如复数的三角表示，在早期的教学大纲中的教学目标是"掌握"，在 2002 年版教学大纲中被删除，而在 2017 年版课程标准中作为选修内容形式回归。课程目标是复数课程实施的具体要求，与学生在学习过程中应该达到的理解水平直接相关，是高中数学课程研究的一个重要方面。

概括来说，复数是高中数学课程中的基本内容之一，通过对历年教学大纲或课程标准文本中复数部分的课时、复数知识点分布和教学目标三个方面进行比较分析，可以了解高中复数课程的发展趋势与变化规律。历年教学大纲或课程标准中复数课时总体上先是平稳略有增加，而后在 2002 年随着课程内容的调整急剧减少；复数知识点的数量上呈现一定的轻微波动，较明显的变化之一是在 1982 年版教学大纲中的复数部分增加了较为详细的一元 n 次方程根的性质的讨论；其二是 2002 年版教学大纲中删减了较多的复数内容。在复数知识点的具体内容上，"数的概念的发展""复数和它的代数表示""代数表示的四则运算""复数或运算的几何意义"四个方面是历年教学大纲或课程标准中不变的核心内容，而"复数的三角表示"经历了先删减后回归的过程；在复数的教学目标方面，都对复数作为"数"的概念的发展做了要求，虽然要求不高，但表现了对数系扩充的体现。对复数的表示、复数的运算也提出了相对较高的教学要求，而对复数与方程关系的体现普遍强调不多。

教育的价值取向会不断变化，课程的理念也会发生变化，课程总是要不断地进行改革，满足社会对人才培养的各种需要①。对历年教学大纲或课程标准进行思考，有助于深入研究高中数学课程的发展，通过对不同年代、不同版本的教学大纲或课程标准进行比较，研究高中数学复数课程的发展规律，再结合学生学习和理解等实践方面的分析和研究，有助于优化高中复数的课程内容和课程结构等。

➤➤ 4.2 高中复数课程文本的国际横向比较

近些年，基础教育改革和发展的步伐明显加快，这既是社会发展的需求，也是知识发展、新知识更替旧知识的必然结果。按照课程发展规律，许多国家都重新编制或者更新了高中课程标准，修订了高中课程的教学目标与基本要求等方面内容。按照课程研究理论的观点，高中阶段的复数是一个概念体系，需要一些核心知识点作为支撑。那么，借鉴国内

---

① 鲍建生，徐斌艳. 数学教育研究导引：二 [M]. 南京：江苏教育出版社，2013：61.

外经验，确定高中复数的核心知识点及学习要求，对深入研究高中复数课程是必要的。

目前已有大量关于国内外高中复数课程的研究结果。如有研究者从新中国成立以来的教学大纲和课程标准变化分析了中国高中复数内容的演变，认为当前高中复数属于"容易教"的难点课①。一方面是由于高中复数内容要求简单，容易被处理成"机械的识记和应用"，另一方面不利于复数的数学本质和数学思想方法的体现。在课程发展与改革过程中，国际上的经验非常值得中国的教育改革借鉴。有研究者介绍了澳大利亚最新制定的高中数学课程标准的特色，分析了澳大利亚课程改革的最新变化以及发展趋势，介绍了高中数学课程标准的总体课程理念、课程目标、课程结构与内容等②，对中国高中数学课程发展来说是很好的借鉴。在澳大利亚高中数学课程标准中介绍专业数学内容时提到了复数所在单元，但却没有更多具体的复数内容介绍。作为课程标准的具体表现形式，还有学者在高中复数教材方面进行了研究。如对中国人教版教材和新加坡教材中复数内容的呈现形式等方面的比较③，中国和英国的高中数学教材复数部分的知识范围、复数知识呈现结构等方面的比较④。这些研究在内容和方法上都为深入研究复数课程提供了宝贵的经验。

在已有研究的基础上，有必要深入研究高中复数课程相关内容。本章将对中国、美国、新加坡、英国和澳大利亚这5个基础教育比较发达的国家的高中数学课程标准复数部分进行比较，通过① 分析不同国家复数部分的课程目标，在宏观上掌握5个国家高中复数课程设置情况；② 综合比较各国的复数知识点数量与分布，了解高中复数知识的范围和侧重点，为进一步理论研究奠定基础。

通过研究，从国际视野看待不同国家对高中复数课程目标定位、知识范围、知识学习深度等方面的课程发展要求，可以给中国的基础教育课程发展提供新的视角。

4.2.1　研究思路与方法

4.2.1.1　五个国家课程标准选择与介绍

根据国内外高中复数内容的教学与研究结果，选取中国、美国、新加坡、英国和澳大利亚5个国家高中数学课程标准中的复数部分进行比较。首先，这些国家的基础教育水平均比较高且具有代表性；其次，这些国家的高中数学课程标准都在近几年内经过修订，复数课程的设置存在一定的倾向性，可以在一定程度上反映专家、学者对高中复数知识的基本观点。

2000年前后的几年时间里，被认为是中国基础教育改革步伐比较大的一个阶段，中国在2002年修订了《全日制普通高级中学数学教学大纲》，一年后，在2003年出版了《普通高中数学课程标准（实验稿）》，高中数学经历了大范围删减旧内容、增加新内容的课程体系变革。这样的课程体系经历了十几年的教学实践，留下了宝贵的经验、启示，也有

---

① 卢建川. 基于问题驱动的高中复数教学研究与教学内容的重构 [D]. 广州：广州大学，2016：9-24.

② 董连春，MAX STEPHENS. 澳大利亚全国统一高中数学课程标准评述 [J]. 数学教育学报，2013，22（4）：16-20.

③ 吴骏，胡鹏艳，朱维宗，等. 中国与新加坡高中数学教材复数内容比较研究 [J]. 数学通报，2016，55（1）：12-16.

④ 王奋平. 中英高中数学教材复数内容比较研究：以英国 AQA 数学课本和人教版 A 版数学课本为例 [J]. 数学教育学报，2011，20（3）：83-86.

值得中国数学教育研究者进一步思考的问题。2017 年，教育部组织专家对高中数学课程标准进行修订，并于 2018 年出版发布，从知识内容来说，这两个版本课程标准的复数内容必修部分几乎一致，虽然 2017 年版课程标准增加了复数的三角表示作为选修，但仍需实践进行检验。下面的比较研究主要选取中国 2003 年出版的《普通高中数学课程标准（实验稿）》的复数内容。

2010 年，美国推出了各州之间具有统一性的新的课程标准：《美国统一州核心课程标准》①。新的课程标准的制定可以解决各个不同州之间由于课程标准与教学内容不同而带来的成绩和学习水平的认证以及关于教育公平等相关问题，使各个州的学生都能够获得平等的受教育的机会和资源，《美国统一州核心课程标准》的范围包括学生在 K–12 年级所学的知识、技能，进而确保学生高中毕业以后，可以在高校课程和劳动力职业培训方面获得成功②。

新加坡教育部于 2006 年与剑桥大学考试院联合编制了《新加坡–剑桥标准》，制定了 A-level 课程体系与测试框架，该标准最新于 2016 年修订。在申请大学之前，新加坡学生需要进入初级学院学习先修课程，A-level 课程体系下的课程包括 H1、H2 和 H3 等 3 个层次，主要侧重于学生的数学思考能力和问题解决能力，其中 H1 课程不包括复数内容，高中阶段主要复数内容包含在 H2 数学课程中，部分要求更高的复数内容包含在 H2 进阶数学课程中，H2 数学课程的学习是为学生今后在数学、物理、工程等方向学习所必备的数学知识，H3 数学课程是在 H2 数学课程基础上的附加课程，课程层次主要是针对具有数学热情与追求的学生的发展。下面的比较研究中主要选取新加坡数学 A-level 课程标准 H2 数学和 H2 进阶数学（mathematics syllabus pre-university H2 \ H2 further mathematics）③ 部分中的复数内容进行比较。

英国的学校教育与课程发展历史悠久，近现代的基础教育发展在国际教育发展史上具有重要影响。1988 年以法规的形式明确规定国家课程，保证课程的统一实施，在近三十年的时间里，随着教育的发展与课程的变革，英国的国家课程标准与课程内容已经做了多次修订，英国教育部的官方网站上给出了 A 水平进阶数学（further mathematics AS and A level content for mathematics）④ 的内容要求，修订于 2016 年 4 月。进阶数学主要是针对致力于从事数学、工程、科学以及经济类专业学习的学生。英国高中复数内容在 A 水平进阶数学课程中学习。

澳大利亚的高中课程标准较早时是由各州自行制定的，虽然早在 20 世纪 80 年代澳大利亚就计划制定全国统一课程，但直到 2012 年才由澳大利亚课程、评估、报告管理局（Australian Curriculum，Assessment and Reporting Authority）发布了澳大利亚高中数学课程

---

① National Governors Association. The council of chief State school officers. common core state standards for mathematics [EB/OL]. (2010-06-02) [2022-10-30]. http：//www. corestandards. org/Math/.

② 曹一鸣、王立东，PAUL COBB. 美国统一州核心课程标准高中数学部分述评 [J]. 数学教育学报，2010，19（5）：8-11.

③ Ministry of Education，Singapore. Mathematics syllabus pre-university H2 \ H2 further mathematics [EB/OL]. (2018-01-01) [2022-10-30]. https：//www. moe. gov. sg/education/syllabuses/sciences/.

④ Department for Education，UK. Further mathematics AS and A level content for mathematics [EB/OL]. (2018-01-01) [2022-10-30]. https：//www. gov. uk/government/publications/gce-as-and-a-level-mathematics/.

标准（Senior Secondary Australian Curriculum：Mathematics）。澳大利亚高中数学分为 4 种课程：基本数学课程、普通数学课程、数学方法课程和专业数学课程。其中复数部分在专业数学课程的第 2 单元和第 3 单元。澳大利亚的高中数学课程标准对高中复数内容作了详细的设置与教学要求说明[①]。

4.2.1.2 研究内容与方法

研究内容是对中国、美国、新加坡、英国和澳大利亚 5 个国家高中数学课程标准复数部分的课程目标、知识点数量与分布情况进行比较。

课程目标是通过课程学习，培养学生所要达到的基本要求。在 5 个国家的高中数学课程标准中，复数作为"一块"知识或与其他数系一起呈现，具体复数内容介绍之前都有关于这部分课程目标的说明，基于 5 个国家的高中数学课程标准文本，比较复数部分课程目标的共同特征与差异。

5 个国家的课程标准中，复数的课程内容说明都比较详细。在课程研究中，通常认为知识点是概念、定理及相关技能组成的小的独立的知识系统。复数知识点是指在高中数学课程标准复数部分直接或间接提出的、较具体的、小的复数相关的概念。例如，美国的课程标准复数部分具体内容的第一项："知道存在复数 i，使得 $i^2 = -1$，并且每一个复数都有由实数 a 和 b 构成的 $a+bi$ 的形式"，就认为这一项中包含的复数知识点是"复数引入（$i^2 = -1$）"和"复数的代数表示"。本部分研究中知识点的确定仍然是整理课程标准文本中的内容，用列表的方式统计各个国家高中数学课程标准中的知识点的数量和分布，有利于进一步结合课程标准中的相关表述，在国际视野下审视高中复数课程的设置需求与课程目标的实现。

4.2.2 比较与分析

4.2.2.1 课程标准中复数课程目标比较

按照 5 个国家课程标准文本内容，列举复数所属部分及复数课程目标，如表 4.4 所示。

表 4.4 5 个国家高中课程标准中的复数课程目标

国家	复数所属部分	课程目标
中国	数系扩充及复数的引入	了解数系扩充的过程以及引入复数的必要性。学习复数的一些基本知识，体会人类理性思维在数系扩充中的作用
美国	数与量	学生将接触到一种新的数系扩充，通过增加虚数把实数系扩大到复数系
新加坡	复数	以数系扩充的形式介绍复数，加强学生在理工类学科中的应用意识和推理能力。在 H2 数学课程的基础上增加重要数学概念的广度和深度的理解，并拓宽相关知识的应用范围

① Australian Curriculum, Assessment and Reporting Authority. Senior secondary Australian curriculum：general mathematics [EB/OL]. (2012-12-10) [2021-10-30]. https：//www. australiancurriculum. edu. au/senior-secondary-curriculum/mathematics/general-mathematics/.

表4.4(续)

国家	复数所属部分	课程目标
英国	复数	介绍复数等内容在数学、工程、物理和计算机等领域的广泛应用,在应用和逻辑推理方面给学生提供机会并扩充相关知识
澳大利亚	实数与复数	学生关于"数"的学习的延续

从表格中的信息可以看出,在 5 个国家的课程标准中,复数部分或者是独立一部分,或者是与其他数系一起构成"一块"知识,都是属于"数"的范围。在课程目标中,首先体现的一个课程目标是数系扩充,另一个目标是把复数作为学生进一步学习和就业的知识准备。

在中国高中数学课程标准中,复数属于选修课程的"数系扩充及复数的引入"部分,属于高考要求的部分,表明在中国也认为复数是进一步学习的基础。课程标准中,文、理科对复数课程目标要求完全相同。课程标准中对高中复数的课程目标表述为"学生将在问题情境中了解数系扩充的过程以及引入复数的必要性,学习复数的一些基本知识,体会人类理性思维在数系扩充中的作用"[①]。反映中国高中复数的课程目标是数系扩充,具体课程内容的设置都将围绕数系扩充展开,并学习一些复数基本知识。

美国高中数学课程标准中复数设置在"数与量(number and quantity)"部分,这一部分的课程目标为"在高中阶段,学生将接触到一种新的数系扩充,通过增加虚数把实数系扩大到复数系"。美国高中复数的主要特点是"数",从表示形式、运算到基本应用都是围绕"数"的特征进行的。希望学生在复数这一部分学到的是"数"的概念与运算技巧。在目标描述中,指出复数课程是学生进一步学习和就业的知识准备。

新加坡高中数学课程标准中复数在 H2 数学和 H2 进阶数学两个部分,H2 数学是为了学生进入大学后一般程度上学习理工类课程而设计的课程,H2 进阶数学是为那些打算专攻数学、科学、工程或对数学技能有更高要求的学生而设计的,H2 数学中的复数课程目标为"以数系扩充的形式介绍复数,内容包括方程的复数根、复数的四则运算和复数的指数形式表示",H2 进阶数学中的课程目标为"在 H2 数学课程的基础上增加重要数学概念的广度和深度的理解,并拓宽相关知识的应用范围"。实际上,新加坡课程标准的设置针对性比较强,复数所在的 H2 数学和 H2 进阶数学课程十分注重复数概念的深入理解,明确强调复数在数学学科本身和其他学科的应用性,将问题解决看作核心。从课程目标可以看出,新加坡的复数课程目标要求是比较高的。

英国的高中复数是 A 水平进阶数学中的核心内容之一,A 水平进阶纯数学是比 A 水平数学更加注重知识的深度和广度的课程。复数在课程标准中是独立一部分,课程目标是"介绍复数,在数学应用和逻辑推理方面给学生提供机会并扩充相关知识"。认为数学知识学习的深度和广度对学生今后的工作与就业有重要影响。注重数学的应用性一直以来都是英国数学教育的一个主要特点,在课程标准中明确指出要使学生意识到数学在其他领域的应用,意识到数学的普遍应用性。

澳大利亚高中数学课程标准中指出"'实数与复数'部分是学生关于'数'的学习的

---

① 中华人民共和国教育部. 普通高中数学课程标准:实验 [S]. 北京:人民教育出版社,2003:27.

延续"，把复数和实数中有理数、无理数的部分内容放在一起，能够凸显数系扩充的顺序性和引出复数的自然性。课程中复数分为"实数与复数（real and complex numbers）"和单独的"复数（complex numbers）"两个单元。前一单元主要介绍数系扩充到复数，给出复数概念、代数表示、几何解释和复数范围内解方程，后一单元主要是在前一单元复数学习的基础上扩展复数的表示形式和相关内容，体现了澳大利亚的复数课程的层次性和衔接性。

4.2.2.2　课程标准中复数知识点分布的比较

按照研究方法设计，整理出每个国家高中数学课程标准中复数部分的知识点，将5个国家高中数学课程标准复数部分知识点做成"并集"，共有26个知识点，用"√"表示该国家高中数学课程标准复数部分"包含"的知识点，具体结果如表4.5所示。

表4.5　五个国家高中数学课程标准中复数知识点分布情况

序号	主要知识点	中国	美国	新加坡	英国	澳大利亚
1	复数引入（$i^2=-1$）	√	√	√	√	√
2	复数的代数表示、实部与虚部	√	√	√	√	√
3	复数的四则运算及运算律	√	√	√	√	√
4	复数相等	√	√	√	√	√
5	复数代数表示的几何意义	√	√	√	√	√
6	复数代数形式加减运算的几何意义	√	√	√	√	√
7	共轭复数		√	√	√	√
8	复数的乘法、共轭复数的几何意义		√	√	√	√
9	复数的模		√	√	√	√
10	复数的辐角		√	√	√	√
11	复数的三角式		√	√	√	√
12	用复数三角式计算复数乘除法		√	√	√	√
13	复数不同形式间的转换		√	√	√	√
14	复数范围内解实系数方程（二次或给定条件的三、四次方程）		√	√	√	√
15	复数的n次幂（n是整数）		√	√	√	√
16	复数范围内分解多项式		√			
17	复数范围内方程的根的性质				√	√
18	建立并解释形如 $\lvert z-a\rvert<r$ 的点的轨迹				√	√
19	棣莫弗定理				√	√
20	复数开n次方及n次方根的几何意义				√	√
21	复数的指数式				√	√
22	复数在其他领域的应用				√	√
23	复数的欧拉公式				√	√
24	复平面两点间距离计算以及计算线段中点作为两复数的平均值		√			
25	用复数单位根解几何问题					√
26	代数学基本定理		√			

5 个国家的高中数学课程标准中提到复数主要内容共计 26 项，按照已有资料和研究结果分析，5 个国家高中数学课程标准复数内容基本包括在这个范围之内，按照具体的课程目标与表现方式等方面的不同而存在一定差异。如果把这 26 项复数内容看作被广泛认同的高中复数内容的知识范围总体，可以通过统计各国高中数学课程标准中复数内容占总体的情况，在数量分布方面比较各国高中复数内容的差异。经统计，5 个国家高中数学课程标准中复数知识点数量（占比）结果如下：中国 6 个（23%）、美国 18 个（69%）、新加坡 22 个（85%）、英国 24 个（92%）、澳大利亚 20 个（77%），见图 4.2。

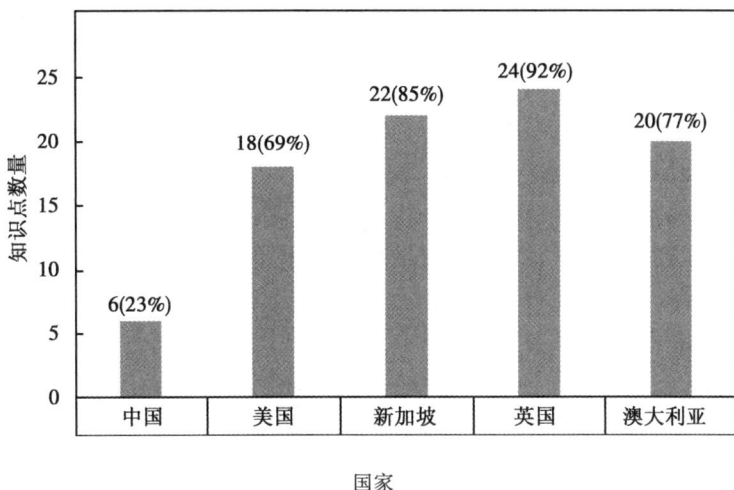

图 4.2　5 个国家复数知识点数量比较统计图

中国高中数学课程标准复数部分包含 6 个知识点，占所统计全部知识点的 23%。从课程标准复数部分的具体说明可以看出，中国高中数学课程标准中复数内容安排的基本特点是，最大限度地简化和突出数系扩充，集中精力强调一条主线，降低学生的学习负担，只介绍最基本的复数概念。但按照知识的结构性发展考虑，过分简化容易导致高中生的复数学习偏于机械记忆。如果没有复数的模这样基本的度量化的概念，就无法深入体现复数的几何解释，仅用向量的方法解释复数加法和减法运算，缺少更能体现复数特征的复数乘法、除法、乘方和开方运算，也缺少学科领域之间的融合与数学思想的渗透，无法满足学生对复数达到基本理解和认识的需求，在体现数系扩充的必要性、虚数单位的引入、复数的几何意义、复数运算的理解、复数与方程求解等方面，都显得不够充分。"复数的教学，应该像微积分那样，既为大学的学习作好铺垫，又让学生看到实际的应用，而不仅仅只是一些抽象符号的加、减、乘、除运算。"[①]

《美国统一州核心课程标准》包含 18 个复数知识点，占所统计的高中复数知识点总数的 69%，标准中复数内容以数系扩充为基本目标，包括虚数单位 i 的引入，复数的多种表达形式、复数的几何意义、复数范围内解方程、代数学基本定理等。标准中严格界定了一般的复数知识和进一步的大学课程学习所需要的复数知识，强调知识的理解和掌握，但知

① 吴骏，胡鹏艳，朱维宗，等. 中国与新加坡高中数学教材复数内容比较研究［J］. 数学通报，2016，55（1）：12-16.

识的难度普遍不大，如复数开 n 次方、复数范围内方程根的性质、欧拉公式等内容均没有提及。另外，标准中明确提到，除了复数引入、复数代数形式及四则运算、复数范围内解实系数二次方程这几个部分外，其他的复数内容的学习目的是"为了选修微积分、高级统计学或离散数学等高级课程而应该额外学习的知识"，即美国高中复数内容的学习的另外一个目的是学生进一步学习的知识基础。

新加坡高中数学课程包含的复数知识点为 22 个，占所统计的高中复数知识点总数的 85%。在具体知识内容上，新加坡的复数内容包含在 H2 数学和 H2 进阶数学两部分。在较一般水平的 H2 数学中，就已经比较广泛地包含了复数引入、代数形式及运算、几何意义、三角式和指数式多种复数表示形式，以及这些不同形式的运算、几何解释和相互转换等大部分高中复数知识点，在更高水平的 H2 进阶数学中，又增加了复数运算的几何解释、复平面上几何轨迹和棣莫弗定理等深入理解内容，表现出了新加坡数学课程标准中复数内容要求的广泛学习和深入理解的特点。新加坡高中数学课程标准中的另一个比较明显的特征就是，在高中复数课程中，积极呈现和思考复数在电子和工程技术等不同领域的实际应用。对于发展到今天的复数领域来说，复数是具有重要应用价值的，课程中重视复数的应用性也是具有积极意义的。

英国高中数学课程标准包含的复数知识点为 24 个，占所统计的高中复数知识点总数的 92%，在 5 个国家的高中数学课程标准中，英国的复数知识点数量最多，具体知识的目标要求也比较细致，除了代数学基本定理、复数范围内分解多项式和复平面上两点之间线段的计算 3 个内容外，已经包括了表 4.5 中所列的绝大部分复数内容。按照课程标准复数部分的具体说明可以了解，英国高中的复数内容多，且注重复数知识学习的深刻性和细致性，知识内容之间关联性强，注重复数的系统性。英国的高中数学课程标准中首先提出"在复数范围内解任意的实系数二次方程"，然后提出"复数的四则运算"，这就表示把方程求解作为复数出现的起始，符合复数概念出现和发展的历史。在复数的几何解释方面，有复数代数形式和代数形式加减运算的几何解释，也包括在复平面上表示形如 $|z-a|<r$ 的点的轨迹、图形等方面的复数几何应用，还包括用复数单位根解决几何问题等，对学生深入理解数学中的概念关系和深入理解复数概念具有重要意义。综合来看，英国高中课程标准中复数内容的学习要求比较深入，覆盖面较广，包括复数的乘方、开方运算，包括方程复数根的性质等内容，对学生的后续学习和不同知识领域之间的渗透、融合都会有很大的帮助。

澳大利亚高中数学课程标准包含复数知识点为 20 个，占统计的高中复数知识点总数的 77%。澳大利亚高中数学课程标准中在复数知识上表现出了较好的多样性和层次性，从数系扩充的角度把"实数与复数"作为一个整体，即先从有理数系扩充到实数系，再从实数系扩充到复数系，这样做的好处是有利于突出数系扩充的目的性和连贯性。澳大利亚高中数学课程标准中复数内容设置重视复数基本概念和相关内容的深入拓展，重视复数知识的系统性，基本上涵盖了表 4.5 列出的高中复数的主要内容。

第5章 高中生复数理解水平

课程是教育发展的重要因素之一，充分的课程内容与合理的组织形式是学生学习的基本保障，学生的学习表现可以作为课程内容合理性的最直接反映。正如学者拉尔夫·泰勒所说，在判断课程和它的教学计划多大程度上实现了原本的目标时，应该对学生的行为表现进行评估。学生是学习的主体，高中数学教学的目标就是把相应阶段的知识通过恰当的方式传递给学生，以知识学习为载体，提高学生的数学能力和综合能力，促进学生的数学核心素养和综合素养的发展。评价高中复数课程内容和目标的落实情况归根结底是评价高中生在复数课程中的学习效果，获得了哪些复数有关知识？达成了哪些技能？感受到哪些数学思想？掌握了哪些数学方法？在学生的思维中构建了什么样的复数知识体系？对复数知识或概念等内容的理解达到了什么水平？此部分研究的主要目的是通过对学生的复数理解水平测试及表现，分析高中复数课程内容这一因素给学生的学习带来的可能影响。

≫≫ 5.1 测评的意义

新中国成立以来，复数一直都是我国高中数学课程中的基本内容之一。在经历了近些年以知识更替为主要形式的高中数学课程改革之后，复数的篇幅虽然有所减少，但在高中数学中的基础地位一直被广泛认可，许多国家的高中数学课程标准也都把复数作为高中数学课程的重要内容之一，尤其是作为大学理工类专业升学考试的重要内容之一。主要原因有以下几点：一是通过复数使学生了解数系扩充的完整性，认识数学知识拓展的逻辑规则；二是复数处于基础教育和高等教育的衔接之处，既是基础教育中数学内容的升华，也是高等教育中很多课程的基础；三是复数体现了代数与几何的完美结合，既有抽象的代数特征，也有直观的几何演绎途径；四是从复数的历史发展和复数理论的广泛应用性反映复数具有重要的创新教育价值和实际应用价值，复数产生与发展的历史过程是人类在数学发展过程中对数学符号创造性地应用的结果，复数的几何解释是人类在科学研究中坚持不懈地进行思考和探索的表现，复数理论的发展是人类智慧的结晶。可以认为复数的产生是人类传统思想的真正变革，反映了自由创造领先于形式化和逻辑基础的一种数学研究现象[1]。复数中饱含的文化魅力为中学提供了极好的课程资源[2]。复数内容的学习在培养学生的创

① 孙庆华. 向量理论历史研究 [D]. 西安：西北大学，2006：40.

② 司徒超旋，张映姜. 重温历史文化，体验复数创新：从复数概念教学谈起 [J]. 数学教学研究，2011，30 (7)：16-18.

新思维、良好的学习品格等方面体现了重要的教育价值，对于在高中教育阶段落实核心素养理念，在数学教学中贯彻学科核心素养，培养学生的必备品格和关键能力，具有重要的意义。

新加坡、美国、英国、澳大利亚等一些国家的高中数学课程标准复数部分课程基本目标包括"数系扩充"和"为学生进一步学习提供必要的知识基础"，与我国高中复数课程目标基本一致，但我国的高中复数课程体系明显要简化于其他国家。实际上，我国在前后几次修订高中数学课程标准时，复数部分表现出一定的波动，表现出专家学者在总体课程规划和教学实践等方面的探索过程，也说明高中复数课程尚有一些不确定的因素存在。我国著名数学教育家顾泠沅教授曾经对数学课堂的教学任务和数学学习等方面进行过系统研究，为相关研究提供了可操作性的具体经验。在这样的背景下，了解学生的复数理解水平，对检验学习效果和合理调整教学策略具有重要的研究价值和实践意义。

在数学理解的研究中，一般基于特定假设，如"数学教学的根本目的是学生的理解"，"这种理解存在于学生的头脑中，并且可以通过外部的行为特征研究学生的理解"，"学生的理解是按照水平发展的"[①]。这样可以通过对学生的数学理解水平的研究，评价学生头脑中数学概念等内容的形成和发展状况，分析影响理解水平发展的因素。复数理解水平测试是对学生关于特定复数知识学习效果的检验，以知识、技能、方法的熟练掌握，数学概念、命题及其相互关系的认识和理解为主要内容。按照认知心理学的观点，学生的数学学习应该以知识理解、形成正确的认知结构为目标，需要建立知识之间的联系，形成恰当的图式结构，高中数学课程标准中规定的数学内容是学生在学习过程中进行思维加工素材的基本来源。如果高中复数的课程体系偏于窄小，或者受评价方式、教学方法、教师或学生等因素的影响而不能正常发挥课程原本的作用，那么将影响学生对复数课程的理解水平。基于对数学学习内容的理解，可以构建多元化的、更加具体的数学框架，这是数学教学研究的一种重要方式[②]。因此，本部分在理论上分析高中生复数理解水平，并借助测试的方式进行实证性的探索，讨论学生在测试中的具体表现与典型特征，对深入研究高中复数课程内容发展具有重要意义。

≫≫ 5.2 研究的理论基础

知识是数学学习的主要内容，是评价学生理解水平的主要载体。当前国内外关于数学理解的研究较为丰富，如顾泠沅教授关于学生数学学习的研究、莱什等的数学概念理解的评价理论、杜宾斯基的 APOS 理论、斯法德的理解过程、皮亚杰的认知分析理论、比格斯的 SOLO 分类理论等，为本部分研究提供了重要的理论基础。

5.2.1 高中复数的知识维度

在当前的高中数学课程改革中，更加强调学生核心素养的发展，在数学学科核心素养的意义下，知识也是数学核心素养发展的根源，概括起来，数学知识表现为三个层次：知

---

① 鲍建生，周超. 数学学习的心理基础与过程 [M]. 上海：上海教育出版社，2009：108.

② 陆世奇，徐文彬. 小数理解的现状及其教学改进 [J]. 课程·教材·教法，2019，39 (4)：59-65.

识理解、知识迁移和知识创新①。一般层次的知识理解，要求学生能够实现对知识的本质理解，形成必要的技能，如学生在复数部分的学习过程中对复数概念、法则等知识的理解以及基本复数问题的计算等；较高层次的知识迁移要求学生在基本的知识理解的前提下，把基本技能迁移到新知识学习或者问题情境中，实现不同问题情境下的知识综合应用，如利用复数知识的有关方法解决其他相关知识主题下的问题；最高层次的知识创新是指能够用数学思维来看待和解决一些复杂情境下的问题或现实情境下的问题，对思维具有创新性的要求，这有利于培养学生科学、严谨的思维模式，培养学生探究问题的意识和能力，如高中生探究复数知识的实际应用，探究深层次意义下的复数意义等。在衡量学生的复数理解水平方面，知识是载体。在普通高中数学课程标准中，根据课程的目标，对于给定的知识的要求程度会存在不同，学生的学习过程也应该经历三种不同的水平，不同的知识表现形式反映了学生的知识掌握水平。基于知识层面，高中生复数理解水平测试的核心是围绕学生对课程标准中要求的高中复数的数系扩充、复数引入的必要性和合理性等方面内容的理解程度进行调查。

在 2017 年版的普通高中数学课程标准中，复数调整为必修内容，属于"主题三：几何与代数"部分的基本内容之一，并明确规定"复数是一类重要的运算对象"。学生在高中复数学习中，一方面要达到相关知识的掌握要求，另一方面要通过相关知识的理解来实现认知水平的发展。

复数概念是经过多级抽象得到的，在初等数学中，抽象级别比较高。在人教版的高中数学教材中，采用的是揭示概念外延的描述性方式给出复数概念："形如 $a+bi$（a，$b \in \mathbf{R}$）的数叫作复数（complex number），其中 i 叫作虚数单位（imaginary unit）。全体复数所成的集合叫作复数集（set of complex numbers）"②。这种概念定义方式比较利于初学者从形式上接受复数概念，但对于数学概念的理解来说，仅从形式上认识概念是不够的，还需要从性质、知识的发展过程等方面进一步拓展。在复数理论的发展过程中，复数起源于三次方程求解，人们接受和认识复数离不开以邦贝利为代表的复数运算的定义和以韦塞尔为代表的复数几何解释的给出，这也是学生以概念形成和概念同化的方式获得概念的基本途径。因此结合高中数学课程标准，在学生复数知识获得的意义下，本书确定高中生复数理解水平测试的主要知识包括复数的表示、复数的运算、复数的几何意义三个方面，具体内容有：虚数单位 i、复数代数表示的具体形式、实部和虚部、复数相等、复数集、代数形式的四则运算、共轭复数、复数与方程、复平面、复数与向量的一一对应、复数的模、复数运算的几何意义等。

5.2.2　关于数学学习认知与理解的相关理论

关于数学学习认知与理解的研究是数学教育研究中的重要内容，在一些经典的数学理解研究中，学者刻画了学生在数学学习过程中实现理解的心理变化及特征，下面列举的这些理论或对学生的数学学习心理进行概括，或对学生的行为表现进行描述，可以为本书研

---

① 喻平. 数学核心素养评价的一个框架 [J]. 数学教育学报，2017，26（2）：19-24.

② 人民教育出版社，课程教材研究所，中学数学课程教材研究开发中心. 普通高中课程标准实验教科书：数学 2-2 必修：A 版 [M]. 北京：人民教育出版社，2017：103.

究提供重要的参考。

5.2.2.1 顾泠沅教授等关于教学、学习认知方面的研究

学生的数学学习过程主要表现为对相关数学知识的记忆、理解和创新等。顾泠沅教授提出教与学的各种任务按照操作方式的思考程度和过程连续性，分为记忆、解释性理解和探究性理解三个层次[①]。记忆水平的特点是记住事实或操作方法；解释性理解的特点是通过教师的讲解实现学生的领悟；探究性理解的特点是实现学生的探索和深入理解。在教学目标的实现上，顾泠沅早在1990年就在上海青浦区带领团队对学生的数学学习中进行大量的研究，经过十余年的研究确定学生的数学学习认知水平分为四个层次：操作性记忆水平、概念性记忆水平、说明性理解水平和探究性理解水平。其中前两个水平属于较低的认知水平，后两个水平属于较高的认知水平[②]。操作性记忆水平属于最低的目标水平，指学生根据已经学过的基本方法和内容进行一般的学习操作；概念性记忆水平仍然属于记忆水平，指学生直接根据数学概念、命题等进行识记性的判断；说明性理解水平指学生在记忆学过的基本数学事实、原理等内容基础上，能够按照自己的理解根据条件进行适当调整性的处理和解决问题；探究性理解属于最高目标水平，指学生能够综合所学的数学知识、方法、技能等处理陌生情境的问题。类似地，美国的学者斯坦因（M. Stein）和史密斯（M. Smith）将数学学习中的任务分为低水平任务和高水平任务，高水平任务表现为知识与情境联系、强调推理论证等探索过程、呈现形式多样等基本特征，对促进学生理解数学概念、命题及其关系，发展和运用数学具有重要作用[③]。

5.2.2.2 莱什和兰多关于数学概念理解的评价途径

莱什和兰多在数学概念理解的研究中，认为可以从感知（conception）、表征（representation）、联结（connection）、应用（application）这四个方面来判断学生对某个数学概念是否理解。感知是指学生对相关概念的基本认识，表征是指学生对概念的具体描述和表示的情况，联结是指学生对数学概念及相关内容之间联系的掌握情况，应用是指学生能够应用相关内容去解决实际问题。这四个方面的概括和定义为评价学生的数学理解提供了具体且可操作性的方法。对于高中复数的内容来说，可以用这四个方面来概括学生在复数内容理解方面的表现，学生需要对复数有一个基本的认识，随着学习的深入，要能够掌握复数的表示方法，根据情况准确地表示复数，熟悉复数知识以及复数与其他知识之间的关联，学习之后要能够应用所学知识来解决数学问题或实际问题。

5.2.2.3 杜宾斯基的 APOS 理论

杜宾斯基的 APOS 理论是对个体获得数学知识的心理过程的描述，是对学生实现数学理解过程的概括。按照理论，学生的数学概念的获得过程包括四个层次：活动（action），主要是学生学习过程中对基本概念的认识和理解，如对基本复数概念的认识和理解；过程（process），是指学生为了理解复数概念而进行的对有关事物的操作过程，通过这个操作过

---

① 顾泠沅. 教学任务的变革 [J]. 教育发展研究，2001（10）：5-12.

② 余春妹，唐恒钧，杨光伟. 美国 NAEP 数学试题的认知水平分析及其启示 [J]. 数学通报，2018，57（2）：16-20.

③ 胡典顺，余晓娟，王学萌，等. 美国课堂高认知水平数学任务的设计与思考 [J]. 数学教育学报，2019，28（6）：37-41.

程可以加深学生对相关概念的过程性认识，如复数的几何意义中，在复平面上找到或表示出来某个表示复数的点；对象（object），是指经过操作过程之后，之前的复数概念已经成为学生认知结构当中的一个相对具体的操作对象，即使没有具体的实物，学生已经能够在思维中把它作为对象来进行操作，如在一般意义下，解释复数加法的意义；图式（scheme），是指学生经过一系列学习和认识活动之后，能够把对应的数学概念作为运算对象纳入到已有的认知结构中，形成认知结构的一部分，如学生在复数学习之后达到的复数知识灵活应用就是已经形成相对完整的认知结构的一种反映。

5.2.2.4　斯法德的理解过程

斯法德具体对数学概念进行分类并提出学生在认知思维上获得数学知识，达到数学理解的过程①。认为数学中的概念主要可以分为操作性概念和结构性概念两种类型。并且这样的分类与其他的二分方法的概念分类的方式有相似但不同。其一，大多数提出某种二分法的人很少注意到任何数学活动背后隐含的哲学假设问题；相反，它们要么涉及主题的某些更明显的方面（如它的结构或它在解决问题中的不同组成部分的作用），要么涉及处理知识的认知过程。在斯法德的分类中，试图同时解决这些问题中的第一个和最后一个，方法是关注心理学视角所感知的数学实体的本体论问题。其二，其他的区别导致数学知识分解成两个独立部分，如概念和过程，斯法德的划分方法强调了它的统一性，这样做符合当今人们的观念，"人们对概念和程序之间的联系越来越感兴趣"。但他同时强调，这种对数学概念的分类方法不能被认为是互补的，与"概念上的"和"程序上的"、或"算法上的"和"抽象的"不同，"操作上的"和"结构上的"这两个术语指的是同一事物不可分割的方面，尽管它们有极大的不同。因此，斯法德的划分方法在这里讨论的是对偶性而不是二分性。

根据历史实例和认知图式理论，认为具有操作性的运算概念是获得新的结构性的数学概念的第一步。通过对概念形成阶段的深入分析发现，从数学计算等操作性活动到学习者形成抽象对象得到结构性数学概念的转变是一个长期且困难的过程，斯法德认为学生的理解过程分为内化（interiorization）、压缩（condensation）、具体化（reification）三个阶段。在内化阶段，学习者在较低级别的数学对象上进行操作性的活动，通过这样的活动学生逐渐熟练，当学生能够通过心理表征进行这样的操作性的数学活动时，就说已经内化这个数学概念了。例如，学生通过数数的过程逐渐掌握自然数，通过代数运算产生函数概念等。压缩阶段是将冗长的操作序列"压缩"成更易于管理的单元的阶段。在这个阶段，学习者变得越来越有能力把一个给定的过程作为一个整体来考虑，而不会感到有深入细节的冲动。在对过程性的内容压缩成知识单元的过程中，将该过程与其他过程结合起来进行比较和一般化变得容易得多。压缩过程的实现并与其他过程的结合意味着学习者将获得新的数学概念。具体化阶段是指更高层次的概念，这里更高层次的概念是相对于之前的操作性概念来说的更高层次，也是新的内化活动的开始，即以此概念为基础进行更进一步的内化、压缩和具体化的过程。例如，当符号 5+2i 被解释为一个独立的运算对象，而不是某一个操作的结果时，可以认为达到了复数的具体化阶段。斯法德的操作性概念和结构性概念的

---

① SFARD A. On the dual nature of mathematical conceptions: reflections on processes and objects as different sides of the same coin [J]. Educational studies in mathematics, 1991, 22 (1): 1-36.

分类，以及内化、压缩和具体化的概念获得过程的分析论述，为人们研究数学内容的学习过程提供了重要的理论基础。

5.2.2.5 皮亚杰的认知分析理论

让·皮亚杰是著名的发展心理学家，他经过长期研究提出的认知发展理论对整个心理学研究产生了深远影响。皮亚杰认为心理结构的发展有四个基本阶段①。皮亚杰通过研究认为，儿童的心理发展可以将认知结构的发展过程作为依据，并将儿童的认知发展分为四个阶段。感知运动阶段（sensorimotor stage）、前运算阶段（preoperational stage）、具体运算阶段（concrete operations stage）和形式运算阶段（formal operations stage）。认知发展理论认为儿童的认知发展按照上面的四个阶段固定顺序依次发展，不会颠倒或跳跃，每一阶段的发展都以前一阶段的发展为基础，每一个阶段的儿童思维特征也比较明显，在儿童学习和发展过程中，要针对每个阶段的特性，恰当合理地安排学习内容，过早或过晚地学习某个内容都是不合适的。皮亚杰认为知识是一种包含生理的、情绪的和智慧的系统全部发展的自发过程。认知发展理论认为儿童的发展本质是，在一定的图式基础上，通过同化或顺应的方式改变和发展图式，从低级向高级不断实现认知结构的发展。我国的曹广福教授也赞同这种观点，认为就数学概念而言其认知过程通常需要经过感知、想象、概括、固化、应用、结构六个环节②。

5.2.2.6 比格斯的 SOLO 分类理论

澳大利亚著名教育心理学教授比格斯等在皮亚杰的发展阶段论的基础上，经过大量的实验和研究，于 1982 年提出可观察的学习成果结构理论——SOLO（structure of the observed learning outcome）分类理论。SOLO 分类理论综合"能力""思维操作""一致性与收敛"和"回答结构"四个方面提出学生回答的五个层次"前结构（prestructural）""单点结构（unistructural）""多点结构（multistructural）""关联结构（relational）"和"抽象扩展结构（extended abstract）"③。四十年来，SOLO 分类理论被广泛地接受和应用于教育科学研究中，不仅用来测量学生的知识学习水平、思维水平，也用来指导教师的教学设计和分析测验题目等。对已有的 SOLO 分类法的研究表明，SOLO 分类法是一种理论，是皮亚杰发展阶段论的继续，是在学生学习任务中的具体化，在思维层次上可以表现出和皮亚杰认知发展阶段论基本吻合的认知结构复杂性。这样的理论成果可以在更广阔的领域内指导教育实践④。按照学者比格斯五个层次划分的 SOLO 分类理论特征，以及近些年 SOLO 分类理论在学生学习、教师教学指导、教学评价等方面应用的实践经验，对应地可以构建高中复数题目的思维层次和评价学生在解答复数问题时表现出来的思维层次，包括以下方面。前结构水平：问题和回答结果不加区别地混淆在一起，甚至有的人连问题本身都

---

① R. W. 柯普兰. 儿童怎样学习数学：皮亚杰研究的教育含义 [M]. 李其维，康清镳，译. 上海：上海教育出版社，1985：20-47.

② 曹广福. 数学课程标准、教材与课堂教学浅议 [J]. 课程·教材·教法，2016，36（4）：12-16.

③ 约翰·B. 比格斯，凯文·F. 科利斯. 学习质量评价：SOLO 分类理论 [M]. 高凌飚，张洪岩，译. 北京：人民教育出版社，2010：27-32.

④ 冯翠典，高凌飚. 现状与反思：SOLO 分类法国内应用研究十年 [J]. 教育测量与评价（理论版），2009（11）：4-7.

不清楚或者没记住问题，具体的表现就是对所面对的问题一点都不知道，或者回答内容与问题毫不相干，问题回答的特点具有高度的收敛性和极低的一致性。单点结构水平：回答问题时至少有一次的逻辑操作，把问题和知识点联系在一起，当问题围绕一个知识点但需要少数几次逻辑操作才能解题，这种"几次逻辑操作"可以被学生按照个人经验的直观感知所取代、比较容易看出问题的推理过程时也认为是单点结构。多点结构水平：多点结构典型地表现出答题者的技能，能处理一次较复杂的逻辑操作或依照顺序连续进行多次不太复杂的逻辑操作。在复数试题的解答结构中，表现的是依照顺序连续进行多次推理或运算，每一步推理运算都对应得出一个结果，降低题目的复杂程度，使题目最终得到一个唯一的结论。关联结构水平：在复数试题的解答结构中，也包含一系列的推理或运算结果，但推理或运算时不仅仅着眼于每一步的结果，必须紧密围绕各部分之间的相互联系，能够关注到不同概念或知识点之间的关联，并最终解决问题。抽象扩展结构水平：解答问题时，不仅需要对相关概念或知识点以及它们之间的关系非常了解，而且还要理解已知信息与首要抽象原理的关联，提出假设并能够应用到未知情境。在复数的推理和运算中，这一层次不必再用具体的数字和熟悉的运算进行验证，在陌生情境中学生需要合乎逻辑地解答变量运算。比格斯在皮亚杰的发展阶段论的基础上，以学习质量为出发点，提出基于可观察学习成果结构的 SOLO 分类理论，实现了对学习者个体内在的认知结构和思维等内容研究的外显研究方法，经过几十年的发展和实践检验，变得愈加成熟，应用愈加广泛。

以有关的理解理论为基础，对学生进行数学理解水平测试是当前在数学教育中常见的研究方法。无论是在国内还是国外，学者都认为复数是高中数学课程中的重要内容之一，尤其是数系扩充、复数的几何解释和复数范围内求解方程等内容是高中复数非常重要的几个方面。系统地了解学生在复数学习方面的表现，加强复数与数学学科本身的联系与整合，注重教师的培养，对高中复数教学是重要的[①]。在学习认知方面，复数概念的学习具有操作性概念和结构性概念的特征，学生的复数概念学习在不同阶段表现形式是不同的，对复数的认知与所学知识的体系和组织具有明显的关系。同时，相关知识形式与水平会影响学生的复数内容学习[②]。例如，不同的复数表示形式可以帮助学生从不同方面了解复数概念。学生在学习复数概念时一般会具备几种不同的表象形式，学生的概念学习过程就是一个不断修正表象使之不断趋于正确并得到最终定义形式的过程，但由于理解水平的不足，学生比较容易限于把复数看作实数对的表象形式，而不是把复数看作一个独立的数，这对学生的复数概念学习是不利的[③]。由于我国高中复数课程内容相对较少，要求相对不高，关于复数的研究更多的是关注课堂教学设计的研究，以及部分从课程文本比较的视角对高中复数课程所进行的研究。本书将在已有关于复数教学、复数课程、复数历史文化等方面研究的基础上，进一步对高中生在复数学习方面的理解水平及表现进行实证研究，为相关的研究进行深入探索提供必要的补充。

① ANEVSKA K, GOGOVSKA V, MALCHESKI R. The role of complex numbers in interdisciplinary integration in mathematics teaching [J]. Procedia-social and behavioral sciences, 2015, 191: 2573-2577.

② KARAKOK G, SOTO-JOHNSON H, DYBEN S A. Secondary teachers' conception of various forms of complex numbers [J]. Journal of mathematics teacher education, 2015, 18 (4): 327-351.

③ NORDLANDER M C, NORDLANDER E. On the concept image of complex numbers [J]. International journal of mathematical education in science & technology, 2012, 43 (5): 627-641.

》》 5.3 研究方法设计

5.3.1 研究对象的选取

在当前执行的高中数学课程标准中，复数属于高中三年级的数学课程，虽然各地教学进度调整有所差异，但总体上升入高中三年级的学生已经完成高中复数知识主题的学习。因此本书研究的对象总体是北方 J 省高中三年级学生，为了通过测评的方式研究高中生的复数理解水平，需要选择一个能够代表总体的若干个体所构成的研究样本[①]。

5.3.1.1 抽样方法的分析

为了保证研究样本能够代表研究总体的特征和满足研究问题的需要，本书研究中关于高中生的复数学习水平调查的抽样采用概率抽样和非概率抽样相结合的方式，概率抽样中选择分层抽样，非概率抽样中选择目的抽样，利用分层抽样和目的抽样相结合的方式保证研究抽样的可靠性。分层抽样是因为我国的教育具有地区、级别的差异性，不同地区，不同级别的学校的环境、设施、师资力量等存在差异，从不同级别的学校选择学生进行调查更能反映研究内容的整体水平。采用目的抽样是因为在调查研究中，根据研究的目的，避免种种因素的制约，有利于对研究样本进行深入的考察和了解[②]。

5.3.1.2 样本的选取

按照当前的高中数学课程安排，复数属于高中三年级的课程内容，受实际条件的限制，本书研究中以北方 J 省高三学生为研究总体。按照样本抽样公式，当样本总体很大时，可用如下公式计算得出可信样本大小。

$$n \geqslant \left(\frac{k}{\alpha}\right)^2 P \ (1-P) ③$$

计算时，$P=0.50$，显著性水平 $\alpha=0.05$，分位数 $k=1.96$。

计算得出样本抽样的大小应该为 $n \geqslant 384.16$，即为了进行有效测试，研究样本不少于 385 名学生即可满足要求。研究中还要考虑样本的代表性和便利性，因此，选择省会城市的省级示范性高中 2 所 A，B 高中，地级市的省级示范性高中 2 所 C，D 高中，县城的省级示范性高中 2 所 E，F 高中，在每所学校选取成绩中等的 2~4 个高三班级的学生参加测试，测试学生的分布情况如表 5.1 所示：共计 6 所高中，19 个班级，900 余名学生，抽样符合样本人数要求。研究中共发放测试卷 902 份，收回有效问卷 867 份，有效率 96.12%。

① 梅瑞迪斯·高尔，乔伊斯·高尔，沃尔特·博格. 教育研究方法 [M]. 6 版. 徐文彬，侯定凯，范皑皑，等 译. 北京：北京大学出版社，2016：125.

② 严辰松. 定量型社会科学研究方法 [M]. 西安：西安交通大学出版社，2000：127-139.

③ 吴明隆. 问卷统计分析实务：SPSS 操作与应用 [M]. 重庆：重庆大学出版社，2010：59.

表 5.1 测试学生的分布情况表

学校	学校 A	学校 B	学校 C	学校 D	学校 E	学校 F	总计
班级数	3	2	3	4	3	4	19
学生数	131	107	136	185	148	195	902
有效数	126	106	125	178	148	184	867

5.3.2 研究工具的编制

有目的地设计的问卷可以作为教育研究的重要工具，可以科学有效地实现信息的获得，在当前的教育研究中已经是一种常用方法。下面将介绍本书研究中测试问卷的基本编制过程。

5.3.2.1 测试问卷的设计意图

在对高中复数课程的文本研究中，高中数学课程标准对高中复数课程的地位和目标进行了明确，确定了高中复数的基础性地位，认为复数是一类重要的运算对象，具有重要的应用性[1]；具体方法上强调通过方程求解使学生认识复数，理解复数引入的必要性，掌握复数的表示方法、运算法则和几何意义等内容。但在课程的具体表现形式中，课程目标的承载方式，以及能否实现预定的课程目标，是课程研究的核心关注点。从课程制定到学生知识获得的一系列学习活动过程中，无论是教师的教还是学生的学，高中复数的教育价值是否得到充分体现？教学过程中关于复数的评价内容和形式是否一定能够充分地体现学生在高中复数方面的理解水平？综合已有关于高中复数课程研究的文献了解到专家学者对高中复数课程及教学存在问题的探索，在本书中形成一些关注点：第一，在课程内容和形式上，在高中数学课程标准制定过程中，复数部分为了突出数系扩充，简化了复数的概念体系；第二，高中复数课程教学，也包括高中复数的学习存在某种程度的选择倾向性，对学生的学习和数学理解造成了一定的影响；第三，课程评价方式对高中复数课程的调整和学生的学习产生一定导向作用；第四，由于受到课程组织形式、教学、课程评价方式等因素的影响，在高中复数学习过程中，学生是否能够获得较好的高中复数概念理解水平？高中生在复数学习过程中，常见的困难有哪些，产生这些困难的原因是什么？这些内容是问卷设计之初的关注点。因此，本书根据教育理论划分复数理解的水平，有针对性地整理和编制数学问题，用科学严谨的方法，客观地调查当前高中生的复数学习状况，了解学生在复数学习过程中的表现、在复数知识理解方面存在的困难等，为进一步的研究奠定基础。

5.3.2.2 高中生复数理解水平的构建

关于数学理解的研究中具有某些共同点，学习个体对某一个数学内容的理解深入过程，是从简单记忆和形式识别到陌生情境中创新应用的过程，是从具体行为操作到一般关系抽象认识的过程，是过程性与对象性相互转化的过程，是知识孤立到关联的动态发展过程。本书中的数学理解遵照对已有研究的认识，综合顾泠沅教授关于数学学习认知水平的研究以及国内外关于数学理解的理论研究框架，尤其是莱什和兰多关于概念理解的评价理论和比格斯的 SOLO 分类理论为依据，借鉴已有研究的心理特征刻画与学生表现的描述，

---

[1] 中华人民共和国教育部. 普通高中数学课程标准 [S]. 2017 年版. 北京：人民教育出版社，2018：26.

在理论上把高中生的复数理解确定为四个水平。根据这四个水平划分来编制题目并测量高中生复数理解水平，归纳分析学生在复数问题求解中的不足和典型表现。具体的四个水平描述如下。

① 感知水平。学生能够通过具体的复数或有关实例感知某个具体的复数知识，能够解决一次逻辑操作的问题，或者是可以被学生按照个人经验的直观感知所取代、比较容易看出问题的推理过程或需要少数几次逻辑操作才能求解的问题。如直接判断某个表达式是否为复数，给定复数的直接运算等。

② 表征水平。能够描述和表示复数概念及有关内容。能够根据记忆中的定理、法则等从形式上对复数有关问题进行计算，学生在解题过程中表现出一定的技能，能处理一次较复杂的逻辑操作或依照顺序连续进行多次不太复杂的逻辑操作。在复数试题的解答结构中，表现的是依照顺序连续进行多次推理或运算，每一步推理运算都对应得出一个结果，降低题目的复杂程度，使题目最终得到一个唯一的结论。如给定两个复数，求它们和的模。

③ 联结水平。学生能够在概念的各种表征之间建立联系。在复数试题的解答结构中，表现出一定的方法性，也包含一系列的推理或运算结果，但推理或运算时不仅仅着眼于每一步的结果，能够紧密围绕各部分之间的相互联系，适当进行调整和处理，并最终解决问题。

④ 应用水平。学生能够灵活运用数学知识解决问题。解答问题时，不仅需要对相关概念或知识点以及它们之间的关系非常了解，而且还要理解已知信息与首要的抽象原理的关联，提出假设并能够应用到未知情境。在复数的推理和运算中，这一层次不必再用具体的数字和熟悉的运算进行验证，学生需要在陌生情境中合乎逻辑地解答变量运算。如包括多个复数知识点，解答过程中要结合知识之间的关系，还要把复数的有关概念延伸拓展，灵活应用复数理论解决问题。

5.3.2.3 测试问卷设计的基本原则

测试问卷采用师生比较熟悉的测验的方式进行，给定题目，由学生解答。因此，问题承载的信息和表述的方式成为测试问卷设计的要点，为了保证研究的质量，测试问卷的设计按照如下原则进行①。

① 目的性原则。测试的目的主要是调查学生的高中复数理解水平。因此，测试问卷的设计紧密围绕这个目标有针对性地设计测试题目。按照已有研究中关于数学理解的层次分析，测试问卷在设计之初把学生的高中复数理解水平划分为四个水平：感知水平、表征水平、联结水平、应用水平，测试题目的设计以这四个水平为依据，有针对性地选择或编制，期望能够达到更好的测试效果。例如，为了测评学生对高中复数的感知水平，选择或设计的题目应该是反映学生对复数基本概念的感知，而不会因为题目的难度等其他因素影响测试效果；为了测评学生对高中复数的表征水平，有针对性地选择和设计关于复数表示的题目，这些题目能够反映处于这个理解水平的学生能够在形式上识别或表征出对应的复数。

② 必要性原则。研究中主要是通过测试问卷了解学生在高中复数部分的学习情况方

---

① 陈向明. 教育研究方法 [M]. 北京：教育科学出版社，2013：87-91.

面的相关信息，包括学生在知识掌握和思维发展等方面的表现。在复数题目设计的过程中，需要保证每一个研究所需要的信息内容能够由学生对这些问题的作答反映出来。同时，这些问题恰好能够不重复、不遗漏地反映研究所需要的信息。这样可以简化研究问题，避免测试问卷过于烦琐和重复。

③ 知识性原则。测试问卷的设计遵照知识性的原则，即在测试的过程中，要考虑高中数学课程标准的要求、高中数学教科书中复数部分的知识内容、高中复数教学的实际情况等，高中复数测试卷的编制在知识的范围上不会超出课程标准和教科书的知识范围。另外，虽然当前高中复数教学以复数代数形式和代数形式四则运算等为重点内容，但是在高中复数测试卷的编制过程中并不局限于此，而是参照高中数学课程标准中复数部分的课程目标。因此，考虑高中复数的教育价值，设计不同水平的高中复数题目，在形式上可能与高中复数教学实际情况有些不同，但本质上应该体现的是，只要学生达到了特定的理解水平就应该能够解决这些问题。

④ 适切性原则。在高中生的复数理解水平测试中，为了给测试提供便利性，在题目的选择和编制上尽可能选择学生比较熟悉的题目形式，如填空题、解答题等。学生在求解这些问题时，按照自己的解题习惯，有利于调动思维惯性，灵活运用和处理所学复数知识求解。测评方式上尽量争取任课教师的帮助并采用课堂测评的方式进行，这样可以提高学生的测评态度和积极性，保证学生认真作答，特别是，课堂作答的方式，可以适当限制学生的答题时间，约束学生的不当行为，提高测评的有效性。

⑤ 客观性原则。测试问卷中的问题设计坚持客观反映高中复数课程内容，内容和形式上符合对高中学生的知识要求。问题设计避免对学生产生心理干扰或心理暗示等。同时，在问题的提出方式中，避免对学生的诱导性和倾向性，力争使学生在对问题回答的过程中，能够真正反映学生的实际学习水平。实际上，这在数学的测试中还是比较容易做到的。

⑥ 问题序列原则。测试问卷中的问题包括了多种题型，难度也不同。为了符合学生的思维习惯，避免对学生的思考产生影响，把这些问题整理成为测试问卷的过程中，兼顾问题的顺序、题型、性质和回答方式等方面的信息。例如，把相同题型组合在一起，相同题型的题目按照思维难度由浅到深的方式排列，不同回答方式的问题按照先封闭题型后开放题型的方式等。

5.3.2.4 测试问卷设计的基本知识的结构划分

到过去二十余年的时间里，2003 年版的普通高中数学课程标准是高中数学教学的主要依据，并且当前仍是高中三年级数学的主要执行文本。而最新修订的 2017 年版的普通高中数学课程标准于 2018 年发布，当前正处于更替时期，且将是今后教学的主要依据。考虑到这些，在研究中在讨论高中复数的基本内容时，主要以 2003 年版的普通高中数学课程标准为基础，详细参考 2017 年版的普通高中数学课程标准，以及高中数学教学中的实际情况。

（1）高中复数双向细目表

在普通高中数学课程标准中使用"了解""理解""掌握"等行为动词描述知识与技

能维度的结果目标①。为了保证高中生复数理解水平测试的顺利进行，测试问题的设计需要满足学生的答题要求，在普通高中数学课程标准中已经明确提出对复数各部分内容的认知要求，这将作为本书研究的参考依据。在最近两次修订的普通高中数学课程标准中，复数部分的总体目标要求比较一致，个别内容存在变化。下面分别列出 2003 年版和 2017 年版的普通高中数学课程标准中复数部分的内容及水平要求。

在课程标准 2003 年版中，"数系的扩充与复数的引入"在时间安排上约 4 课时。综合目标上对高中数学的要求是，学生能够借助问题情境从数系扩充的角度了解复数，体会复数在数学发展及数系扩充等内容中的作用，感受人类思维在数学发展和现实世界发展中的创造性作用。在具体的复数知识内容上也做了明确的要求。如理解复数的基本概念，理解复数相等的充要条件，明确地把复数基本概念、复数相等等内容在认知目标上作为理解水平要求，之所以把复数相等划分到复数的基本概念范畴，主要考虑的是复数相等的判断在法则上依赖于复数的代数表示，通过复数代数表示的实部和虚部分别相等的判断来完成；在课程标准 2003 年版中，复数的代数表示是高中课程中唯一一种做出要求的复数表示形式，复数的代数表示作为高中阶段的一种基本表示形式，要求学生能够了解这种表示形式及其几何意义，课程中主要是借助复平面的学习来反映复数代数表示的几何意义。复数的模在高中复数课程内容中强调的并不多，作为复数几何意义中的一部分也应该划分为了解水平的认知要求；复数的四则运算部分是当前高中复数课程比较强调的一部分内容，要求学生"能"进行代数形式的复数四则运算，其中"能"按照认知要求中的行为动词解释，属于理解水平，共轭复数作为复数除法运算的一部分，也应该属于理解的认知水平，同时要求学生了解复数加减运算的几何意义。复数范围内求解方程一方面涉及复数的概念，另一方面主要是复数作为独立的数载方程的意义下参与运算，理论上学生只要能够认识到复数作为数的独立性，理解复数四则运算，就可以理解复数范围内方程求解，所以这里把复数范围内求解简单方程看成理解水平；在课程标准的文本中也强调，在复数概念与有关运算的教学中，避免烦琐的计算与技巧的训练，强调的是复数知识体系及概念本质的学习。对于有能力的学生可以拓展其学习内容，如"求 $x^3 = 1$ 的根"、介绍"代数学基本定理"等。这也给高中复数课程的教学提供了拓展空间。

2003 年版普通高中数学课程标准中复数部分的具体内容如下。

数系的扩充与复数的引入（约 4 课时）如下。

① 在问题情境中了解数系的扩充过程，体会实际需求与数学内部的矛盾（数的运算规则、方程求根）在数系扩充过程中的作用，感受人类理性思维的作用以及数与现实世界的联系。

② 理解复数的基本概念以及复数相等的充要条件。

③ 了解复数的代数表示法及其几何意义。

④ 能进行复数代数形式的四则运算，了解复数代数形式的加、减运算的几何意义。

表 5.2 所示为 2003 年版普通高中数学课程标准中复数双向细目表。

表 5.2　2003 年版普通高中数学课程标准中复数双向细目表

一级知识指标划分	二级知识指标划分	了解	理解	掌握
复数概念	复数集		√	
	虚数单位 i		√	
	复数的代数表示（实部和虚部）	√		
	复数相等		√	
复数的运算	复数代数表示的四则运算		√	
	共轭复数		√	
	复数与方程		√	
几何意义	复平面（复数几何意义）；代数表示的几何意义	√		
	复数的模（复数意义的一部分）	√		
	复数加、减运算的几何意义	√		

　　2017 年修订高中数学课程标准时对复数知识的认知要求做了进一步明确。如课程标准中提到："理解复数的代数表示"和"理解两个复数相等的含义"，所以有关复数的代数表示的内容，如虚数单位 i，实部和虚部都应该按照理解水平要求；"认识复数"，把复数作为一个数的对象和复数集这样一个复数整体性的概念，要求是认识。同样地，复数相等的判断依赖于复数代数表示，特别是复数代数表示的实部和虚部的分别相等来判断，所以把复数相等划分到复数基本概念的知识范畴；关于复数的运算，课标要求"掌握复数代数表示的四则运算"，那么将包括：为了复数代数形式除法运算需要的共轭复数，与复数运算紧密相连的复数范围内解方程都认为是这个层次；"理解复数代数表示的几何意义"包括复平面、复数与复平面上点的一一对应、复数的模；"了解复数加减运算的几何意义"应该包括复数加减运算的模或者轨迹。

　　2017 年版普通高中数学课程标准中复数部分的具体内容与要求如下。

　　复数是一类重要的运算对象，有广泛的应用。

　　本单元的学习，可以帮助学生通过方程求解，理解引入复数的必要性，了解数系的扩充，掌握复数的表示、运算及其几何意义，提升数学运算素养。

　　内容包括：复数的概念；复数的运算；*复数的三角表示。

　　① 复数的概念。

　　Ⅰ. 通过方程的解，认识复数。

　　Ⅱ. 理解复数的代数表示及其几何意义，理解两个复数相等的条件。

　　② 复数的运算。

　　掌握复数代数表示式的四则运算，了解复数加、减运算的几何意义。

　　③ *复数的三角表示。

　　通过复数的几何意义，了解复数的三角表示，了解复数的代数表示与三角表示之间的关系，了解复数乘、除运算的三角表示及其几何意义。

　　表 5.3 所示为 2017 年版普通高中数学课程标准中复数双向细目表。

表 5.3　2017 年版普通高中数学课程标准中复数双向细目表

一级知识指标划分	二级知识指标划分	了解	理解	掌握
复数的基本概念	复数集	√		
	虚数单位 i	√		
	复数的代数表示（实部和虚部）		√	
	复数相等		√	
复数的运算	复数代数表示的四则运算			√
	共轭复数			√
	复数与方程			√
几何意义	复平面（复数几何意义）；复数代数表示的几何意义		√	
	复数的模（复数几何意义的一部分）	√		
	复数加、减运算的几何意义	√		

（2）高中复数课程的知识结构体系

在 2003 年版的普通高中数学课程标准和 2017 年版的普通高中数学课程标准的必修部分中，在复数的知识方面主要提出了三个方面的要求，包括复数的基本概念、复数的代数形式的基本运算、复数的几何意义等。在高中数学教科书的编写过程中，对这三个方面进一步做出了细致的阐述。

复数的概念：①虚数单位 i；②复数表示：代数表示、向量表示；③复数相等；④复数集的总体认识。

复数的运算：①代数形式的四则运算；②共轭复数；③复数与方程。

复数的几何意义：①复平面；②复数与向量的一一对应；③复数的模；④复数代数形式加减运算的几何意义；⑤简单的轨迹（如 $|z-z'|=k$）。其中复数表达式所表示的轨迹等在教科书后的练习题中呈现，代数学基本定理以课后阅读的形式直接说明编写者认为这些内容符合学生的高中复数学习要求。

方程求解是与复数紧密相关的一个知识内容，在普通高中数学课程标准中复数部分关于方程的说明主要包括两个方面："通过方程理论体会实际需求与数学内部的矛盾""对于感兴趣的学生，可以安排一些引申的内容，如求 $x^3=1$ 的根，介绍代数学基本定理等"，前者在于借助方程引出复数，后者在于促进学生深入了解复数的运算和应用等。另外，求解判别式小于零的实系数一元二次方程，把复数作为一个整体参与数学运算，可以理解为较完整地理解复数概念，因此，复数范围内的一元二次方程求解或给定条件的一元三次方程求解等内容也符合高中复数的知识水平要求。

参照已有研究的结果，复数知识点是指高中数学课程标准复数部分明确提到的相对较单一的复数知识系统，一般不再对课程标准中明确提出的单个复数知识性的定义进行细节性的划分[①]。按照 2003 年版的普通高中数学课程标准的内容表述，高中复数的知识点主要包括：复数概念、复数相等、复数的代数表示、复数代数表示的几何意义、复数代数表示的四则运算、复数代数形式加减运算的几何意义、复数与方程，虽然在 2003 年版的普通

---

① 李淑文，史宁中. 中日两国初中几何课程内容的比较研究［J］. 全球教育展望，2012，41（1）：82-85.

高中课程标准中没有直接提及，但是在人教版等高中数学教科书和高考题目中，按照临近知识拓展原则，也包括复数的模、共轭复数，还包括与复数结合的其他知识主题中的知识点，共十项知识点。

对比 2003 年版和 2017 年版的普通高中数学课程标准，发现复数部分的认知目标要求在一些方面有所提高，如复数的代数表示、复数的四则运算等内容均有所提高，表明专家在修订高中数学课程标准过程中对复数课程认知目标要求过低的一种担忧，在高中复数的教学与学习中应该正确认识这种转向。在高中复数测试问题的编写和设计的过程中也应该体现这样的价值取向。在高中生复数学习水平的测试调查中可能遇到的问题是，虽然课程标准在复数方面要求了一定程度的内容，但由于实际情况的限制，高中复数教学与学习受到一些因素的影响，学生可能存在某种知识或能力上的倾向。按照这样的关系模式，通过调查研究，调查学生的高中复数理解水平，分析学生在复数学习方面的表现。

5.3.2.5 测试问卷编制的基本步骤

好的测试问卷是调查研究取得成功的关键，本书调查的设计建立了严谨的理论框架，以问卷设计的基本原则为指导，设计明确的问题，从而编制形成测试问卷。问卷编制按照如下基本步骤进行：第一，研究有关理论基础；第二，根据高中复数课程内容制订多维的测试细目表；第三，根据理论分析和研究目的进行命题，形成测试问卷；第四，检验测试问卷，并进行预测试；第五，分析预测试的信度、效度、难度、区分度等技术指标，进一步检验测试问卷的质量；第六，根据研究需要，修改并确定测试问卷。具体流程见图 5.1。

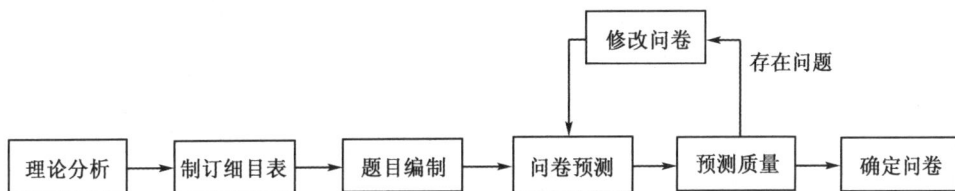

图 5.1 测试问卷编制的基本流程图

5.3.2.6 测试问卷设计的具体表现形式分析

测试问卷中题目的编制是一个复杂且重要的过程。主要思路是，在对高中生的数学理解和高中复数知识等内容的理论研究的基础上，首先制订高中复数知识细目表，确定测试题目的知识范围；其次由研究者在几位专家的帮助下收集、整理和改编符合测试要求的高中复数题目，按照知识维度和水平的划分初步形成高中生复数理解水平测试问卷；再次选取三所高中的 178 名学生进行预测，根据预测结果，删除或改编不恰当的测试题目，完善问卷的结构与技术指标；最后形成科学严谨的高中生复数理解水平测试问卷。

测试问卷中复数题目的选择与编制，从知识维度和题目的理解水平两个方面进行设计。首先，从理论分析内容中，根据已有研究关于学生在数学知识与概念等内容理解方面的理论研究，把复数题目分为四个水平：感知水平、表征水平、联结水平、应用水平。其次，在知识内容方面，按照高中复数的知识体系划分为三个维度：复数的基本概念、复数的四则运算、复数的几何意义。具体表现形式为，根据复数的三个知识维度收集、改编或设计有关复数题目，分析每一个题目在测试学生对复数概念理解方面所表现出来的水平，按照测试需要、测试问卷的编制原则以及问卷编制的科学方法，将被选中的题目组织成本次研究的测试问卷。

在实际操作方面，测试问卷中复数题目的设计与编制，一方面充分考虑普通高中数学课程标准在复数部分的基本要求；另一方面，充分征求学科教学专家、数学教育研究者、高中一线教师等的意见和建议，按照问题的难易程度组织测试问卷，坚持复数题目编制的适切性原则等，保证测试题题目的知识内容不超出高中复数的课程要求，保证学生见到的是比较熟悉的问题形式，充分调动学生思考问题的积极性，以最大可能保证测试问卷的目的性达成。

关于测试问卷中复数题目的来源，主要包括以下几个方面：数学学科发展过程中的经典复数题目、国内外高中数学教学中的复数试题、教育研究中的复数测试题目、根据测试原则改编或编写的高中复数题目等。数学发展过程中经典的复数题目通常情况下能够反映人们对复数有关概念的认识和理解的本质，往往具有典型的意义；国内外高中的复数试题是依据国内外的高中数学复数部分要求掌握的知识由专家编制而来，且经过教学实践的检验，具有很好的代表性和稳定性，在测试高中生的复数内容的理解方面具有很好的客观性和目的性；教育研究中的测试题目是数学教育研究者根据特定的数学教育研究目标制订的复数题目，针对性较强，易于操作；自主编写的复数题目主要考虑测试问卷的目的性原则，为了在知识维度上更好地了解学生的复数知识理解水平，有针对性地对某些复数知识设计相应水平的复数试题，以满足测试问卷的功能性需要。为了更好地了解学生在高中复数学习过程中的思维表现，找出学生在高中复数学习方面存在的问题，测试问卷在编制的过程中，普遍难度不大，但由于缺少训练的原因，学生可能对个别题项的问题情境感到并不是特别熟悉，这就需要学生在解答这些题目时具备相对较好的理解水平。

如前所述，在理论分析的基础上，把高中生的复数理解水平划分为四个层次，测试的目的是考查学生关于高中复数的理解在这四个层次上的表现。考虑高中复数的实际教学要求，这些题目的设计总体难度都不大，水平测试情况如下。

水平一为学生在高中复数知识学习过程中表现出来的感知阶段。按照高中复数知识维度的划分，感知水平的问题包括：对复数的基本认识、对基本复数运算的认识和感知（能够按照法则进行运算，而不必理解其意义）、对复数几何意义的感知。学生关于复数基本概念的感知，首先要考虑的就是学生对复数的外在表示形式的感知，即学生能否通过给定的数学表示形式感知复数，这样可以检验学生对复数表示形式的认识。

例如：判断下列哪些是复数？

①i；②-3；③$\cos\dfrac{\pi}{5}+i\sin\dfrac{\pi}{5}$；④$1+\sqrt{3}i$；⑤$1+\sqrt{3}$。

这个问题改编自国外一个数学教育研究中的题目，原题旨在考查学生对复数概念与表示形式的理解[①]。这个问题可以检验学生能否在形式上了解复数的表示形式，同时可以体现学生是否已有关于复数的整体性认识和了解，能否注意到复数集与实数集之间的关系。

---

① NORDLANDER M C, NORDLANDER E. On the concept image of complex numbers [J]. International journal of mathematical education in science and technology, 2012, 43 (5)：627-641.

　　而对于简单的复数运算，学生在处理时只需要按照运算法则而不必知道其含义就可以把它们运算出来。按照比格斯的 SOLO 分类理论中的分析，这样的问题也应该看成感知阶段的问题，并且当前我国高中阶段复数的课堂教学一直把复数运算作为重点，学生只要按部就班模仿课堂上学过的复数运算法则或方法就可以完成问题求解。

　　例如：已知（1+i）$z=2+i$（i 是虚数单位），

　　求：（1）$z=$＿＿＿＿＿；（2）$\bar{z}=$＿＿＿＿＿；（3）$|z|=$＿＿＿＿＿。

　　此题目改编自 2009 年高考数学试卷全国一卷的一道复数题目。原来题目给出关系式后要求求出共轭复数。此处把原来求共轭复数的一个问题修改为三个小问题，一是避免因为步骤太多而对学生的计算结果产生干扰，二是更加明确地检验学生对每一个复数运算步骤的了解。

　　在复数的几何意义方面，在感知水平上，学生应该能了解复数与复平面上点之间的一一对应关系，能够在复平面上找到与给定复数对应的点，只要学生知道复平面，就应该能找到这样的点。在有关复数的运算中，学生需要知道复平面和复数在复平面上的三角形加法法则才能对应找到两个复数的和与差对应的有向线段，可以看到，教科书中虽然没有复数加减法几何意义的直接教学内容，但在研究的前期调查中了解到，实际教学中教师讲授或学生练习过相应的方法，用对应的量把它们表示出来。

　　例如：已知复数 $z_1=3+i$，$z_2=1+2i$，① 在复平面上分别标出复数 z_1 和 z_2 所对应的点；② 依次找到并画出 z_1+z_2，z_1-z_2 在复平面上对应的有向线段。

　　水平二为关于复数理解的表征阶段，即能够描述和表示复数概念及有关内容。包括的问题为：复数形式的表征、复数运算的表征（即能够根据法则对包含多个知识点的问题进行表征性的计算）、复数几何意义的表征。根据以上原则，设计问题考查学生对复数有关内容的表征能力。

　　例如：复数范围内求解方程 $x^2-4x+5=0$，并写出求解过程。

　　这个题目之所以定义为表征水平，是因为此题以方程求解的问题情境出现，在求解这个题目时，对于给定的具体方程或关系式，学生能够根据一元二次方程的公式法按部就班进行计算，但区别于实数范围内求解方程，此处需要学生将负数开方进行基本判断，使其按照相应法则参与运算。用公式解法把负数开方表示为虚数是复数表征，或者设为代数形式也是表征，更主要的是求解过程中能够把复数看作一个整体进行运算求解。

　　再如：在复平面上，O 是原点，点 P，Q 对应的复数分别是 4+2i 和 3-i，请判断三角形 OPQ 的形状，写出详细过程[①]。

　　在复数的几何意义理解上，需要结合复数的几何意义与数学关系。此题目来源于英国进阶数学课本中的一道练习题，问题通过给定复平面上的几个点及对应的复数代数表示，需要判断平面上的图形位置关系及形状。将此题定义为表征水平，主要原因之一就是此类问题是实际教学中比较常见的题型，学生只要能够在复平面上根据给出的复数对应表征出三角形就可以按照常规方法进行求解。

　　水平三为体现复数知识之间关系的联结，即学生能在概念的各种表征之间建立联系。

---

　　① NEILL H，QUADLLING D. GCE mathematics further pure unit 2：MFP2 ［M］. Cambridge：Cambridge University Press，2007：20.

例如：在复数范围内计算 $\sqrt{-2} \cdot \sqrt{-3}$，并写出步骤。

能够把负数开方表征为虚数单位 i 的形式并运算，之所以定义为联结水平的题目，是因为学生在复数学习过程中需要清楚复数的表示，同时要理解和掌握复数的运算法则，即这个复数表示不能像实数那样进行根号下计算。

再如：复数范围内，当判别式小于零时，实系数一元二次方程 $ax^2+bx+c=0$（$a \neq 0$）根的个数为（　　）。

A. 至少一个根　B. 一定有两个根　C. 可能没有根　D. 条件不足，无法判断

这个问题没有具体的数字，系数都是用字母来表示。对于判断这样的一般情况，学生需要对复数运算有一个一般性的理解，学生需要通过形式运算，在掌握复数特征与运算形式的前提下，根据一元二次方程求解公式判断方程根的情况。

水平四为关于复数的应用水平，此时学生能够运用概念解决问题。如包括多个复数知识点，解答过程中要结合知识之间的关系，还要把复数的有关概念延伸拓展，灵活应用复数理论解决问题。

例如：已知方程 x^2+（$m+2i$）$x+$（$2+mi$）$=0$ 至少有一个实数根，试求实数 m 的值。

此题是一位老师在课堂教学实录中利用复数相等解决问题的题目。需要学生在达到一定复数概念理解的前提下，综合分析问题，分析问题的情境，避免一些不必要的干扰，选择恰当的方法来进行求解。此题的一个难点是方程的系数可能不是实数，这与学生常见的方程不同，然而，对于复系数方程，学生的认识可能还存在犹豫，对复系数方程的求解运算也不够熟练。此题的外在形式是二次方程判断，以前所学内容都是用判别式的正负和求根公式来求解此题，但在复数范围内注意到题目中的条件"有一个实根"，从而灵活地选择复数相等方法列二元方程组求解。实际上，学生普遍不知道二次方程有两个根和复数根成对出现的结论。

在普通高中数学课程标准复数部分的具体要求中，明确指出对部分感兴趣的学生可以安排引申的内容，如求 $x^3=1$ 的根、介绍代数学基本定理等，促进学生在复数课程领域的学习与发展。表明在高中阶段，学生在复数课程学习的过程中，应该能够求解简单的三次方程和在复数范围内讨论一元二次方程的解的情况，这样的题目需要学生较高的抽象概括能力和推理能力。

在复数的几何意义方面，设计了复数表示几何轨迹的问题。

例如：根据高中教科书"数系的扩充与复数"一章的内容回答如下。

已知复平面上的动点 Q 在曲线 $|z-6|+|z+6|=20$ 上移动，点 P 对应的复数是 13i，试判断点 P 和 Q 之间距离的最小值，并写出详细过程（如果需要，请自己画出图形）。

在教科书中，以旁白形式介绍了复数模的几何意义，高考数学试卷中复数题目偶尔也会出现复数表达式与几何图形轨迹的问题，课后习题也包括复数轨迹问题的练习，所以这道复数几何意义轨迹问题的测试题符合高中复数课程目标要求。根据研究的前期调查，应用水平的题目设计是希望学生能够在理解复数模的几何意义的情况下，灵活地将其他几何图形的表示进行应用。特别是，2019 年高考数学试卷全国一卷的理科试卷选择题第 2 题的复数题目也是关于复数与几何轨迹的问题，进一步说明了此题的设计符合考查学生在复数几何意义理解方面的要求。

5.3.3　预测与测试问卷修订

本书研究对编制的高中生复数理解水平测试卷进行了两个阶段的多次测试，以保证测试研究的有效性。第一阶段是以知识内容、试题难度的宏观把握为主的了解性预测试和对教师、学生的了解性访谈。第二阶段是以测试问卷中题项的数据指标判断为主要内容的预测试。

5.3.3.1　第一阶段预测试

本书研究高中复数理解水平测试，在编制测试问卷之后，为了进一步保证编制题项的科学性和合理性，根据测试问卷编制的目的性、知识性、适切性等原则，及时与有关高中数学教师和学生进行沟通交流，根据预测试问卷内容对其进行访谈，获取更广泛的与测试问卷编制有关的信息。主要从教师那里了解测试问卷的知识范围、题目难度、题目表现形式等方面的信息；从学生那里了解在解答测试问卷中复数题目的过程中，对复数题目的看法，判断解答题目的思维过程是否符合测试的目的性等。根据获得的信息及时调整测试问卷中复数题目的内容和表现形式等。经过多次对测试题项的讨论与验证之后，形成初步的高中生复数学习水平的测试问卷。根据对教师与学生的预测试和访谈，以及初步预测过程中的学生答题表现，对高中生复数理解水平测试问卷进行了一定的调整，如以下几个方面。

为了测试学生对复数的宏观性了解及复数集在实数集基础上扩张连续性的认识，设计问题如下。

判断下列哪些是复数？

①i；②-3；③$\cos\frac{\pi}{5}+\mathrm{i}\sin\frac{\pi}{5}$；④$1+\sqrt{3}\mathrm{i}$；⑤$1+\sqrt{3}$。

在了解性测试中，几乎所有的学生都认为带有虚数单位 i 的才是复数，并不把实数看作特殊形式的复数，导致大多数学生的答题结果不完全正确。这样不利于准确反映学生对复数形式的感知情况，学生没有完全正确解答的原因是学习过程中直观性的记忆习惯，还是学生根本就不了解复数集与实数集之间的数系扩充关系？因此，在这个问题之前补充了一个提示性的条件如下。

结合实数集与复数集之间的关系，请判断下列哪些是复数？

①i；②-3；③$\cos\frac{\pi}{5}+\mathrm{i}\sin\frac{\pi}{5}$；④$1+\sqrt{3}\mathrm{i}$；⑤$1+\sqrt{3}$。

补充这个条件是希望学生注意到扩充后的复数集是比实数集还要大的一个数集，复数集包含实数集。增加了这样的问题之后，第二次预测中学生的答题情况得到了改观。

人民教育出版社的 A 版高中数学教科书必修 2-2 中给出复数 z 与平面向量 $\boldsymbol{OZ}$ ——对应①，目的是认识复数的向量表示法的同时，方便引入复数代数运算的几何解释，但容易使学生把复数和向量混淆，在复数的几何意义部分以书边旁白的形式给出复数的模定义，没有给出辐角概念，这对学生深入理解复平面等与几何意义直接相关的概念可能会造成一

---

① 人民教育出版社，课程教材研究所，中学数学课程教材研究开发中心. 普通高中课程标准实验教科书：数学 2-2 必修：A 版［M］. 北京：人民教育出版社，2017：105.

定的影响，也不利于学生将复数学习拓展到其他表现形式的潜在可能。为了测试学生对复数几何意义的感知，相应问题如下。

已知复数 $z_1 = 3+i$，$z_2 = 1+2i$，① 在复平面上分别标出复数 z_1 和 z_2 所对应的点；② 依次找到并画出 z_1+z_2，z_1-z_2 在复平面上对应的有向线段。

按照高中复数的内容，把上面问题① 在复平面上找到与给定复数对应的点看作第一水平，只要学生知道复平面，就应该能找到。问题②中，学生需要知道复平面和复数在复平面上的三角形加法法则才能对应找到两个复数的和与差对应的有向线段，教科书中虽然没有复数加减法几何意义的直接教学内容，但在对教师的访谈中了解到，实际教学中教师讲授或学生练习过，并有能力处理这样的问题。但在预测试题目的解答和对学生的访谈中发现，有的学生在图中画两个复数的减法时，不是按照平行四边形对角线的方法，而是把起点画在原点，这有两种可能：一是学生可能认为复数对应的有向线段起点只能在原点，在利用平行四边形法则找到减法对应的有向线段后平移到以原点为起点的位置；二是学生根本就是按照两个复数代数形式的减法运算后，再在复平面上找到对应的有向线段，如果这样的话，表现出的理解水平就相对较低，同时说明在高中复数的学习过程中，借助于向量或有向线段认识复数的目标并没有实现，直接证据就是学生没有把代表复数的如向量一样进行对应的有向线段进行计算，当学生在找减法对应的有限线段遇到困难时，会直接返回到复数与平面上点的一一对应这样的基本概念。

经过多次检验，给定代数形式的复数，学生基本能够在复平面上找到对应的点，所以在此问题中，删除第①问，同时去掉坐标系中的辅助网格，改为如下形式。

z_1 和 z_2 是复平面上的已知两点，请依次找到并画出 z_1+z_2，z_1-z_2 在复平面上对应的有向线段。

在测试问卷中，用复数的关系式表示椭圆的轨迹对于高中生来说并不常见，学生在预测中表现出存在较大困难。但并不是说明这样的问题困难达到很严重的程度，通过对学生的访谈了解到主要的原因是平时这样的问题接触得比较少，很难在短时间内找到解题思路，但对于复数模的一些简单关系式还是可以接受的，因此，在这个测试问题上，补充了两个与复数模有关的题目作为铺垫，减小学生在求解这个问题时的思维跨度。题目改编之后在另一次测试中情况得到改观，在第二阶段的预测试中各项技术指标也符合测试要求。修改后的题目形式为以下方式。

根据高中教科书"数系的扩充与复数"一章的内容回答如下。

① 已知 z_1，z_2 是两个给定的复数，式子 $|z_1-z_2|$ 表示的几何意义是什么？

② 已知 z_0 是给定复数，r 是已知的正实数，则式子 $|z-z_0|=r$ 在复平面上表示的图形轨迹是什么？

③ 已知复平面上的动点 Q 在曲线 $|z-6|+|z+6|=20$ 上移动，点 P 对应的复数是 $13i$，试判断点 P 和 Q 之间距离的最小值，并写出详细过程。

5.3.3.2 第二阶段预测试

高中生复数学习水平测试的一个主要困难在于高中复数教学在高考的背景下，呈现一种较低水平的学习要求。实际情况表明，相当范围的高中数学课堂，在高考的驱动下，考试考什么内容，教师课堂就讲什么内容，学生就跟着学什么内容，并且由于复数的高考内容的要求处于较低水平，实际教学过程中教师一般只需要针对某几个较单一的知识或者技能对学生加以针对性的训练，就可以使学生能够求解高考复数题目。但这样的训练却不能达到使学生对特定复数知识理解的水平要求。任何一个概念或定理等数学知识的学习应该以理解为基本要求，所以本书研究按照已有数学理解研究提出的水平或层次划分了学生在高中复数学习过程中表现出来的四个理解水平。这四个理解水平的测试题在设计时充分考虑普通高中数学课程标准、教科书、课堂教学等方面的复数知识范围和目标要求，避免超出学生的学习限度，减少不必要因素的干扰。只要学生能够达到一定的思维水平，理论上就可以求解出相应的题目。

经过前期的调查，结合理论框架的研究和专家的建议，初步编制的高中生复数测试问卷共有 14 道题目。按照教育科学研究方法，首先选择一部分研究样本对测试问卷进行预测试，预测试的目的是，通过数据指标，分析和检验测试问卷的科学性、合理性，以及每一个题项的恰当性、有效性。在预测试中，选取 183 名高中生参与预测分析，回收有效问卷 178 份，有效率 97.27%。具体参加预测试的学生信息见表 5.4。

表 5.4　高中生复数学习水平预测试学生信息统计表

学校	学校 1	学校 2	学校 3	学校 4
人数	45	52	43	43

依据统计学方法对高中生复数测验的预测试进行项目分析，利用 SPSS 22.0 软件分析，检验编制测试卷个别题项的适切性。在项目分析的判别指标中，测试问卷中个别题项的临界比值是题项分析的常用判别指标，为了保证题项的鉴别功能，临界比值应该大于 3.00。同质性检验法也是项目分析中的一种方法，包括测试问卷每个题项与总分的相关系数，题项在测试问卷共同因素的因素负荷量，或整份测试问卷的内部一致性系数。一般情况下，每个题项与总分的相关性系数要在 0.4 以上，测试问卷的内部一致性系数较理想的数值是在 0.800 以上，个别题项在共同因素的因素负荷量要在 0.45 以上。高中生复数学习水平测试问卷预测试的项目分析结果如表 5.5、表 5.6 所示，其中 T 表示题项。

表 5.5　可靠性统计量

内部一致性系数	项数
0.858	14

表 5.6　高中生复数学习水平预测试问卷项目分析摘要表

题项	极端组比较	题项与总分相关		题项删除后的 α 值	同质性检验		未达标准指标数	备注
	决断值	题项与总分相关	校正题项与总分相关		共同性	因素负荷量		
T1	#-0.297	#-0.012	#-0.100	#0.874	#0.017	#-0.129	6	删除
T2	12.909	0.731**	0.673	0.841	0.563	0.750	0	保留
T3	8.405	0.570**	0.473	0.851	0.307	0.554	0	保留
T4	8.018	0.569**	0.498	0.850	0.363	0.603	0	保留
T5	14.331	0.670**	0.571	0.846	0.406	0.637	0	保留

表5.6(续)

题项	极端组比较	题项与总分相关			同质性检验		未达标准指标数	备注
	决断值	题项与总分相关	校正题项与总分相关	题项删除后的 α 值	共同性	因素负荷量		
T6	8.711	0.589**	0.498	0.850	0.323	0.568	0	保留
T7	10.050	0.601**	0.498	0.850	0.322	0.568	0	保留
T8	9.400	0.650**	0.569	0.846	0.439	0.663	0	保留
T9	10.941	0.698**	0.619	0.842	0.504	0.710	0	保留
T10	#2.818	#0.229**	#0.160	#0.863	#0.041	#0.203	6	删除
T11	10.680	0.636**	0.555	0.846	0.440	0.664	0	保留
T12	16.655	0.757**	0.696	0.838	0.595	0.772	0	保留
T13	14.707	0.707**	0.631	0.842	0.489	0.699	0	保留
T14	11.802	0.699**	0.638	0.843	0.544	0.738	0	保留
判断准则	≥3.000	≥0.400	≥0.400	≤0.858	≥0.400	≥0.450		

注：0.858 为测试问卷的内部一致性系数 α；#表示未达到指标值，*为 0.05 水平（双侧）上显著相关，**为 0.01 水平（双侧）上显著相关。

通过上面表格中的数据指标显示，题项 1 和题项 10 的数据指标未达到要求，考虑删除这两个题项，保留 12 个题项，并重新整理测试问卷。

5.3.4 研究有关的信息收集与整理

5.3.4.1 数据的收集

在确定了要进行调查的学校之后，通过与这些学校的教师和学生接触，了解这些学校的教学机制、学生学习状况等方面的基本信息。本项研究工作中的高中复数理解水平的测试主要分为预测和正测两个阶段。其中预测主要是为了检验测试题编制的有效性。测试问卷编制过程中，充分听取数学教育专家意见，吸收中学一线教师经验，试题具备较好的稳定性。通过前期的调查了解，J 省高中三年级的数学教学进度存在一定差异，有的学校是在高二下学期讲授复数内容，时间在每年 5—6 月，有的学校是在高三开始阶段讲授复数内容，时间在 8—9 月。为了把调查研究工作进行得更加科学、严谨，著者先后于 2018 年 12 月至 2019 年 1 月初、2019 年 5—6 月进行多次预测试，通过第一次测试分析测试问卷的结构，适当调整测试问卷中的个别不符合要求的题目；调整好题目之后，通过第二次预测试进行检验，确保测试问卷题目的有效性和合理性。于 2019 年 8 月下旬至 9 月进行正测，测试中由被测学校的数学教师协助完成测试，测试中严格做到两点：一是测试时间为 40 分钟；二是在复数测试中的解答过程是独立的，实施测试的数学教师不对有关测试的问题进行解答。由于研究者长期学习和工作在师范院校，积累了丰富的教育资源，所以在测试过程中获得了被测试学校各位领导、教师和学生的配合和帮助，为获得研究数据的有效性提供了一定的保证。

5.3.4.2 数据的编码

为了方便对高中生复数理解水平的定量分析，研究中对测试问题的水平划分及题目序号进行编码。按照研究结果，高中生复数理解水平分为四个层次，分别为感知水平、表征水平、联结水平和应用水平，对应分别以字母 G，B，L，Y 表示。测试问卷中每一个水平包含三道测试题目，感知水平的三道题目编号设为：G1，G2，G3，表征水平的三道题目编号设为：B1，B2，B3，联结水平的三道题目编号设为：L1，L2，L3，应用水平的三道题目编号设为：Y1，Y2，Y3。测试问卷的具体题项编码与对应的题号如表 5.7 所示。

表 5.7　测试问卷的具体题项编码与对应的题号

水平层次	试题编码	测试卷中题号
感知水平	G1, G2, G3	1, 3, 9
表征水平	B1, B2, B3	2, 6, 10
联结水平	L1, L2, L3	4, 5, 11
应用水平	Y1, Y2, Y3	7, 8, 12

5.3.4.3　评分的标准

测试问卷的目的是了解学生经过高中复数的学习之后对相关内容的水平和学生在复数问题解答过程中存在的理解误区。因此，测试问卷的评分采用 0~2 分的方法，完全错误记为 0 分，完全正确记为 2 分，解答过程部分正确记为 1 分。共计 12 道测试题目，满分为 24 分。

≫ 5.4　测试的指标分析

5.4.1　效度分析

测验中的效度是反映研究的真实性和准确性程度的一项指标，与研究目标密切相关，在一定程度上表现了该测验所欲测的心理或行为特质的程度[①]。效度具有目标性的功能，一般是针对某种特定功能的，一份测验工具虽然具有高效度，但施测于不同的对象，仍然可能导致结果受到影响。在研究的过程中借助已有信息进行推测或对实证研究资料进行相关的统计性检验，被认为是获得效度的常用方式。在测验研究中，效度是非常重要的一个因素，通过效度的可靠性来保证特定测验结果的推论是适当的、有意义的，需要累积证据支持测验结果的推论过程，以表明测验是有效的。在量表或测验的研究中，常见的效度类型包括：内容效度、效标关联效度、建构效度。内容效度（content validity）主要指在测验内容反映所要测量的心理特质方面，能够达到测量目的的程度。常见的方法是通过双向细目表反映题目分布的合理性来检验测验内容的效度。效标关联效度（criterion-related validity）是指在进行测验分析时，这个测验存在其他客观标准作为效标，测验与这个效标的关联程度即为效标关联效度。测验与外在效标之间的关联程度是效标关联效度的直接反映。这种效度评价方式中，要求外在效标本身具备良好的信度和效度。建构效度（construct validity）是指测验能够测量理论的特质或概念的程度，这种效度形式以特定理论为基础来说明实际的测验分数在解释某一心理特质方面的意义。除了以上三种效度类型以

---

① 吴明隆. 问卷统计分析实务：SPSS 操作与应用［M］. 重庆：重庆大学出版社，2010：194.

外，在教育科学研究中，还可以采用专家效度对测试工具进行分析。专家效度主要是指借助专家评价的方法，对测验题项进行逐项检验，判断题项内容是否能够测量出目标心理特质，及题项的表述的准确程度等。有些类型的证据在判断运用于某项研究中的某一测验的效度时比其他类型的证据更重要[①]。本书研究中测试问卷的编制主要是为了测量和反映学生在高中复数知识方面的理解情况，以高中数学课程中的复数内容为基本的知识载体。在效度分析中适合采用内容效度进行分析，一方面通过分析高中复数的内容和要求等方面检验测试题项的效度，另一方面采用专家判断的方法从题项的知识表现形式、思维程度、语句的适切性等方面对编写的测试问卷进行检验，保证高中生复数理解水平测试问卷的有效性。

在编制测试卷时，首先对测试内容及要求进行了必要的分析。对于知识测验来说，判断其内容的适宜性非常重要，内容效度是指预测的内容的适当程度，比较适合于学业成就类的测验。通常情况下，高内容效度的知识测验要满足三个原理：涉及的测验内容面宽比窄要好，强调重要的内容，测验中的问题要能够反映特定的知识内容[②]。为了保证高中生复数学习水平测试问卷的效度，首先确定高中复数的内容。在 2003 版普通高中数学课程标准中，在学生的学习成就方面复数知识的认知要求普遍不高，如复数的代数表示和复数的几何意义等属于了解水平，复数的运算为理解水平。同时考虑测试的目的，需要对高中生的复数理解水平进行测量与描述，通过测试分析高中生在复数知识学习过程中存在的主要问题。因此测试问卷的设计过程中，首先保证高中复数知识的范围符合课程标准的要求。综合高中数学课程标准、高中数学教科书、高中数学教师、学科教育专家等各方面的因素或专家的观点，概括高中复数的知识范围，以保证测验在复数知识内容方面的适宜性。

专家判断法是保证测试效度的一个重要方面。根据理论研究中对高中生复数学习所做的水平划分，结合上述高中复数知识范围，收集、整理或改编适合于高中生的复数题目。这些题目先后经过两位数学教育研究专家、两位教育专业博士、两位高中数学教研员和三位高中数学优秀教师的检验和判断，查看题项内容是否符合高中复数的知识范围，是否能够测出高中生的复数理解水平，题项的表述等是否恰当。在此过程中，根据专家的建议，删除或修改不恰当的题项和存在较大差异的题项，经过反复修改和讨论，最终形成高中生复数学习水平测试问卷。专家的建议包括高中复数的知识范围、题目难度、题目的思维水平的层次等方面，在问卷测试方面具有重要意义，保证了测试问卷的效度。

例如，专家 Y 建议，高中复数的整体内容相对较少，又属于抽象程度较高的数学内容，在测评高中生对于复数的理解水平时，需要注意题目的表现形式，应该着重强调学生对相关复数内容的认识和理解，如果过于强调题目的难度或者太多的解题技巧，可能会影响测评。因此在测评题目的检验与修订时，注意题目的简洁性、问题的求解既应该能体现学生的理解水平而又不会过于复杂。原题目"已知 z，k 为复数，$(1+3i)z$ 为纯虚数，$k=\dfrac{z}{2+i}$，且 $|k|=5\sqrt{2}$，求 k。"综合的内容较多，学生解答过程较为烦琐，再结合实际的调查

———————————

① 梅瑞迪斯·高尔，乔伊斯·高尔，沃尔特·博格. 教育研究方法［M］. 6 版. 徐文彬，侯定凯，范皑皑，等译. 北京：北京大学出版社，2016：133.

② 陈向明. 教育研究方法［M］. 北京：教育科学出版社，2015：119.

了解，由于与平时的复数练习题目相差甚远，导致学生普遍对这样的题目存在"恐惧"，因此，按照专家建议将这样的题目删除或替换为其他的题目。

专家 Z 建议，原题目"在复数范围内，解方程 $x^4 = 1$ 的四个根。"虽然是四次的形式，但很容易化成常见的二次方程，不如求解 $x^3 = 1$ 更有意义，它的根在复数内称为本原单位根，况且也是普通高中数学课程标准中复数部分的拓展内容。因此，按照建议，此题目改为"在复数范围内，解方程 $x^3 - 1 = 0$ 的所有根。"

专家 L 建议，对于计算"$\sqrt{-2} \cdot \sqrt{-3}$"这样的题目，虽然形式上比较简单，但是需要学生在一定程度上掌握复数概念的本质，理解复数的表示形式，区分复数与复数在运算上所表现出来的不同，总体上对学生关于复数的理解水平要求较高。在实际的预测试过程中，较多学生在计算这个问题时也确实表现出一定的困难，不能理解法则的原理，混淆于实数的运算法则，不能准确计算，甚至影响基本的表征性运算。说明这样的问题除了需要学生具备基本的复数形式表征能力之外，还要求学生熟悉复数的运算法则，属于对复数概念的较深层次的理解，因此，调整这个题目为联结水平的复数题目。

进一步用计算皮尔逊相关性系数的方法检验各水平之间的相关性，积差相关系数在 $0.4 \sim 0.7$ 之间，为显著性相关，大于 0.7 为高显著相关[1]。如果相关程度较高，一方面可以作为内部一致性的指标，另一方面可以作为结构效度的佐证。统计结果显示，各水平与问卷总体呈显著性相关，相关系数分别为 0.797，0.800，0.808，0.743。具体计算结果如表 5.8 所示。

表 5.8　各水平之间的相关系数矩阵

	感知水平	表征水平	联结水平	应用水平	问卷总体
感知水平	1				
表征水平	0.659**	1			
联结水平	0.498**	0.488**	1		
应用水平	0.463**	0.414**	0.453**	1	
问卷总分	0.797**	0.800**	0.808**	0.743**	1

注：** 为在 0.01 水平（双侧）上显著相关。

5.4.2　信度分析

在社会科学研究领域中，每份测试问卷或量表包含多个层面。综合已有的学者观点，总的测试问卷或量表的信度系数最好在 0.8 以上，对于分测验或分量表，信度系数只要在 0.50 以上就是可以接受的。总体问卷的内部一致性信度系数指标判断原则如表 5.9 所示[2]。

① 邱皓政. 量化研究与统计分析：SPSS（PASW）数据分析范例解析 [M]. 重庆：重庆大学出版社，2013：224.

② 吴明隆. 问卷统计分析实务：SPSS 操作与应用 [M]. 重庆：重庆大学出版社，2010：244.

表 5.9　总体问卷的内部一致性信度系数指标判断原则

内部一致性信度系数值	分层面	整体测验或量表
$\alpha < 0.50$	不理想，舍弃不用	非常不理想，舍弃不用
$0.50 \leqslant \alpha < 0.60$	可以接受	不理想，重新编制或修订
$0.60 \leqslant \alpha < 0.70$	尚佳	勉强接受，最好增列题项或修改语句
$0.70 \leqslant \alpha < 0.80$	信度高	可以接受
$0.80 \leqslant \alpha < 0.90$	信度很高	信度高
$\alpha \geqslant 0.90$	信度非常高	信度很高

信度是关于测验题项数目的函数，当子层面题项数量较少时，子层面的信度系数值通常会减少，低于总测验的信度系数值。本书研究使用统计软件 SPSS 22.0 对修订后的问卷进行分层次以及总问卷的内部一致性分析，详见表 5.10。

表 5.10　高中生复数理解水平测试问卷信度检验结果

	内部一致性系数	问卷题数
感知水平	0.581	3
表征水平	0.623	3
联结水平	0.602	3
应用水平	0.565	3
问卷总体	0.819	12

数据结果显示，修订后测试问卷的总内部一致性系数为 0.819，大于 0.8，具有很好的信度；由于分水平测试的题目相对较少，每个水平包括三个题，其内部一致性系数分别为 0.581，0.623，0.602，0.565，均在 0.55 以上，在数值指标上符合要求，可以接受。

5.4.3　难度分析

在教育工作中，若测验的目的是了解学生在某方面的知识或技能的掌握情况，可以不必过多地考虑难度，更重要的是选用那些被认为是重要的内容[①]。为了详细说明测试题目的整体指标状况，在本书研究中计算题项的难度指标作为参考。题项难度的计算方法采用公式 $P = \dfrac{\overline{X}}{X}$，其中 P 为难度值，$\overline{X}$ 为某一题项的平均得分，X 为该题项的总分。经过计算，测试的总体难度值为 0.59。12 个题项中个别题项的难度值在 0.2~0.8 区间以外，其余 9 个题项的难度值在 0.2~0.8 之间，从计算结果可以看出本次测试基本符合难度指标要求总体偏于容易。

5.4.4　区分度分析

区分度是衡量测试题项对不同学生掌握的知识、能力水平的鉴别情况。在较大规模的测验中，采用相关法计算题项分数与测验总分的相关性作为题项区分度的指标，具有更加

[①] 陈向明. 教育研究方法［M］. 北京：教育科学出版社，2013：127.

精确的结果①。斯皮尔曼等级相关系数适用范围较为广泛，此处利用统计分析软件 SPSS 22.0 计算，全部 12 个题项与总分的斯皮尔曼等级相关系数均在 0.4 以上，并且达到显著性水平，数据分析的结果既体现了统计的显著水平也体现了颇高的实务意义②，详细数据信息见表 5.11。

表 5.11　测试题项与总分的相关系数

题项	与总分积差相关系数	显著性（双侧）
第 1 题	0.598**	0.000
第 2 题	0.574**	0.000
第 3 题	0.446**	0.000
第 4 题	0.659**	0.000
第 5 题	0.538**	0.000
第 6 题	0.603**	0.000
第 7 题	0.525**	0.000
第 8 题	0.598**	0.000
第 9 题	0.638**	0.000
第 10 题	0.599**	0.000
第 11 题	0.643**	0.000
第 12 题	0.558**	0.000

注：** 在 0.01 水平（双侧）上显著相关。

≫ 5.5　测试结果统计

5.5.1　高中生复数学习水平测试的一般描述性分析

复数是高中数学课程中的基本内容之一，按照普通高中数学课程标准中的要求，高中复数具有两个基本目标：一是体现数系扩充，培养学生高中数学学习的创造性思维；二是为学生进入大学进一步学习数学提供必要的知识基础。在课程标准 2017 年版中，进一步把复数从原来的选修内容调整为必修内容的"主题三 几何与代数"中的内容之一。这表明高中复数虽然在近二十年的发展中被大量删减，但在专家和学者看来，仍然需要坚持复数的重要地位。根据研究目标，本次测验通过改编已有研究题目、高考题目、收集经典复数题目等方式，汇编整理高中复数测试问卷，通过调查可以了解和研究高中生的复数学习水平，以及课程目标的实现情况。通过对 867 名学生的调查，结果得到高中生复数理解的总体水平，这对于高中复数课程的深入研究是有意义的。具体信息如表 5.12 所示。

表 5.12　高中生复数理解水平测试总分描述统计量

	N	全距	极小值	极大值	均值	标准差
总分	867	21.0	3.0	24.0	14.203	5.0754
有效的 N（列表状态）	867					

① 陈向明. 教育研究方法 [M]. 北京：教育科学出版社，2013：128.

② 邱皓政. 量化研究与统计分析：SPSS（PASW）数据分析范例解析 [M]. 重庆：重庆大学出版社，2013：224.

测试卷中每道题目满分 2 分，共有 12 道题目，满分 24 分。经过统计分析，结果显示，867 名被测试的学生中，最低分 3 分，最高分得到满分 24 分，总体平均分为 14.203 分，按照问卷设计的要求与情况，学生的得分在总体表现上中等偏低。之所以说学生在测试中的得分趋于中等，是因为当前高中阶段关于复数内容的要求普遍不高，而本次研究问卷前两个水平中的复数题目是参照高中复数最基本的要求而设计的。之所以说学生的总体得分情况偏低，是因为本次问卷中题目的设计是基于学生对复数内容的理解的，即学生的得分在一定程度上反映了学生关于复数内容的理解水平，显然这里的平均分还没有达到 60% 的平均分水平。

表 5.13　高中生复数理解水平测试分数分布

	分数	频数	百分比	有效百分比	累积百分比
有效	3.0	13	1.5%	1.5%	1.5%
	4.0	11	1.3%	1.3%	2.8%
	5.0	28	3.2%	3.2%	6.0%
	6.0	27	3.1%	3.1%	9.1%
	7.0	32	3.7%	3.7%	12.8%
	8.0	28	3.2%	3.2%	16.0%
	9.0	28	3.2%	3.2%	19.3%
	10.0	40	4.6%	4.6%	23.9%
有效	11.0	41	4.7%	4.7%	28.6%
	12.0	53	6.1%	6.1%	34.7%
	13.0	72	8.3%	8.3%	43.0%
	14.0	72	8.3%	8.3%	51.3%
	15.0	53	6.1%	6.1%	57.4%
	16.0	66	7.6%	7.6%	65.1%
	17.0	58	6.7%	6.7%	71.7%
	18.0	42	4.8%	4.8%	76.6%
	19.0	57	6.6%	6.6%	83.2%
	20.0	42	4.8%	4.8%	88.0%
	21.0	45	5.2%	5.2%	93.2%
	22.0	27	3.1%	3.1%	96.3%
	23.0	25	2.9%	2.9%	99.2%
	24.0	7	0.8%	0.8%	100.0%
	合计	867	100.0%	100.0%	

表 5.13 中分数的分布情况进一步清晰地给出了被测试学生在复数学习方面的表现。被测试的 867 名学生成绩最低分 3 分，最高分为满分 24 分，总体平均分为 14.203 分。按照测试卷设计的结构与要求，学生的总体得分情况表现中等。在总分的频数分布统计结果中，参与测试的有效学生成绩的众数为 13 和 14，各有 72 人，占比 8.30%，超过 14 分的人数为 422 人，占比 48.67%，有 248 人的总分在 12 分以下，占比 28.60%。上述具体的数据进一步说明，尽管高中的复数课程本身要求并不高，但近三分之一的学生在测试中的表现没有完全达到前两个基本水平。为了更加直观地反映学生在测试中的表现，特给出测试分数的频数分布直方图，如图 5.2 所示，测试结果的分数情况趋于正态分布。

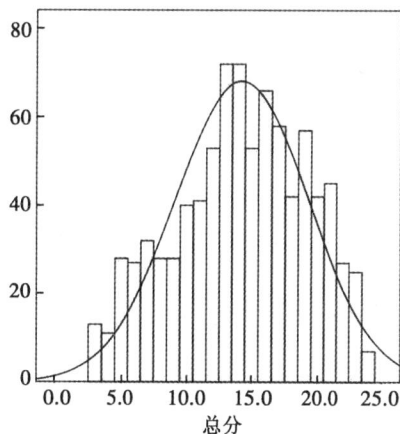

图 5.2 高中生复数理解水平分数的频数分布直方图

进一步对复数测试卷中的题项得分情况进行描述性统计。

表 5.14 高中生复数理解水平各题项得分描述统计量

	N	全距	极小值	极大值	均值	标准差
第 1 题	867	2.0	0.0	2.0	1.476	0.5545
第 2 题	867	2.0	0.0	2.0	1.550	0.7723
第 3 题	867	2.0	0.0	2.0	1.799	0.4937
第 4 题	867	2.0	0.0	2.0	0.766	0.9728
第 5 题	867	2.0	0.0	2.0	1.233	0.8590
第 6 题	867	2.0	0.0	2.0	1.572	0.7290
第 7 题	867	2.0	0.0	2.0	0.398	0.7427
第 8 题	867	2.0	0.0	2.0	0.532	0.8378
第 9 题	867	2.0	0.0	2.0	1.544	0.6510
第 10 题	867	2.0	0.0	2.0	1.655	0.6059
第 11 题	867	2.0	0.0	2.0	1.038	0.7672
第 12 题	867	2.0	0.0	2.0	0.639	0.6483
有效的 N（列表状态）	867					

在表 5.14 中，具体的 12 道题目中，第 3 题和第 10 题的平均分较高，分别为 1.7990 和 1.6550，对应标准差为 0.4937 和 0.6059。其中，第 3 题是关于复数的计算题，第 10 题是关于复数与平面几何图形的问题，这两个题目的得分率之所以高，一个重要的原因是这两个题目都是目前高中复数教学中强调最多、练习最多的题目。相反，第 4 题、第 7 题、第 8 题和第 12 题的平均分较低，分别为 0.766、0.398、0.532、0.639。例如，第 4 题给出条件，当判别式小于零时，要求判断一元二次方程解的情况。这个题目实质就是负数开方的情况判断，要求学生真正理解复数的定义及其表示，按照题目中给出的条件，判别式

小于零，利用二次方程求根公式表示方程的解时，遇到负数开方，只要正确表示出来，哪怕只是形式表示出来，学生就会意识到这个一元二次方程一定有两个解，但显然本次测试中的表现说明学生关于负数开方到复数根的表示理解还存在一定问题。再如，第 7 题的实际难度并不算很大，但却是所有题目中平均分最低的。在计算中，学生虽然已经熟记"复数不能比较大小"的结论，但很多学生见到一元二次方程习惯性地用判别式的方法求得 Δ，希望得到大于零的结论；从而，在复数的有关计算中，还不够灵活变通，学生也不太习惯于把复数作为一个整体当作一个完整的数来进行计算。第 8 题和第 12 题需要学生对复数概念和相关内容达到一定的理解水平才能很好地完成。学生在这四个题目上得分比较低，一方面是因为题目的层次比较高，另一方面反映学生在复数的认识和理解上尚存在较大的发展的空间。

5.5.2 高中生复数测试的不同水平的描述性分析

本书中的高中生复数测试题目分为四个水平，每个水平包含三道复数题目，共计 6 分。由于测试题目设计的知识维度和难度水平等方面充分考虑了学生的可接受性，所以在实际测评结果中，每一个水平的得分范围为 0~6 分，即最低 0 分，最高 6 分，部分能力较强的学生能够完成所有题目。表 5.15 给出了全体参加测试学生在各个水平上的得分情况。

表 5.15　高中生复数理解水平测试各水平得分描述统计量

	N	全距	极小值	极大值	均值	标准差
水平一	867	6.00	0.00	6.00	4.8201	1.26141
水平二	867	6.00	0.00	6.00	4.7774	1.59894
水平三	867	6.00	0.00	6.00	3.0369	1.94877
水平四	867	6.00	0.00	6.00	1.5686	1.63911
有效的 N（列表状态）	867					

在上述统计结果中，867 个测试样本总体在感知水平到应用水平上均表现出了极小值 0 分和满分 6 分的情况，四个水平的平均分呈现依次递减的趋势，但在感知水平和表征水平之间差别不大，分别得到了 4.8201 和 4.7774 的较高平均分。结合教学实践分析，学生在前两个水平表现较好，一方面是这些题目较为基础，要求不高；另一方面是相应题型、技能、方法等内容的针对性训练。联结水平的平均分为 3.0369 分，说明学生对相关知识的理解水平不高，在应用水平的表现就更低了，只得到了 1.5686 的平均分。在对测试题目的具体分析中，高中生在复数学习较高水平的题目上表现不佳主要体现在，知识的掌握较为孤立，对于稍复杂的问题情境，不能形成有效的关联，不能根据条件的不同进行灵活调整，擅长直接判断和计算，但对于不能直接找到答案，需要对方法和策略等作出选择的题目存在明显困难。再者，经过对师生测试以外的方面进一步了解，对于这两个较高水平上的题目类型，平时课堂训练强度不大，针对性较弱，学生在测试中对这些题目的求解缺少灵活性，判断缺少一般性，是得分较低的重要因素。为了更加直观地呈现高中生复数学习水平测试中四个水平平均分的变化趋势，根据上述数据绘制折线图，如图 5.3 所示。

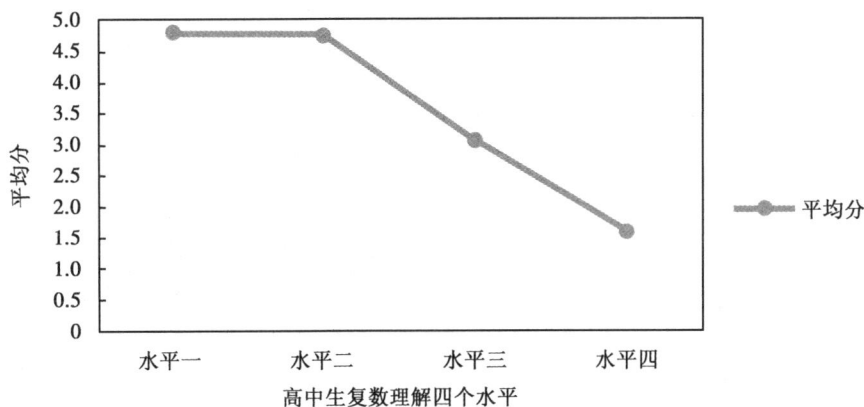

图 5.3　高中生复数学习不同水平的平均分情况

5.5.3　三类学校高中生复数测试的基本比较

（1）不同学校高中生复数学习水平的描述性分析

在实际测验的过程中，共选择三类学校的学生作为研究样本。进一步地，为了更加清晰地分析高中生在复数学习方面的表现情况，现在分别列出三类学校在四个水平方面的测验表现。具体情况如表 5.16 所示。

表 5.16　三类学校不同水平平均分描述统计量

学校		总分	水平一	水平二	水平三	水平四
A，B	均值	15.522	4.8491	4.8793	3.7931	2.0000
（N=232）	标准差	4.8205	1.17646	1.44543	1.80436	1.84930
C，D	均值	14.389	4.8416	4.8317	3.1683	1.5479
（N=303）	标准差	5.1872	1.30257	1.59305	1.90713	1.60819
E，F	均值	13.111	4.7801	4.6566	2.3886	1.2861
（N=332）	标准差	4.9177	1.28311	1.70024	1.87275	1.43943
总计	均值	14.203	4.8201	4.7774	3.0369	1.5686
（N=867）	标准差	5.0754	1.26141	1.59894	1.94877	1.63911

从表 5.16 中的数据可以看出，第一类学校 A，B 在各个水平的平均分高于第二类学校 C，D，第二类学校 C，D 在各个水平上的平均分高于第三类学校 E，F。在水平一的得分上，三类学校测试结果的得分情况差别很小；在水平二的得分上，三类学校呈现微弱的差别，第一类学校 A，B 略高于第二类学校 C，D，第二类学校 C，D 略高于第三类学校 E，F；在水平三的得分上，三类学校的差别较为明显，呈现依次递减的趋势；在水平四的得分上，三类学校的得分情况依然存在明显差别，但差别幅度有所缩小。根据三类学校在高中生复数学习水平得分情况统计结果绘制出对应的条形统计图，如图 5.4 所示。

根据表 5.16 中数据，绘制三类学校在四个水平上的平均分变化趋势图，见图 5.5。在图中可以直观看出，三类学校在四个水平上的平均分得分情况呈整体下降的趋势。但第一

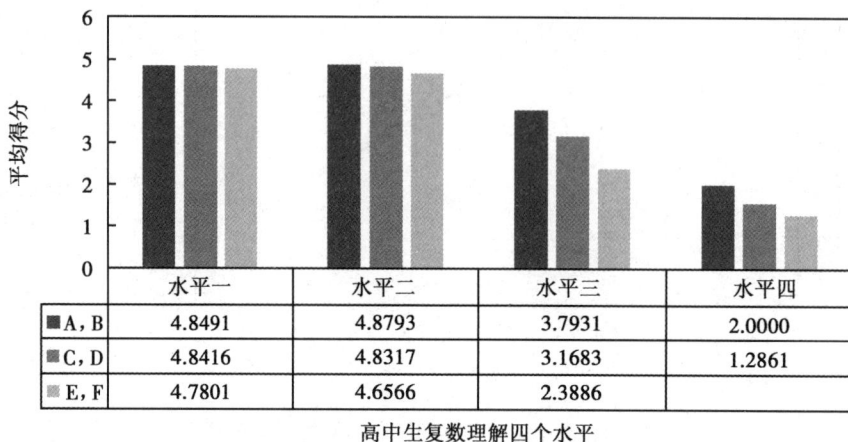

图5.4 三类学校高中生复数理解水平得分情况统计图

类学校 A，B 和第二类学校 C，D 在水平一和水平二上的得分情况变化并不明显，而在水平三和水平四上的变化趋势上比较明显；三类学校的得分差别在水平一和水平四上的变化相对较小。如图 5.5 所示，第一类学校 A，B 在前三个水平上表现比较好，在第四个水平上表现较弱；第二类学校 C，D 在前两个水平上表现较为稳定，在第三、四个水平上表现出直线型减弱的特性；第三类学校 E，F 在第一个水平上表现与前两类学校相差不大，但从第三个水平开始，与前两类学校的表现逐渐拉开差距。

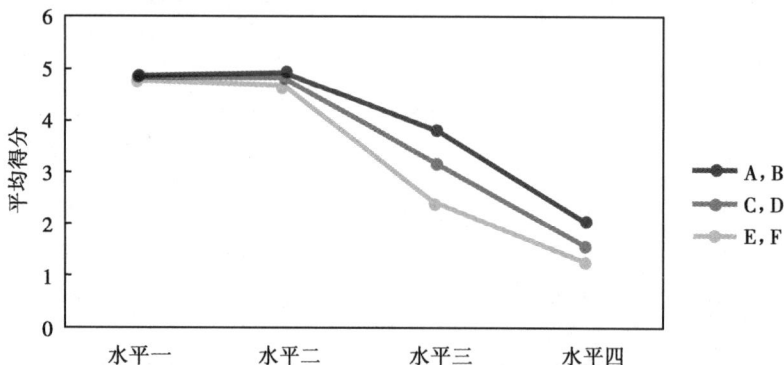

图5.5 三类学校高中生理解水平平均分变化趋势图

由三类学校高中生复数学习水平得分情况统计结果绘制的雷达图直观地反映三类学生群体在四个不同水平上的表现情况，第一类学校 A，B，第二类学校 C，D 和第三类学校 E，F 分别呈现"一边几乎重合，其余三边逐渐缩小"的三个四边形关系，也直观地反映了六所学校的学生表现在前两个水平上相差不大、后两个水平逐渐表现出一定差距的特征，见图 5.6。

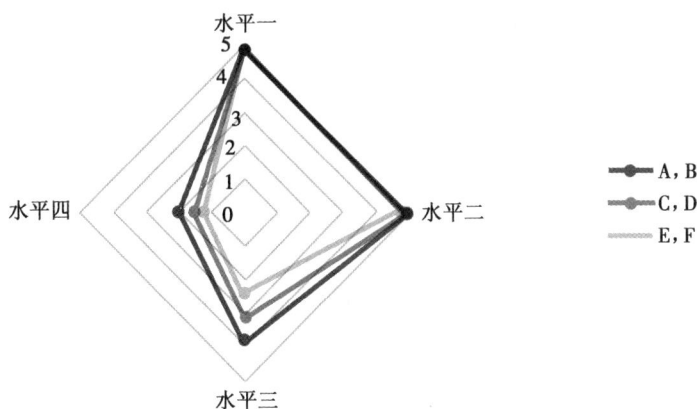

图 5.6　三类学校高中生理解水平得分雷达图

（2）不同学校高中生复数学习各水平的方差分析

在对高中生复数学习水平调查的过程中，被调查的学生主要来自六所高中，并按照学校的师资力量、地域等方面的特征情况将这六所学校划分为三个类型。上述数据和分析中已经大致给出了三类学校学生在测验中表现出来的差异，下面将从具体的统计方法角度对三类不同学校学生在高中复数四个理解水平是否存在内部实质的显著差异进行分析。三类不同学校学生在高中复数四个理解水平的平均得分描述性统计量如表 5.17 所示。统计结果显示不同类型的学校学生在高中复数理解不同水平上存在一定的差异。在未来的研究中，有必要进一步探究在高中复数四个不同理解水平上不同类型学校的差异情况。

表 5.17　不同类型学校对高中复数理解水平的差异性描述统计量

		N	均值	标准差	标准误	均值的 95%置信区间		极小值	极大值
						下限	上限		
水平一	1	232	4.8491	1.17646	0.07724	4.6970	5.0013	1.00	6.00
	2	303	4.8416	1.30257	0.07483	4.6943	4.9888	0.00	6.00
	3	332	4.7801	1.28311	0.07042	4.6416	4.9186	1.00	6.00
	总数	867	4.8201	1.26141	0.04284	4.7360	4.9042	0.00	6.00
水平二	1	232	4.8793	1.44543	0.09490	4.6923	5.0663	0.00	6.00
	2	303	4.8317	1.59305	0.09152	4.6516	5.0118	0.00	6.00
	3	332	4.6566	1.70024	0.09331	4.4731	4.8402	0.00	6.00
	总数	867	4.7774	1.59894	0.05430	4.6708	4.8840	0.00	6.00
水平三	1	232	3.7931	1.80436	0.11846	3.5597	4.0265	0.00	6.00
	2	303	3.1683	1.90713	0.10956	2.9527	3.3839	0.00	6.00
	3	332	2.3886	1.87275	0.10278	2.1864	2.5907	0.00	6.00
	总数	867	3.0369	1.94877	0.06618	2.9070	3.1668	0.00	6.00

表5. 17（续）

| | | N | 均值 | 标准差 | 标准误 | 均值的95%置信区间 | | 极小值 | 极大值 |
						下限	上限		
水平四	1	232	2.0000	1.84930	0.12141	1.7608	2.2392	0.00	6.00
	2	303	1.5479	1.60819	0.09239	1.3660	1.7297	0.00	6.00
	3	332	1.2861	1.43943	0.07900	1.1307	1.4415	0.00	6.00
	总数	867	1.5686	1.63911	0.05567	1.4594	1.6779	0.00	6.00
总分	1	232	15.522	4.8205	0.3165	14.898	16.145	4.0	24.0
	2	303	14.389	5.1872	0.2980	13.803	14.976	3.0	24.0
	3	332	13.111	4.9177	0.2699	12.581	13.642	3.0	24.0
	总数	867	14.203	5.0754	0.1724	13.865	14.541	3.0	24.0

注：1代表第一类学校A，B；2代表第二类学校C，D；3代表第三类学校E，F。

在平均数差异检验中，若分组变量的水平数值在三个以上，则不适合采用独立样本t检验方法[①]。因此，本书研究中选用方差分析的方法进行分析。在方差分析中，首先检验不同分组之间的方差齐性，判断不同分组的平均数之间的差异是否达到显著水平，如达到显著水平，再进行事后比较。三类不同学校学生平均分的方差齐性结果如表5.18所示。

表5.18　三类学校在不同理解水平上得分方差齐性检验

	Levene 统计量	df1	df2	显著性
水平一	1.052	2	864	0.350
水平二	7.475	2	864	0.001
水平三	0.255	2	864	0.775
水平四	10.240	2	864	0.000
总分	1.344	2	864	0.261

通过表5.18的方差齐性检验结果，就"水平一"检验变量而言，Levene统计量的 F 值等于1.052，$p = 0.350 > 0.05$；就"水平三"检验变量而言，Levene统计量的 F 值等于0.255，$p = 0.775 > 0.05$；就"总分"检验变量而言，Levene统计量的 F 值等于1.344，$p = 0.261 > 0.05$。三者均未达到0.05的显著性水平，应该接受虚无假设，表示样本的方差差异均未达到显著，即满足方差齐性的要求，所以可以进行单因素方差分析和选择Scheffe检验法多重比较。就"水平二"检验变量而言，Levene统计量的 F 值等于7.475，$p = 0.001 < 0.05$；就"水平四"检验变量而言，Levene统计量的 F 值等于10.240，$p = 0.000 < 0.05$。二者达到0.05显著性水平，须拒绝虚无假设，表明样本方差不满足方差齐性要求，使用时需进行校正或选择适合方差异质的事后比较方法，本书研究选用Tamhane's T2检验法进行多重比较。

---

① 吴明隆. 问卷统计分析实务：SPSS操作与应用［M］. 重庆：重庆大学出版社，2010：339.

表 5.19　三类学校在不同理解水平上得分的单因素方差分析

		平方和	df	均方	F	显著性
	组间	0.866	2	0.433	0.272	0.762
水平一	组内	1377.065	864	1.594		
	总数	1377.931	866			
	组间	8.145	2	4.072	1.595	0.203
水平二	组内	2205.892	864	2.553		
	总数	2214.037	866			
	组间	277.458	2	138.729	39.803	0.000
水平三	组内	3011.361	864	3.485		
	总数	3288.819	866			
	组间	69.794	2	34.897	13.360	0.000
水平四	组内	2256.872	864	2.612		
	总数	2326.667	866			
	组间	809.457	2	404.729	16.265	0.000
总分	组内	21498.815	864	24.883		
	总数	22308.272	866			

从表 5.19 中的方差分析中可以看出，对于"水平一"和"水平二"整体检验的 F 值分别为 0.272（$p = 0.762 > 0.05$）和 1.595（$p = 0.203 > 0.05$），均未达到显著水平，表明三类学校学生群体在高中生复数学习水平测试中水平一和水平二不存在显著差异。"水平三""水平四"和"总分"整体检验的 F 值分别为 39.803（$p = 0.000 < 0.05$），13.360（$p = 0.000 < 0.05$）和 16.265（$p = 0.000 < 0.05$），达到显著性水平，表明三类学校学生群体在高中生复数学习水平的水平三、水平四和总分上存在显著性差异。

由于水平二和水平四在方差齐性检验中表现出不齐的特征，因此需要进一步进行事后检验，本书研究采用 SPSS 22.0 统计软件中给定的未假定方差齐性的 Tamhane's T2 检验法进行事后检验。分析中用 1 代表第一类学校 A，B，2 代表第二类学校 C，D，3 代表第三类学校 E，F。具体检验结果如表 5.20 所示。

表 5.20　三类学校不同理解水平多重比较分析表

因变量		学校（I）	学校（J）	均值差（I-J）	标准误	显著性	95%置信区间	
							下限	上限
水平一	Scheffe	1	2	0.00755	0.11014	0.998	−0.2625	0.2776
			3	0.06902	0.10803	0.815	−0.1959	0.3339
		2	1	−0.00755	0.11014	0.998	−0.2776	0.2625
			3	0.06146	0.10030	0.829	−0.1845	0.3074
		3	1	−0.06902	0.10803	0.815	−0.3339	0.1959
			2	−0.06146	0.10030	0.829	−0.3074	0.1845
	Tamhane	1	2	0.00755	0.10754	1.000	−0.2501	0.2652
			3	0.06902	0.10452	0.882	−0.1814	0.3194
		2	1	−0.00755	0.10754	1.000	−0.2652	0.2501
			3	0.06146	0.10275	0.909	−0.1845	0.3075
		3	1	−0.06902	0.10452	0.882	−0.3194	0.1814
			2	−0.06146	0.10275	0.909	−0.3075	0.1845
水平二	Scheffe	1	2	0.04763	0.13939	0.943	−0.2942	0.3894
			3	0.22268	0.13673	0.266	−0.1126	0.5579
		2	1	−0.04763	0.13939	0.943	−0.3894	0.2942
			3	0.17506	0.12695	0.387	−0.1362	0.4863
		3	1	−0.22268	0.13673	0.266	−0.5579	0.1126
			2	−0.17506	0.12695	0.387	−0.4863	0.1362
	Tamhane	1	2	0.04763	0.13184	0.978	−0.2682	0.3634
			3	0.22268	0.13309	0.258	−0.0961	0.5415
		2	1	−0.04763	0.13184	0.978	−0.3634	0.2682
			3	0.17506	0.13070	0.451	−0.1379	0.4880
		3	1	−0.22268	0.13309	0.258	−0.5415	0.0961
			2	−0.17506	0.13070	0.451	−0.4880	0.1379
水平三	Scheffe	1	2	0.62479 *	0.16287	0.001	0.2254	1.0241
			3	1.40455 *	0.15975	0.000	1.0128	1.7963
		2	1	−0.62479 *	0.16287	0.001	−1.0241	−0.2254
			3	0.77976 *	0.14833	0.000	0.4161	1.1435
		3	1	−1.40455 *	0.15975	0.000	−1.7963	−1.0128
			2	−0.77976 *	0.14833	0.000	−1.1435	−0.4161
	Tamhane	1	2	0.62479 *	0.16136	0.000	0.2382	1.0113
			3	1.40455 *	0.15683	0.000	1.0288	1.7803
		2	1	−0.62479 *	0.16136	0.000	−1.0113	−0.2382
			3	0.77976 *	0.15023	0.000	0.4201	1.1394
		3	1	−1.40455 *	0.15683	0.000	−1.7803	−1.0288
			2	−0.77976 *	0.15023	0.000	−1.1394	−0.4201

表5.20(续)

因变量	学校（I）	学校（J）	均值差（I-J）	标准误	显著性	95%置信区间 下限	95%置信区间 上限
水平四 Scheffe	1	2	0.45215*	0.14100	0.006	0.1064	0.7979
	1	3	0.71386*	0.13830	0.000	0.3747	1.0530
	2	1	−0.45215*	0.14100	0.006	−0.7979	−0.1064
	2	3	0.26171	0.12841	0.126	−0.0531	0.5766
	3	1	−0.71386*	0.13830	0.000	−1.0530	−0.3747
	3	2	−0.26171	0.12841	0.126	−0.5766	0.0531
水平四 Tamhane	1	2	0.45215*	0.15257	0.010	0.0865	0.8178
	1	3	0.71386*	0.14485	0.000	0.3666	1.0611
	2	1	−0.45215*	0.15257	0.010	−0.8178	−0.0865
	2	3	0.26171	0.12156	0.092	−0.0293	0.5528
	3	1	−0.71386*	0.14485	0.000	−1.0611	−0.3666
	3	2	−0.26171	0.12156	0.092	−0.5528	0.0293
总分 Scheffe	1	2	1.1321*	0.4352	0.034	0.065	2.199
	1	3	2.4101*	0.4269	0.000	1.363	3.457
	2	1	−1.1321*	0.4352	0.034	−2.199	−0.065
	2	3	1.2780*	0.3963	0.006	0.306	2.250
	3	1	−2.4101*	0.4269	0.000	−3.457	−1.363
	3	2	−1.2780*	0.3963	0.006	−2.250	−0.306
总分 Tamhane	1	2	1.1321*	0.4347	0.028	0.091	2.173
	1	3	2.4101*	0.4159	0.000	1.414	3.407
	2	1	−1.1321*	0.4347	0.028	−2.173	−0.091
	2	3	1.2780*	0.4021	0.005	0.315	2.241
	3	1	−2.4101*	0.4159	0.000	−3.407	−1.414
	3	2	−1.2780*	0.4021	0.005	−2.241	−0.315

注：* 为均值差的显著性水平为 0.05。

通过上述分析结果可以看出，三类学校在四个水平上的平均分得分情况呈整体下降的趋势，第一类学校 A，B 在各个水平上的平均分高于第二类学校 C，D，第二类学校 C，D 在各个水平上的平均分高于第三类学校 E，F。三类学校学生的测试结果的"感知水平"和"表征水平"不存在显著性差异。在感知水平的得分上，三类学校测试结果的得分情况差别很小；在表征水平的得分上，三类学校呈现微弱的差别，第一类学校 A，B 略高于第二类学校 C，D，第二类学校 C，D 略高于第三类学校 E，F。本书研究中的高中生复数理解水平测试的感知水平和表征水平相当于高中复数学习常规水平，题目的内容、解法以及认知水平等方面均是学生比较熟悉的。在高中复数学习过程中，这部分题目是学生比较容易得分的题目，正因为如此，三类学校在这两个水平上并没有表现出显著性的差异。而在"联结水平""应用水平"和"总分"上存在显著性差异。在联结水平的得分上，三类学校的差别均较为明显，呈现依次递减的趋势；在应用水平的得分上，三类学校的得分情况依然存在明显差别，但差别幅度有所缩小。这两个水平上的题目知识范围还在高中复数范围内，但问题的表现形式、解题方法等方面已经突破常规，解答问题时要求学生对相关内容要表现出一定的深入理解，清楚复数各部分内容之间的联系并能够灵活处理和应用复数知识及解题方法。三类学校在办学质量等方面的差异，使学生在知识储备、思维形式及处理复杂问题能力等方面表现各不相同，促使三类学校学生在联结水平上的表现存在较大差异，但与其他知识主题相比，因为高中复数整体体量偏小通常并不被师生视为重点学习内容，所以在更高水平测试的应用水平上仍显示出一定的差异性，但差异性已经有所缩小，尤其是第二类学校与第三类学校之间的差别已经不具有显著性。

≫ 5.6 分析与结论

5.6.1 高中生复数理解水平的总体表现

本次测试的总体平均分为 14.203，在具体得分区间上，高中生复数理解水平的总体表现偏向于基础水平，意味着多数学生基本上可以满足高中复数学习的感知水平和表征水平的要求，他们擅长于常规性题目，对于一些知识的记忆和方法的基本应用表现较好，但在知识的准确理解和知识的关联性、应用性等方面还存在一定的提升空间。

在测验中，有 28.60% 的学生分数低于 12 分，这部分学生在复数知识的识记和理解方面还存在比较明显的不足。本次测验中在关于复数计算的题目上学生表现较好，如复数代数形式的计算、复数几何意义的计算等，这符合高中数学课程标准强调复数运算的基本要求。一些题目虽然总体的平均分数不低，如第 1 题 1.476 分，第 6 题 1.572 分，但很多学生在解答过程中表现出了明显的问题，如第 1 题在判断给定的五个数：①i，②-3，③$\cos\frac{\pi}{5}+i\sin\frac{\pi}{5}$，④$1+\sqrt{3}i$，⑤$1+\sqrt{3}$ 哪些是复数时，尽管明确知道"实数集是复数集的真子集"这样的结论，判断时却忽略掉实数-3 和 $1+\sqrt{3}$ 也是特殊的复数。再如，第 6 题复数范围内求解方程方程 $x^2-4x+5=0$，对于给定的具体方程或关系式，学生能够根据一元二次方程的公式法和负数开方的表示求出方程的根。但相当一部分学生在计算的过程中遇到 $\sqrt{-4}$ 不能将其准确表示为复数的代数形式。复数是高中数学课程中的基本内容之一，按照课程标准中的要求，高中复数具有两个基本目标：一是体现数系扩充，培养学生高中数学学习的创造性思维；二是为学生进入大学进一步学习数学提供必要的知识基础。在课程标准 2017 年版中，进一步把复数从原来的选修内容调整为必修内容"主题三 几何与代数"中的内容之一。这表明高中复数虽然在近二十年的发展中删减了较多的内容，但在专家和学者看来，复数的重要地位仍是需要强调的。因此，在今后的高中复数教学和学习中，不但要让学生记住有关的复数结论与方法，而且要加强复数知识理解的深入，促进高中生复数学习的发展。

5.6.2 高中生复数理解各水平的趋势与状况

在高中生复数水平测试中，测试结果表现出了一定的趋势，基础性特征较为稳定，但复数学习的发展性不足。感知水平特征为学生能够根据记忆或直观的经验按照某种固定的方法做出判断而求解问题；表征水平特征为学生能够在形式上描述或表示出有关复数概念或简单事实，应用定理或法则从形式上处理一些不太复杂的复数问题。结果显示，学生总体在感知水平的平均分为 4.8201，在表征水平的平均分为 4.7774，反映学生在高中复数基本内容的感知、常规形式的表征等方面达到了较好的水平。测试中的联结水平特征为，学生能够在复数有关概念的各种表征之间建立联系，这一水平上测试的平均分为 3.0369，明显低于前两个水平，学生在这一水平题目上的表现较为一般。应用水平特征为，学生能够在未知的问题情境中，灵活运用复数知识解决有关数学问题。测试中这一水平的平均得分仅为 1.5686，反映学生在这一水平上的测试表现相对薄弱。

综合来看，在高中生复数理解水平测试的后两个较高水平的表现上，已经凸显学生在复数知识的关联性和应用性方面的不足。如在复数范围内讨论方程根的情况时，学生虽然能够在复数范围内求解具体的实系数一元二次方程，但在判断实系数一元二次方程 $ax^2+bx+c=0$ 根时，还不能利用求根公式得出一般的结论。再如，测试中的题目：已知方程 $x^2+(m+2i)\cdot x+(2+mi)=0$ 至少有一个实数根，试求实数 m 的值。这个问题可以用复数相等来求解，计算上也不算复杂，但绝大多数学在这个题目的解答上都出现了明显错误，学生受到一元二次方程根与判别式关系的结论影响，看到题目中的条件"一元二次方""有一个实数根"，于是采用判别式进行计算，且在计算没有得到结果的情况下，也没有表现出调整解题策略并寻找新的解决问题方法的意图。学生在学习复数的过程中已经明确知道结论"复数不能比较大小"，但在此处解题时，显然是把这句话抛到脑后，列出了复数形式的不等式。又如学生很熟悉 $i^2=-1$，但缺少必要的运算背景和深刻认识而不能把 $\sqrt{-2}$ 表示成 $\sqrt{2}i$ 进行恰当的运算。

高中复数通常用方程 $x^2+1=0$ 或 $x^2=-1$ 的根来引入复数。教科书中的这种方式一定程度上可以表现出其设计的独到之处，首先，其简洁的形式有利于学生的认识和理解；其次，这种方式本质上符合数学史上阿尔冈给出的几何解释。阿尔冈考虑的是 1，x，-1 这样的序列，用一种特定的方式将 1 转换为 x，再经过同样的运算将 x 转换为 -1，阿尔冈指出可以按照乘 $\sqrt{-1}$ 的运算来实现，并用 $90°$ 旋转变换来解释其几何意义。但在教学中学生既不知道三次方程公式求解过程中的虚数单位 i 的引入，也不了解阿尔冈带有几何意义的虚数单位 i 的解释。学生通过学习知道 $i^2=-1$，但对于这样用规定方式给出的内容，很多学生只知 $\sqrt{-1}=i$，却不能在具体问题情境中准确判断 $\sqrt{-2}=\sqrt{2}i$，$\sqrt{-3}=\sqrt{3}i$，…，以上学生的表现也说明其对复数产生的必要性是缺乏认识和了解的。简化的方程求解虽然可以让学生很快接触到虚数，而且最好辅助以其他内容作为补充。但在教学实践中，高中复数的课时少，缺少复数理解的展开时间；复数学习更多关注复数四则运算等高考出现频繁的内容，也缺少复数理解展开的空间。这样的现象也说明，学生对复数知识的理解还是停留在比较具体的结论上，缺少自我判断能力，不能深入思考结论的深层含义，这对于学生数学核心素养的发展也会产生一定影响。

5.6.3　不同类型学校高中生复数理解水平的差异性

在高中生复数理解水平测试研究中，主要体现两个特征：第一，三类学校的总体表现不同。第一类学校 A，B 总体上呈现一定的优势，总体平均分为 15.522，第二类学校 C，D 次之，总体平均分为 14.389，第三类学校 E，F 的总体平均分为 13.111，以上表明学校的师资力量、生源质量等方面对高中生复数理解水平具有一定的影响。第二，虽然三类学校的总体表现存在差异，但三类学校在感知水平和表征水平上不存在显著差异，显著性差异主要体现在联结水平和应用水平上。

造成三类学校上述差异性表现主要有以下四个方面的原因。第一，不同类型学校在学生素质、师资力量和教学管理等方面存在差异，导致学生的学习表现存在差异。第二，高中复数课程的总体要求不高。经过最近三次教学大纲或课程标准的修订，复数内容被大量删减，在课程目标上，把"了解数系扩充""理解引入复数的必要性""掌握复数代数表示、运算和几何意义"作为基本目标，在知识上只保留了最基本的复数内容。本书研究中高中生复数理解水平的前两个水平大体与此相当，学生通过了解关于复数的一般性的结论、掌握一定的规则或模仿固定模式的方法，就可以解决这些复数的常规题目。数学学习过程是一个分层次的连续体，是从缺少思考到富于思考的过程①。在深入学习复数知识时，理解性的思考和学生的个人数学素养表现越来越重要。第三，高中数学学习的课时少，普遍不看重复数，对复数知识主题缺少深入的训练。按照高中数学课程标准和高考大纲等方面的要求，在复数学习过程中，学生热衷于复数代数形式四则运算、复数相等、复数的模等相关内容的计算，对能够反映复数的代数、几何、函数等方面知识关联特征的稍复杂复数题目考虑得少，导致学生在解决稍复杂问题的能力上表现不强。第四，简化的高中复数知识体系对学生的深入理解支撑薄弱。例如，由 $x^2+1=0$ 的解引入虚数单位 i，不足以说明复数引入的必要性；缺少三角表示等其他复数表示形式不利于完整认识复数。由于完整的知识学习过程是学生理解并掌握复数知识的保证，能够使学生综合新学习的复数知识和以前的知识。所以，知识体系过于简化对学生认识复数、体会数系扩充必然会产生影响。

5.6.4 高中生复数理解水平测试中的典型表现归纳与分析

本书研究中的高中生复数学习水平测试的目的是了解学生在高中复数学习中知识掌握情况及相关内容的理解情况。具体题目包括高中复数学习过程中比较常见的基本题目类型，也包括考查学生对复数知识理解的拓展题目类型。在实际测验过程中，学生的作答情况在一定程度上直观地反映了高中生在复数学习过程中达成的水平、知识掌握情况，以及学生的作答中表现出的学生的内在思维过程。为了深入了解学生在高中复数学习中的状况，对测试中出现的比较普遍的问题进行整理和分析，为了深入了解学生的思考过程，对个别典型的解答记录了学生的访谈片段，以增加对学生在复数理解方面的深入分析。通过总结本次测验的学生作答和解题表现，在高中生复数知识的学习方面归纳了以下几个明显的特征。

第一，识记基本结论，但缺乏必要的判断和理解。

在高中复数部分，包含一些比较明显的结论："复数不可以比较大小""实数集是复数集的真子集""负数开方可以表示成虚数"等，并且通常情况下，教师在教学中会明确给出这些结论，学生也能够准确地背出这样的结论。但在应用它们来解决具体问题时，又将它们抛诸脑后，好像抱着聚宝盆的饥饿孩童，却不知道用它来换取食物。主要原因还是在于对这些知识或结论的理解不够深入，在新的问题情境下，不能够及时准确判断。

---

① 顾泠沅. 教学任务的变革 ［J］. 教育发展研究，2001（10）：5-12.

例如，在第一个问题中，给出五个数，让学生从形式上判断它们是否属于复数。

判断下列哪些是复数？

①i；②-3；③$\cos\dfrac{\pi}{5}+i\sin\dfrac{\pi}{5}$；④$1+\sqrt{3}i$；⑤$1+\sqrt{3}$。

对于高中复数学习来说，复数的代数形式 $a+bi$ 是基本内容，学生也能够熟记"实数是特殊的复数"这样的结论，但在测试中，相当一部分学生的遇到这个问题时，还是缺少必要的判断，相当一部分学生的作答出现如图 5.7 所示的结果。

下面的对话片段有助于了解学生在解题中的思维过程。

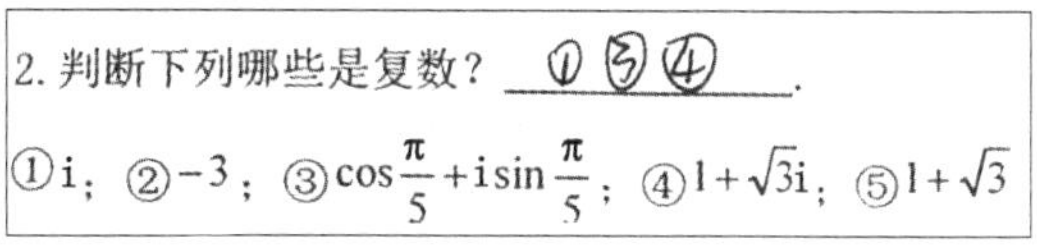

问：你是如何判断题中哪些是复数的呢？

答：定义。

问：定义的内容是什么呢？

答：像 3+2i 那样的。

问：更一般些，形如 $a+bi$ 那样的数，对不对？

答：对。

问：a，b 有没有要求？

答：a，b 都是实数。

问：复数和实数有什么关系呢？

答：实数组合成的复数，像复数的实部、虚部都是实数。

问：a，b 有没有要求？

答：只要是实数就行，没有什么其他要求。

问：a 或 b 等于 0 行不行？

答：应该可以吧……行！

问：那实数是不是可以看成一种特殊的复数呢？像 $a+0i$ 那样？

答：哦，对，那样实数也算是复数，我做题时判断错了。

问：你觉得复数有用吗？

答：有用，能表示负数开方。

问：还有其他用处吗？

答：那就不清楚了。

2. 判断下列哪些是复数？ ①⑤④　　　　．

①i；②-3；③$\cos\dfrac{\pi}{5}+i\sin\dfrac{\pi}{5}$；④$1+\sqrt{3}i$；⑤$1+\sqrt{3}$

图 5.7　学生在复数形式判断中的典型表现

在学生的观念之中还是潜在地从形式上认为只有带虚数单位的才叫复数，或者能够写成 $a+bi$ 形式的才叫复数，而不把-3 和 $1+\sqrt{3}$ 判断成复数。说明学生更多地是从形式上判断是否为复数，缺少对复数或 $a+bi$ 的本质思考，没有对复数意义的认识，也不怎么关心复数与实数之间的关系，更谈不上认识到复数是从实数域扩充而来的事实。

再如，学生在复数学习的一开始就知道 $i^2=-1$ 或 $\sqrt{-1}=i$，但在以此结论来解决具体问题时，仍然按照以前的结论和方法来进行计算。在求解一元二次方程时遇到判别式小于 0 的情况，却表现出典型的局限性，如图 5.8 所示学生的解答。

针对学生的解题表现，对学生进行了解性的访谈。

问：现在的一元二次方程求解与初中时相同吗？

答：应该相同吧，用求根公式或配方的方法求解就行了。

问：方程 $x^2-4x+5=0$ 是如何求解的？

答：用求根公式，判别式小于0，无解。

问：在数系扩充中，负数不是可以开方吗？

答：哦，可以，我弄混了，那这个方程能表示出复数解。

问：为什么要表示负数开方呢？

答：使 $x^2+1=0$ 那样的方程，还有刚才这个方程能够有解。

问：这样的方程有解能怎么样呢？

答：多一种解的表示吧，其他的不知道了。

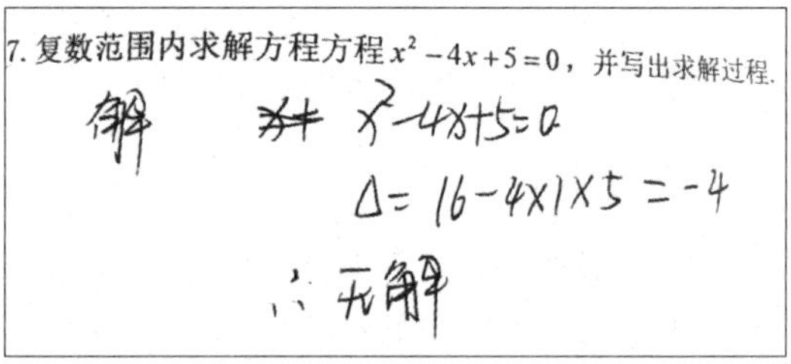
7. 复数范围内求解方程方程 $x^2-4x+5=0$，并写出求解过程.

解 ~~方程~~ $x^2-4x+5=0$

$\Delta=16-4\times1\times5=-4$

∴无解

图 5.8　学生在复数范围内解一元二次方程的典型表现

上述的解答过程和学生的思考过程并不是个例，不少学生都存在这样的表现。这样的表现反映学生的复数学习一定程度上来源于记忆而不是理解，来源于方法的模仿而不是基于理解的灵活应用，对于学生认识数系扩充是不利的。高中数学课程内容在设计时提出三个基本原则：基础性、发展性、可行性①。复数作为一种特殊的运算对象，产生于方程求解，与实数具有紧密联系，实数是扩充的基础，方程公式求解是数系扩充必要性的条件，在学生已经熟练掌握实数及其运算的基础上，加强复数运算是引导学生认识复数的重要途径，同时加强复数与实数的关联是必要的。

第二，对虚数单位 i 等复数基本概念和运算原理不够明确。

不管从哪方面来说，高中复数中的虚数单位 i、复数的运算和几何意义等都是重要的核心概念，对于这些概念不仅要从形式上了解，而且要真正地理解它们，熟悉知识的来龙去脉，这样有利于学生掌握处理问题的判断依据，促进思维的发展。例如，计算 $\sqrt{-2}\cdot\sqrt{-3}$，这个题目至少需要学生掌握两件事情，一是从复数意义上正确理解和表征负数开方，在形式上理解复数概念；二是能够将表征的复数进行计算，需要学生真正理解复数运算的法则及含义，而不只是在形式上。如图 5.9 所示学生的解答过程，反映了学生在复数学习中比较典型的状况。

为了深入了解学生的具体想法，针对此问题对学生进行了解性访谈。

问：解答中为什么先把 $\sqrt{-2}$ 写成 $\sqrt{(\sqrt{2}\mathrm{i})^2}$ 呢？

答：因为 $\mathrm{i}^2=-1$，可以把 -1 写成 i^2，就像 $(2\mathrm{i})^2=-4$，可以把 -4 写成 $(2\mathrm{i})^2$ 一样，这里的 -2 可以写成 $(\sqrt{2}\mathrm{i})^2$。

问：能不能把 $\sqrt{-2}$ 直接写成带有虚数范围 i 的形式呢？

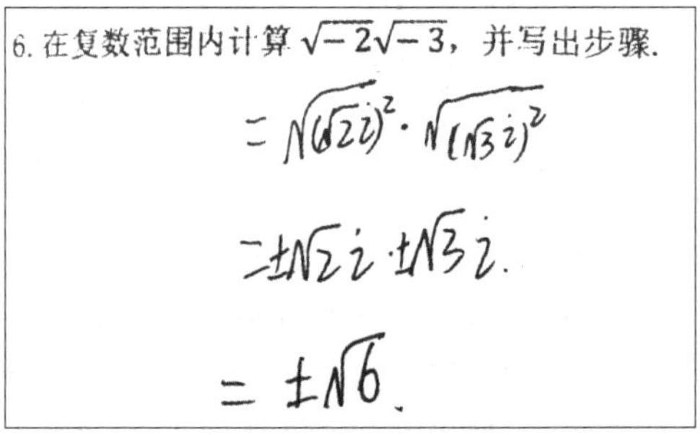
6. 在复数范围内计算 $\sqrt{-2}\sqrt{-3}$，并写出步骤.

$=\sqrt{(\sqrt{2}i)^2}\cdot\sqrt{(\sqrt{3}i)^2}$

$=\pm\sqrt{2}i\cdot\pm\sqrt{3}i$

$=\pm\sqrt{6}$

图 5.9　学生在复数计算中的典型表现（1）

---

① 普通高中数学课程标准修订组. 普通高中数学课程标准（2017 年版）解读［M］. 北京：高等教育出版社，2018：32.

答：我写的就带有 i 呀！

问：就像 $\sqrt{-1}$ 可以写成什么呢？

答：$\sqrt{-1}$ 等于 i。

问：那 $\sqrt{-2}$ 是不是也可以有类似表示？

答：也可以写成 $\sqrt{2}$ i 吧。

问：再把 $\sqrt{-3}$ 写成 $\sqrt{3}$ i，这道题的结果是不是与你之前算的不一样？

答：是不一样，差个符号。

问：能找到原因吗？

答：应该没错啊？我再想想吧！

这种复数的表示和运算让学生感到有些混乱不清楚，一方面学生知道把−1 换成 i 的平方；另一方面，学生关于虚数单位 i 的表示的认识还不清楚，特别是对虚数单位的来源不够清楚。在计算这个问题时，通过解题过程可以清楚地看到学生应用了纯虚数的平方等于一个负数这样的结论，但在下一步计算时，由于以前的平方根等知识学习得不扎实而引起混乱，最终出现错误。如果学生能够清楚历史上虚数单位 i 出现的文化背景和在具体问题中的构造方式，了解数学家在最开始如何处理 $\sqrt{-121}$，$\sqrt{-16}$ 等问题，知道数学家在运算中如何规定负数开方的运算法则，使学生能够从复数发展等历史文化视角了解复数的发展过程，理解复数引入的合理性，就会有助于减少这样疑问的出现。

如图 5.10 所示，另一位学生的问题思考过程如下。

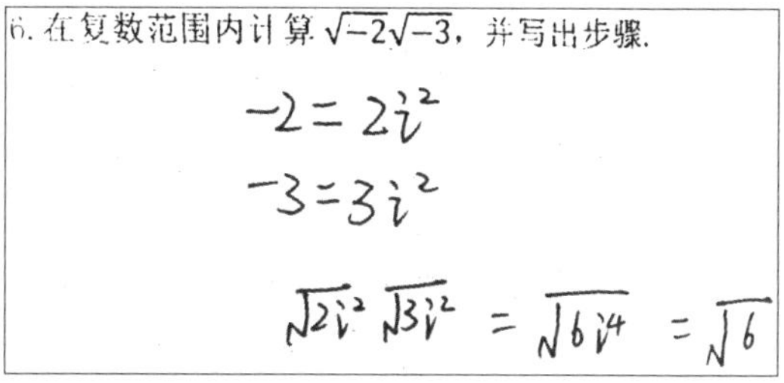

问：解答中为什么先把−2 写成 2i² 呢？

答：按照虚数单位 i 的运算法则 i² = −1，可以这样变形。

问：变形后对解答此题有什么样的帮助？

答：表示成平方的形式就可以开方了，开方后直接乘法运算就解答出来了。

图 5.10　学生在复数计算中的典型表现（2）

问：你认为 $\sqrt{-2}$ 是一个什么样的数？

答：因为是负数开方，所以能变成复数。

问：像−2，3，π 这样的都是具体的数，更具体点说都是实数，对不对？

答：对。

问：你认为像 $\sqrt{-2}$ 种形式的数是一个完整独立的数吗？

答：我也不知道，我们书上写的 a+bi 更像一个有两个部分的式子，但这个过程按照运算法则应该是对的吧？

学生知道 i² = −1 这样的表示，这也是高中复数课程开始时教师往往会用比较直接的方式告诉学生的一个内容，但学生在解答这个问题的过程中，写出−2 = 2i²，−3 = 3i²，却不是 $\sqrt{-2} = \sqrt{2}$ i，$\sqrt{-3} = \sqrt{3}$ i，比较来说，后者更接近复数的概念本质，在复数的历史发展上，卡尔达诺也正是把如 $\sqrt{-2}$，$\sqrt{-3}$ 这样形式的符号直接当成一个数进行运算的。学生这样表示两个负数开方，说明他们还缺少对复数表征的真正认识，有的学生没有把负数开方当成独立完整的一个数，对两个负数开方直接如无理数那样进行计算也说明学生对复数运算缺少深入理解。

如图 5.11 所示的解答，如下的访谈片段可以帮助了解学生的思考过程。

问：解答中为什么先把 -2 写成 $2i^2$ 呢？

答：这样可以进行开方运算了，要不然我容易写错。

问：开方之后为什么加模呢？

答：平方的数开出来需要保证它是正的，所以需要加绝对值。

问：$\sqrt{-2}$ 表示负数开方，能不能直接写成复数形式？

答：应该能。

问：复数是不是不可以比较大小？

答：是。

问：$|i|$ 表示的是什么意思？是不是虚数单位 i 的模？

答：我把它当成初中时的绝对值来算了。

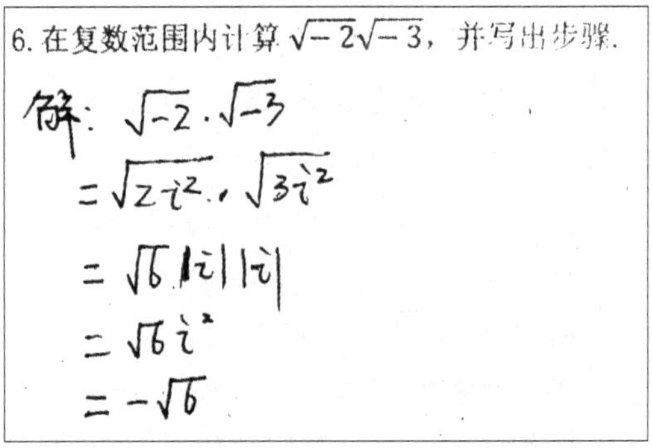

图 5.11　学生在复数计算中的典型表现（3）

从学生的计算过程可以看出，学生知道 $i^2=-1$ 这样的结论，计算时把根号下的 -2 写成 $2i^2$，然后像实数运算一样，开方之后得到了 $|i|$，此时学生已经混淆了实数与复数的运算，在复数运算范围内，显然用到这样运算法则是不合适的。虽然最后的计算结果正确，但在计算过程中反映学生的复数理解存在误区。为了避免这样的混淆，从根本上理解复数，掌握复数的运算法则及运算原理是必要的。

第三，难以在复数学习中形成思维品质的突破。

在复数问题求解中，学生还是习惯于原有的思维定势，尽管学生已经知道课堂上讲过的几乎任何一个复数内容，但在一些问题求解时，知识上和思维上还是按照以往实数等内容的思维模式进行求解。问题的求解如下。

复数范围内求解方程方程 $x^2-4x+5=0$，并写出求解过程。

在计算时，有的学生还是按照实数范围内求解的方法，一成不变地计算判别式，当判别式小于 0 时，直接给出结论认为方程无解。也有的学生在解答过程中，代入复数的代数形式利用复数相等求解，如图 5.12 所示。

关于此问题的过程，学生做出如下解释。

问：在实数范围内，方程无解，对吗？

答：对。

问：在复数范围内求解一元二次方程与实数范围内求解一元二次方程有什么差别呢？

答：解的范围和表示形式不一样，

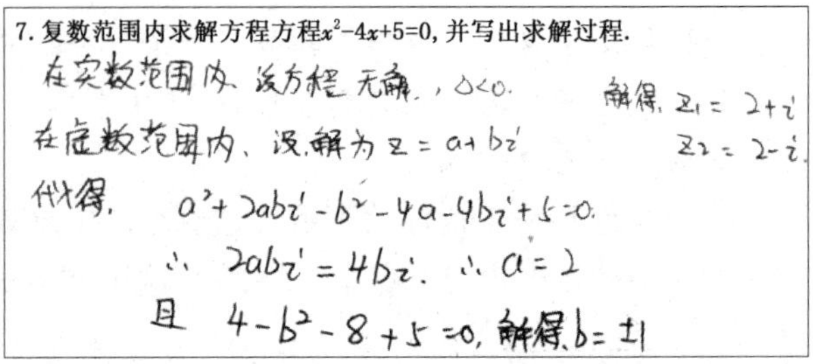

图 5.12　学生在一元二次方程求解中的典型表现

实数范围内无解的一元二次方程在复数范围内可以写出解。

问：解答此题时为什么要设 $a+bi$ 的形式带入求解呢？

答：上课时讲过，这样设了之后可以用复数相等的方法求解。

问：直接用公式法求解可以吗？

答：当时没想过。

问：现在可以试一试？

答：嗯，可以，过程更简单一些。

虽然方程看起来并不复杂，如图 5.12 那样进行解答的那部分学生还是不习惯在复数范围内用公式法求解这个一元二次方程，学生先判断方程没有实数根，然后设出复数根的代数表示，带入后利用复数相等的方法计算，反映当前在高中复数教学中虽然把复数运算作为重点教学内容，但是对于学生的学习效果来说，显然还没有达到对复数运算灵活掌握的要求。

相对完整的复数基础知识有利于学生掌握高中复数的逻辑关系并了解复数知识的框架结构，熟练的基本技能有利于学生在理解知识的基础上灵活处理有关问题，复数知识及其理论的历史发展过程包含着丰富的数学思想和数学方法，数学思想方法是数学文化的重要体现，是学生的数学素养发展的重要源泉，通过基本的数学思想和数学方法也有利于促进学生数学思维的发展。

第四，学生在处理高水平复数问题时表现不足。

复数是高中阶段数学较为抽象的一部分内容，只有学生具备较高的思维水平才能有助于知识的深入理解。在高中复数的学习中，由于训练的针对性，学生在计算两个复数代数形式的四则运算等较为常见的问题时，具有较好的表现。但在一些平时训练较少，或者问题情境稍有变化的题目中，学生的问题解答表现出一定的不足。按照当前的普通高中数学课程标准和高中数学教科书的内容要求，方程 $x^3-1=0$ 求解属于思维程度相对较高的复数题目。通过对高中学校、数学教师和学生等方面的了解，高三学生普遍可以很熟练地掌握立方差公式。但仍有较多学生不能准确完成解答过程，正确求解的学生也存在一定的局限性，如图 5.13 所示的求解过程。

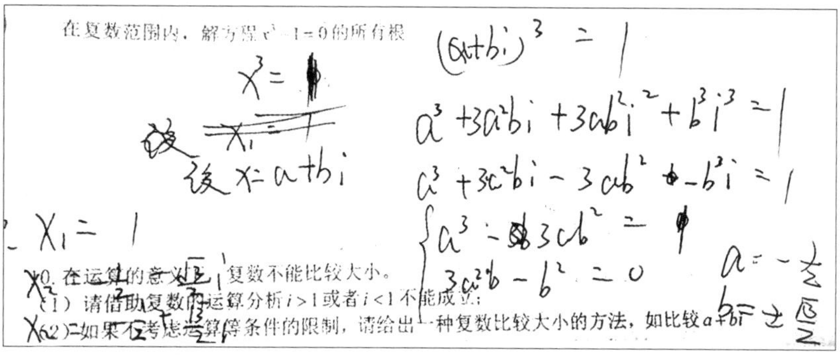

图 5.13 学生在三次方程求解中的典型表现（1）

经过了解，运用这种解法的学生习惯于平时课堂中所讲的内容，遇到关于复数的等式，设出代数形式利用复数相等进行求解。因为当前高中复数内容仅仅介绍复数的代数形式和代数形式的基本四则运算，学生对于复数内容很大程度上停留在代数运算的较为基础的水平上，因此，有学生在解决此问题时采用设复数的代数形式的方法，利用复数相等求解，在很大程度上这是受平时的运算技能训练结果的影响。若用复数代数形式的方法求解此方程，则显然过程要稍微复杂一些；若加强复数的三角表示和运算的教学，则有助于学生提高对复数运算的认识和理解。

在图 5.14 中，这个解答过程步骤较少，但却具有典型特征，学生对解答过程给出如下解释：

问：你对 $x^3-1=0$ 这样的方程熟悉吗？

答：比较熟悉吧，初中的时候就接触过。

问：你知道这个方程的根如何求吗？

答：按照开三次方肯定能求，但我知道这个方程还有其他的根。

图 5.14　学生在三次方程求解中的典型表现（2）

问：其他什么样的根？

答：不知道，应该是与 i 有关。

问：你为什么要写成 $i^{\frac{4}{3}}$ 呢？

答：因为按照运算法则，$i^4=1$，为了求方程 $x^3-1=0$ 的根，需要开三次方，所以按照指数运算法则应该表示为 $i^{\frac{4}{3}}$。后面就不知道怎么算了。

而在上面的这种解法中，学生虽然没能准确表示复数的开方运算过程，却用到了复数开方运算，即把 1 转换为复数的代数形式，但显然复数的代数形式并不是最适合开方运算的，学生的这种想法是可贵的，在学习过程中若能按照这个思路继续深入思考，对满足学生的思维需求则是有利的。同时反映对于学生此时的学习表现和思维发展趋势，顺势引入复数的三角表示和复数的开方运算是符合教学规律和学生的学习规律的！

关于图 5.15 所示这位学生的解答，记录了如下的片段。

问：这个方程容易解吗？

答：还行，不算难。

问：你能解释一下为什么这样表示方程的根吗？

答：在复数范围内求这样的方程的几何意义就是等分单位圆，三次方程就三等分，所以可以很容易地表示出三个根。

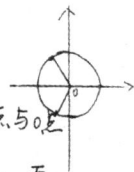

图 5.15　学生在三次方程求解中的典型表现（3）

问：你的意思是几次方程就应该有几个根吗？

答：对呀！

问：你是怎么知道的呢？

答：我自学的，从一本书上学的，用复数方法求解平面几何的问题也挺好用。

问：里面的内容难不难？

答：还行，大部分都不算难，挺好理解的。

在求解这个三次方程时，这名学生画出了示意图，并说明了三次方程的三个根的几何意义。这说明学生在三次方程求解过程中能够把复数根与几何意义联系起来，在理解程度上处于较高水平。也说明学生对复数乘方、开方及运算几何意义的学习完全具备能力，能够很好地接受相关内容。

在计算另外一个题目时，大部分学生都陷入了误区，测试中这道题目几乎是测试结果最差的一个题目。题目如下。

已知方程 $x^2 + (m+2i)x + (2+mi) = 0$ 至少有一个实数根，试求实数 m 的值。

图 5.16 所示这样解答的学生比较典型的思考过程是。

问：你注意到了这是在复数范围内求解方程问题吗？

答：看到了，有虚数单位 i。

问：注意到了系数可能是复数吗？

答：作题时没想，现在看 $m+2i$ 应该就是复数吧，因为 m 是实数。

问：复数是不是不能比较大小？

答：是。

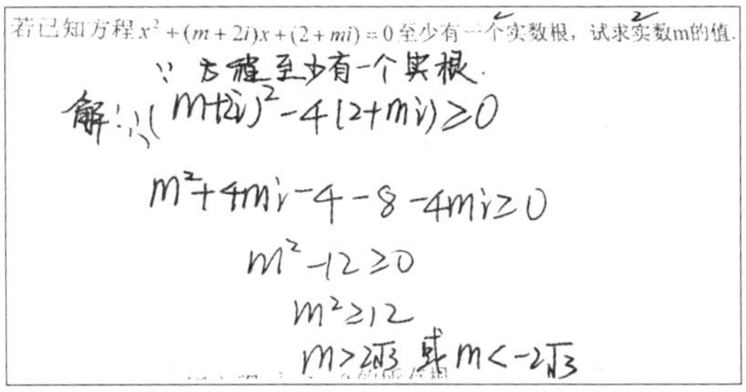

问：那为什么计算判别式呢？

图 5.16 学生在问题求解中的典型表现（1）

答：以前都是这么解一元二次方程的，题中条件是至少有一个根，判别式大于等于 0 方程能满足至少有一个根。

问：如果 $m+2i$ 是复数，这样按照判别式计算公式得出来的是不是也是复数啊？复数不能比较大小的。

答：这题有点难，不好算啊！

这个问题是一个复数相等的问题，计算上也不算复杂，但绝大多数学生在这个题目的解答上都出现了错误，学生受到一元二次方程根与判别式关系的结论影响，看到题目中的条件"有一个实数根"，于是采用判别式进行计算，且计算没有得到结果的情况下也没有表现出调整解题策略寻找新的解决问题方法的意图。在学习复数的过程中，学生已经明确知道结论"复数不能比较大小"，但在此处解题时，显然是把这句话抛到脑后，因为 m 是实数，显然 $(m+2i)^2 - 4(2+mi)$ 是一个复数，不能与 0 比较大小，因此，这个题目也说明学生对复数知识的理解还停留在形式上和口号式的结论上，缺少对问题条件灵活判断的能力。

对于图 5.17 所示这个解答过程，学生的相应解释为。

问：你注意到了这是在复数范围内求解吗？

答：看到了，方程的系数就是复数。

问：你是如何思考这道题目的呢？

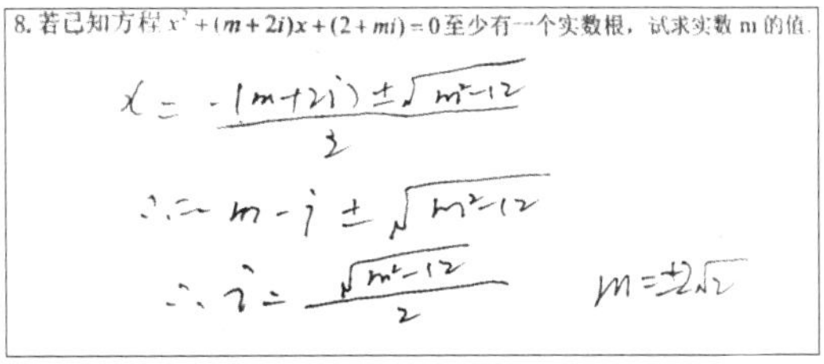

答：这是一个一元二次方程，按照一元

图 5.17 学生在问题求解中的典型表现（2）

二次方程的解法，我用公式表示方程的解之后，因为题目中的条件是方程有实数根，所以按照复数的表示（方式），只要使得表示出来的解的虚部为 0 就可以求 m 了。

问：未知数的系数是复数会对求解有影响吗？

答：应该不会，只要按照复数运算法则进行计算就能求出结果。

能够正确求解此题的学生人数不多，多数学生都按照实数系一元二次方程的判别式进行计算，并没有区分"有一个实数根"和"有唯一实数根"的区别，更何况复系数意味着不能比较大小。但是这位学生的解法先使用求根公式直接计算，然后按照根的表达式的虚部为0来进行计算，根据学生所学内容，这样的解题思维方式表明了学生对问题的思考，一定程度上还是受到了平时复数运算训练内容的影响。虽然解答过程存在一点小瑕疵，但并不影响问题的解答，难能可贵的是这位学生意识到复数可以作为单独的一个数进行方程求解运算。

第五，习惯上依赖复数的代数运算判断复数的几何意义。

在最初的预测试中，如该题目：复平面上有两个与复数对应的点 z_1，z_2，根据两个点画出 z_1+z_2，z_1-z_2 在复平面上对应的有向线段。此题虽然没有给出复数的具体代数表示形式，但在坐标系上可以给出参照坐标的网格。

关于图 5.18 所示的复数几何意义的认识，学生对应解释如下。

问：课堂上讲过复数的几何意义吗？

答：讲过，复数与复平面上的点之间一一对应。

问：给你一个复数，能在复平面上找到对应的点吗？

答：能，这个很容易。

问：两个复数加减法的几何意义呢？熟悉吗？

答：应该是分别对应一条有向线段。

问：什么样的有向线段？

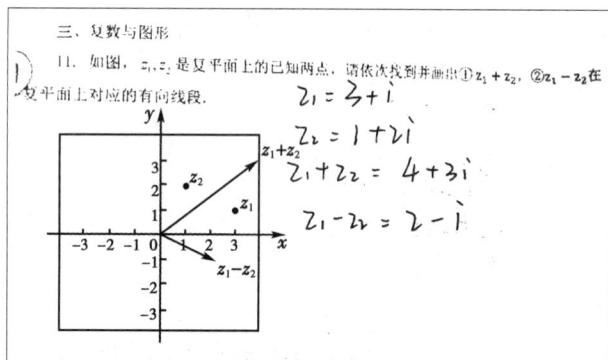

图 5.18　学生在问题求解中的典型表现（3）

答：两个复数运算的和或差也是一个复数，对应复平面上的一个点，这样就能画出一个有向线段了。

但在解答这个问题时，很多学生不是直接从复数的几何意义出发，利用平行四边形法则找出两个复数加法和减法所对应的有向线段，而是通过网格先找出对应的复数的代数表示，计算出两个复数的和与差，再如图 5.18 中所示，在复平面上找到这个复数对应的点，从而确定两个复数和与差所对应的有向线段。说明学生在复数的几何意义方面基本能够接受复数与复平面上的点之间的一一对应，但在进一步的几何意义方面缺少深入的训练和思考。

如图 5.19 所示，也可以看出学生关于复平面的一些看法如下。

问：你知道复平面吗？

答：知道，就是带有直角坐标系的平面。

问：给你一个复数，你能在复平面上找到对应的点吗？

答：能，这个比较容易，找到横坐标和纵坐标就行了，上课时老师讲过。

问：复数与向量对应吗？

答：对应。

问：能找到两个给定复数加法对应的有向线段吗？

答：计算出来再找就行吧？

问：不用计算具体的数，能直接找出来吗？

答：好像能吧，老师好像讲过，但我忘记了。

问：两个给定复数减法对应的有向线段呢？

答：记不清了。

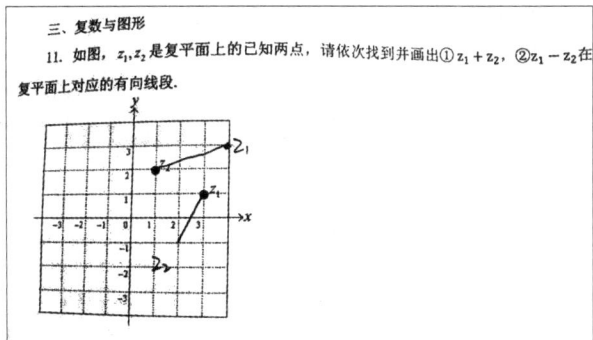

三、复数与图形

11. 如图，z_1，z_2 是复平面上的已知两点，请依次找到并画出①$z_1 + z_2$，②$z_1 - z_2$ 在复平面上对应的有向线段.

图 5.19　学生在问题求解中的典型表现（4）

这一部分学生，虽然也注意到了网格存在，但在表示复平面上两个点所表示复数的加、减运算的几何意义时不能有效利用，在课堂上学生可能听过老师的讲解，但印象不够深刻，由于缺少必要的练习，很快就忘记了相应的结论和基本方法。甚至有的学生还对复数运算的几何意义或者复数运算与有向线段之间的对应关系一无所知。

第六，与其他知识主题的关联存在障碍。

复数与其他知识主题具有广泛的联系，建立复数与其他知识主题的关联是促进复数理解的有效方法。但在测试表现中，学生对关联到其他知识主题的复数问题理解存在一定的困难，这种困难的原因，一方面可能是学生对所涉及的知识掌握不够熟练，另一方面也可能是学生对复数与其他知识主题的联系不够清楚。例如此问题：在复平面内，把复数 $3 - \sqrt{3}i$ 对应的向量按顺时针方向旋转 $\dfrac{\pi}{3}$，求出所得向量对应的复数。

如图 5.20 所示，在这个题目中，学生存在较多的困惑如下。

问：复数能与向量对应吗？

答：能。

问：你能理解题目中的对应向量的旋转吗？

答：说不好，只知道复数和平面上的点对应，不知道怎么找向量。

问：如果把对应向量告诉你呢？能求出这个题目吗？

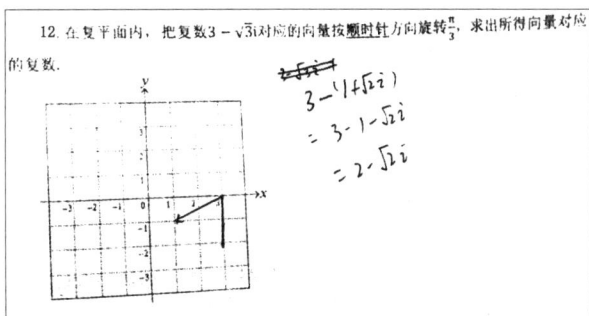

12. 在复平面内，把复数 $3 - \sqrt{3}i$ 对应的向量按顺时针方向旋转 $\dfrac{\pi}{3}$，求出所得向量对应的复数.

$3 - (1 + \sqrt{5}i)$
$= 3 - 1 - \sqrt{5}i$
$= 2 - \sqrt{5}i$

图 5.20　学生在问题求解中的典型表现（5）

答：题中的旋转 $\dfrac{\pi}{3}$，我不知道该怎么旋转，平时也没做过这样类型的题目啊，不怎么熟悉。

通过作图和学生的回答可以看出，在这道题的解答过程中，学生对复平面上的点与向量之间的对应关系还存在混淆之处，对如何实现旋转，如何用数学式子表示旋转不能准确掌握。此道题目的要求是求出旋转后的向量所对应的复数，以原点为向量的起点更合适，这样方便最后按照复平面上的点与复数一一对应来确定所求复数。若学习中增加复数三角表示相关的内容，学生理解和处理这样的问题则会有更多的依据和方法。

在图 5.21 中，学生在解答题目时应用的方法比较明确。

问：在解答这个题目时你为什么没有画图呢？

答：不用画图，顺时针旋转 $\frac{\pi}{3}$ 只要对应乘一个相应的式子就可以了，式子当中的 $-\frac{\pi}{3}$ 就是表示旋转的方向和旋转的角度。

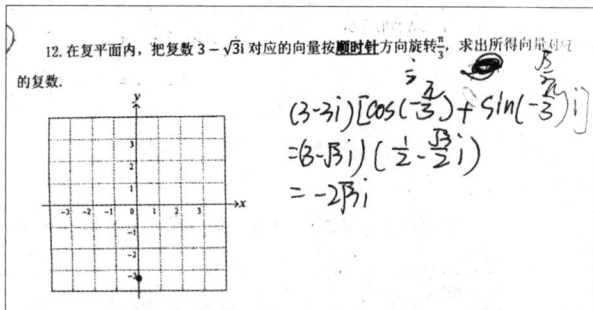

12. 在复平面内，把复数 $3-\sqrt{3}i$ 对应的向量按**顺时针**方向旋转 $\frac{\pi}{3}$，求出所得的向量所对应的复数。

$(3-\sqrt{3}i)[\cos(-\frac{\pi}{3})+\sin(-\frac{\pi}{3})]$
$=(3-\sqrt{3}i)(\frac{1}{2}-\frac{\sqrt{3}}{2}i)$
$=-2\sqrt{3}i$

图 5.21　学生在问题求解中的典型表现（6）

按照当前高中实行的课程标准，并没有讲授复数的三角表示内容，但这位学生的做法已经利用了复数的三角表示进行乘法运算，并且把乘法运算和复数对应的向量的旋转结合在一起，可以说是准确掌握并灵活地运用复数的三角表示解决这个问题。当学生能够用复数表示平面几何的内容时，在解决一些问题时会使问题简化，更关键的是在思考问题的过程中能够使学生拓展思维方式，提高问题解决的能力。

教育研究中通常认为，学生的理解水平和学习效果等通常会受到多个变量的影响。但通过测评，以及对学生在高中复数问题解答中的典型表现所进行的分析和讨论，可以看出，高中复数课程体系的薄弱、核心概念展开的不充分等问题已经对学生的理解和学习产生了较为直接的影响。课程内容是学生在数学学习过程中的基本要素和前提条件，要提高学生的理解水平和学习效果、促进高中数学教育综合发展，首先要提供科学合理的高中数学课程内容。因此，基于本书研究中的研究结果，要提高学生的高中复数理解水平，在高中复数学习过程中促进学生的数学核心素养发展，完善高中复数课程内容是必要的。

5.7　高中生复数理解水平测试表现的讨论

依据测评结果的分析与学生在复数问题解决中的表现，进一步地认为，高中复数课程内容的以下几个方面对学生的理解水平产生了一定的影响。

5.7.1　高中复数课程内容的相对完整性影响学生的理解

学生的复数学习是将关于复数的课程信息转换为加工信息，变成"学会和理解"的过程。通过本书研究中的测评，学生在解决复数问题中的表现反映对于复数的一些基本概念，还不能准确理解，课程信息的完整性不足是其中的一个原因。从数系扩充方面来看，复数是实数的进一步发展，高中阶段学习复数就从根本上反映其与实数的本质不同。这种不同表现在负数的开方运算是否可以施行，但并不限于类似于 $\sqrt{-1}=i$ 的比较简单的表达式，如果仅限于 $i^2=-1$ 的形式就会掩盖复数的本质，为了加强学生的认识和理解，还应该包括负数开方的变形和应用，如一元二次方程求解过程中出现判别式小于 0 的表示与运算。也应该介绍负数开方的多值性，有了负数开方的多值性，学生更容易理解复数运算与实数的不同。复数的几何意义，不论是在复数的历史发展过程中，还是在复数的理论及其应用中，都是不可缺少的一个部分。如果仅仅介绍复数代数表示在复平面上的对应解释，容易让学生混淆于向量、复数的旋转、伸缩等几何特征更能表现合乎逻辑的复数几何意义，系统介绍复数的加、减、乘、除、乘方、开方等运算的几何意义有利于促进学生的理解。相对于其他数系，复数的功能体现在同时包括向量、三角等方面的功能，借助于复数的方法，灵活变换形式，有效处理三角、平面几何、向量、代数等方面的问题，也更能体现复数理解的应用性。

高中复数课程传授知识只是基本目的之一，更重要的是通过复数知识的学习锻炼学生的思维，提高学生解决问题的能力，综合考虑高中复数课程的发展是必要的。例如，在实数的指数运算中，指数出现的顺序是递进的，通常是按照正整数、0、负整数、分数指数、实数逐步推广的，并且实数的指数运算结果是唯一的。然而在复数的指数运算中却不同，虽然在高等数学中讲授复数有关的多值函数性质很平常，但当前的高中复数课程似乎是有意回避了这些内容，最多就是让学生记住"复数开 n 次方，就有 n 个复数根"的结论，实际让学生进行分数指数运算时，十有八九会产生错误的结果。例如，$i^2 = i^{4 \times \frac{1}{2}} = (i^4)^{\frac{1}{2}} = 1^{\frac{1}{2}} = 1$，若能够进一步加深复数概念和复数运算等内容的理解，则有助于学生在形式和法则方面思考这样的问题。再如，在 $\sqrt{-2} \cdot \sqrt{-3}$ 这样的运算中，很多学生都会出现错误，一个重要原因就是学生在复数学习过程中从来没有真正思考过什么是复数、复数表示和复数运算性质等方面的问题，当前高中复数课程的学习没有给学生提供这样的思考机会，也不需要学生进行这样的思考。受客观因素的影响，近些年复数在高考中所占比例越来越小，甚至只是基本的复数的符号表示和代数形式的运算。一系列削弱的行为，导致学生难以形成对复数最基本的认识与理解，潜意识觉得复数就是向量的一种形式，而不是把它看成一个数，更不用说了解复数的其他方面特征以及利用复数的几何特征去解决一些其他问题了。另外，学生还需要掌握更复杂一些的复数知识以满足他们进入大学学习有关专业学习的需要。如复数的三角形式表示和指数形式表示的学习，将有助于学生了解三角函数与指数函数等不同知识主题之间的关联；帮助学生拓展视野，在高中阶段感受复数为变量的多值函数特征；帮助学生认识复数意义下代数运算与几何变换的关联。从根本上认识复数、理解复数的有关概念，将有助于学生以全新的眼光看待数学，乃至走入更深的数学学习和研究领域。

5.7.2　复数的核心概念对学生的理解具有重要影响

在对高中数学课程标准的讨论中，普遍强调了高中复数课程的两个基本目标，为学生进入大学的理工科专业继续学习提供必要的知识基础是其中的一个目标。复数理论的内容比较广泛，包括从在初等数学中的三次方程求解中应用，到高等数学中的复分析等众多内容，从代数结构到几何变换，在数学、物理、信息等多个学科中均具有广泛的作用。但在具体的复数知识上，尤其是一些具有衔接性的复数概念应该得到加强，如复数的表示形式、复数的模等。复数的表示形式和虚数单位 i 是与不同数学知识主题联系的重要纽带。在几何意义上，复数的模是一种度量的表示，可以表示两个点之间的接近程度。从数学的逻辑上，度量是极限等分析概念的基础。因此，像这样的复数核心概念的适当强化有助于促进学生的创新性思维发展和拓展学习领域。从高中生复数理解水平的测试结果中可以看出，学生虽然能够进行代数形式的四则运算，但还不能够从根本上理解复数的运算；虽然能够知道一点复平面的知识，但还不熟悉复数与几何变换的关系；对复数表示形式的了解比较单一；对情境稍微复杂的问题缺少适应性；等等。这些方面反映高中生在复数学习中获得的知识是微弱的，不利于促进学生在复数知识方面进一步的思考与发展，不利于为学生的继续学习提供充分的知识基础。

5.7.3 基于核心素养审视高中复数课程

高中复数在知识上具有非常鲜明的特点，是锻炼学生思维水平、发展学生核心素养的良好素材。本次高中生复数理解水平测试，是对高中生复数知识学习情况的检验，也是对关键能力的衡量。根据研究结果，当前的高中复数既要坚定基础，把握课程的主线，也应该促进学生的复数理解水平深入发展，为学生核心素养发展提供充分的准备。从整个数学学科来看，复数是近代数学的重要分支，复数在高中数学课程中具有非常明显的承上启下的意义。在大学数学类专业课程和理工类专业课程中复数具有重要的地位，高中阶段学习一定的复数内容，可以保证为学生的继续学习提供必要的知识基础和技能基础。同时，复数是基础教育阶段的数学课程发展到一定阶段的自然延伸，在培养学生的数学核心素养方面是有益的。数系的发展是经过多级抽象的结果，学生感受自然数系逐级扩充到复数系的过程有助于培养其数学抽象素养；推导复数有关的命题和结论有助于培养其逻辑推理核心素养；利用复数解决实际问题有利于培养其数学建模素养；讨论复数的几何意义有利于培养其直观想象素养；把复数作为一种数，在其上定义运算，有利于培养其数学运算素养。在今后的高中复数教学中，应该在知识展开、教学方法等方面进行探索，采取适当的方式提高学生的复数学习效果和理解水平。

第6章 核心素养背景下高中复数
课程内容分析

核心素养是课程内容选择的重要依据，以知识在核心素养中的意义和经典课程理论等为依据，选择那些能够最大限度地促进学生核心素养提升和综合发展的知识，对学生发展的价值更大、更明确也更有保障[①]。课程作为教育的重要载体，其指向无疑是培养全面发展的人，但对此还必须作进一步的阐释，考虑课程发展的现实性和时代性[②]。在课程的研究设计过程中，课程的目标、定位和内容是需要考虑的三个主要方面。拉尔夫·泰勒认为，任何单一的信息来源，都不足以提供确定全面且理智的教育目标的基础[③]。新中国成立以来，复数一直都是我国高中数学中的基本课程内容。我国的高中数学教育经过几十年的发展和教学实践的检验，课程研究专家、学者、教师和学生等社会各界与高中数学课程发展有关的人经过不断研究、思考和努力，奠定了重要的理论基础，积累了宝贵的实践经验。课程是发展的，高中复数课程也将随着社会的进步和教育发展的需要而不断发展。所以在讨论包括课程目标等内容的高中复数课程时也应该综合多种因素，在众多数学内容中，阐述最优的高中复数课程，寻找充分的理由来进一步强化高中复数课程的地位。本章将在已有高中复数课程的理论基础和实践经验的基础上，结合前文中的高中复数教育价值讨论、高中复数课程文本比较研究和高中生复数理解水平测评研究等方面内容，综合讨论高中复数课程内容的发展。

>> 6.1 源于课程与教学理论的思考

6.1.1 数学核心素养的理念

学校阶段的数学教育应该以学生的数学现实为基础，以学生的终身发展为目标，按照数学的学科特点和学生的认知规律进行教学，促进学生的核心素养发展。学生在某一阶段接受的教育以核心素养发展为目标，既要发挥促进学生在这个阶段发展本该具有的教育作用，也应该协调于个人的终身发展。数学核心素养是人才培养与教育价值的集中体现，使得学生在数学学习的过程中增加知识，形成正确的价值观念、形成必备的品格和锻炼关键的能力。为了加强和贯彻党的教育方针、落实立德树人的根本任务，高中数学课程结合学

---

① 杨九诠. 学生发展核心素养三十人谈［M］. 上海：华东师范大学出版社，2017：32-36.
② 潘希武. 学校课程体系构建的基础性框架［J］. 教育学术月刊，2018（3）：97-103.
③ 拉尔夫·泰勒. 课程与教学的基本原理［M］. 罗康，张阅，译. 北京：中国轻工业出版社，2016：5.

科本质，形成数学核心素养。基于数学核心素养落实、选择恰当的高中复数课程内容，明确具体水平和要求，把每一个数学核心素养融于高中复数内容之中①。在总结过去教学实践经验的基础上，经过专家和学者的探索和研究，确定我国高中数学的核心素养包括数学抽象素养、逻辑推理素养、数学建模素养、直观想象素养、数学运算素养和数据分析素养，一共六个方面。高中数学核心素养的提出，在人才培养上强化德育，也是注重学生全面发展的表现。高中复数课程的选择与设计需要结合当前的高中数学课程发展的形势与需要，充分体现对学生数学核心素养发展的促进作用。在结合数学核心素养的具体表现上，可以使学生通过高中复数的学习，形成数学概念和规则，了解数学结构和知识体系，培养数学抽象素养；发现和提出问题，掌握复数命题的推理形式，培养逻辑推理素养；利用复数的问题模型处理数学问题，培养数学模型素养；将复数作为运算对象，掌握相应的运算法则，理解运算的含义，培养数学运算素养；借助复数的几何意义描述和解决数学问题，培养直观想象素养；掌握用复数来表示一些数学的量，采取适当的方式对这些量进行分析和处理，培养数据分析素养。

　　普通高中数学课程标准修订组的专家在解读数学核心素养的凝练过程时阐释了来源。数学学科核心素养是高中数学教学改革的基本理念，它们的获得主要包括以下几个方面：第一，从数学学科本身考虑，以数学本质为出发点。学生在数学学习的过程中，需要获得个体在今后的发展中所需要的基础知识、基本技能、基本思想和基本方法，认识数学的本质、数学的价值等。数学学科在发展中的本质思想有三个：抽象、推理和模型②，在处理数学问题时需要进行数学的运算和数据的处理等，在理解数学知识时需要几何的直观，这些内容说明数学学科本身的内容与特征是学生数学核心素养发展的重要来源。第二，数学的教育价值是数学核心素养考虑的重要方面。学生从小学甚至幼儿园就开始系统地学习数学，在这个过程中他们不仅仅学习数学的基本知识，更重要的是通过数学的学习培养学生的概括抽象能力、逻辑推理能力和数学的形式表征能力等，这对学生的发展是重要的。第三，以学生的发展为根本。在学校的教育中，每一位学生都能够获得良好的数学教育，形成融入社会发展的必备品格和关键能力。在依据数学核心素养来思考高中复数内容时，上述三个方面是重要的依据，即从数学学科本身考虑高中复数的知识结构、知识的本质理解；从数学教育的功能上思考，为了实现复数的教育价值，该如何选择和设计高中复数内容；从个体发展方面思考为了发展学生的必备品格和关键能力该如何设计和组织高中复数内容。近二十年的教育实践反映，知识体系的简化在整合课程内容的同时，对学生数学能力发展产生了一定的影响。在 2019 年的高考数学试卷中，有研究者反映试题的形式变化给学生的解题带来很大困难，从知识学习的本质上来说，这不是具备优秀数学能力和良好素养的学生个体该有的表现。因此，在高中数学课程的发展中，要优化课程结构，精选内容，知识是数学课程的一种表现形式，更重要的是学生在知识学习过程中的思维训练，在课程内容的设置中更应该关注知识的思维性设计。

　　① 中华人民共和国教育部. 普通高中数学课程标准［S］. 2017 年版. 北京：人民教育出版社，2018：4.
　　② 史宁中. 数学思想概论：第一辑［M］. 长春：东北师范大学出版社，2008：1.

6.1.2　数学课程初等化方法

德国的数学教育研究者 Uwe-Peter Tietze 认为借助初等化的方法可以让学生在数学课程学习中变得更加容易，尤其是在较高年级时是非常重要的[①]。对基础教育中的数学课程初等化的方法包括：第一，适当选择基本定义和公理；第二，呈现数学情境，展现概念的直观方面；第三，制订逐步精确性的目标；第四，适度严谨化。数学教育强调促进学生对数学基本思想、数学基本观念的获得，但一些数学内容对于中学生来说难度超过可接受水平，这样的数学内容应该采取不歪曲核心思想而又恰当的初等化方法，在中学阶段传递给学生。在高中的复数课程上，对于第一个方面，复数的代数形式定义与复数的起源与三次方程求解直接相关，并且在形式化上也比较利于识别和记忆。对于第二个方面，高中复数的问题情境在于方程，这是高中复数的一个重要内容，通过对学生来说相对直观的方式引出和建立复数概念。对于第三个方面，学生在数学学习过程中，通常是通过具体内容的行为操作，从最初的感性认识逐渐过渡到理性认识，学生在复数学习时，并不一定需要马上掌握最严格的准确定义形式，可以借助逐步精准的目标方式完成学习的任务，如先通过学习认识复数的代数形式，然后深入学习代数形式的运算，实现对复数内容的基本了解，进而拓展复数的其他表示形式及其运算，乃至一般的复数理论的学习与理解。对于第四个方面，学习的严谨性是相对的，可以借助阶段性的目标来达成，如复数的模，可以先从形式上知道计算方式是实部与虚部的平方和再开方，再借助复平面理解模表示的含义可以看成复数所表示的点到原点的距离，产生复平面上距离的概念，进一步可以结合生成度量概念，从逻辑上严谨地思考复数的模与一般度量概念的关系。

6.1.3　布鲁纳结构课程理论

布鲁纳认为学习的目的主要是为将来服务的，一种方式是直接学习和掌握某种技能，这种技能可以直接应用或迁移到将来的工作中；另一种方式是学习基本和一般的观念，从而不断扩大和加深知识[②]。在课程编制中应该给予核心观念和态度以中心地位，实现对这门课程中的基本原理的基本理解。这样有利于学生在基本原理的指导下，将已经学到的知识或技能推广和加深，增加对学科价值的认识，达成更高领域的学习。尤其重要的是，有利于将学生所学的知识串联起来，形成连贯的整体，而零散的知识不利于记忆和理解。在布鲁纳的课程基本结构理论中，课程的基本结构是核心内容，随着学生的学习深入，课程的内容也在不断加深学科的基本结构，使之在课程中螺旋式上升。布鲁纳曾经断言，"在结构式的课程下，任何学科的任何内容都可以用某种恰当的方式教给任何发展阶段的任何学生"。布鲁纳的这个断言听起来有点"玄"，一定程度上受到人们的质疑和批判。但在课程的结构意义下，也具备一定的道理，至少对于高中阶段的数学课程来说，以恰当的方式教给学生基本的数学原理，对于提高学生的数学学习效果看起来是有效的。加涅在教学设计的意义下考虑课程教学内容的目标也强调一般性原理，指出在教学内容的设计与安排

---

① ROLF BIEHLER. 数学教学理论是一门科学［M］. 唐瑞芬，等译. 上海：上海教育出版社，1998：36-52.

② J. S. 布鲁纳. 布鲁纳教育论著选［M］. 2 版. 邵瑞珍，张渭城，等译. 北京：人民教育出版社，2018：31-41.

中，通过思考不同内容的共同目标类别可以更好地实现课程目标。可观察到的学习结果的行为表现被认为是通过学习者的内部贮存状态产生的，而预期的作为学习结果的课程目标是对课程内容设计有效性的事先判断①。在前面的分析中提到，复数是数学发展到较高级别的结果，内容比较抽象，复数理论中实际问题应用、分析问题等很多内容都属于高等数学范围。而高中的复数是对初等数学中数的概念的延续和深化，也可以起到初等数学与高等数学衔接的作用，在促进学生的思维品质发展方面是特色明显的。按照布鲁纳的结构课程理论，高中复数的课程内容应该体现复数的基本原理和课程的基本结构。复数也可以认为是揭示数学学科中知识关联的具体实例，如代数和几何，也可以看成抽象代数结构的一个实例，如复数域，高中复数作为复数理论学习初级阶段的具体内容，为学生以后在更广泛的领域中领会与复数有关的一般数学观念奠定基础，能够起到缩小"高级"知识和"初级"知识之间差距的作用。学科教学专家相信，从知识特征和学生学习的长远发展看，高中复数知识学习的教育价值体现在用基本和一般观念来不断扩大和加深知识。由于教育的时代性特征，高中数学课程要随着社会的发展、知识的更新不断取舍和修订。

6.1.4 大学数学课程需求

如前文所述，拉尔夫·泰勒在他的课程理论中提出影响课程发展的因素很多，其中数学学科本身对数学教育的发展有着根本性的影响。数学理论的逻辑性使任何一个数学内容都不能独立于这门学科之外，这个数学内容一定会直接或者间接地关联着其他的数学内容，高中复数内容是其后某些数学内容或者学科的基础，这些内容是高中复数进一步发展的结果，具有更高的抽象性或者结构性特征，对复数在内的高中数学具有指导性意义。在数学教育的发展过程中，数学家一直都在数学教育改革的过程中发挥着重要作用。通常来说，数学家研究的领域是高等数学教育和高等数学内容，他们常常要思考的一个问题是，要进行高等数学研究需要准备哪些必要的基础性的知识，从而引发修改中小学数学课程的尝试，并且研究在数学内容修改后学生所做出的表现。在对国外高中复数课程标准的研究中，文献资料表明，高中复数课程设计过程中离不开从事高等数学研究的数学家的一份力量。数学家对中学数学研究的动力在于他们认为，高等数学教育中的学生在研究和学习中表现出的一些不足，是由低一级学校的训练不足所引起的，还可能会引起中小学数学课程变质的潜在可能性以及使国家地位受到威胁等。对这些方面的关注推动数学家去研究中小学数学内容，改进中小学数学内容②。

在编写过程中，2017 年版的高中数学课程标准主要以大学数学课程内容和中小学数学课程内容两个方面作为高中数学课程内容主线设置的依据③。在我国数学正式课程文本中，复数是高中数学中的内容之一；在 2017 年版的普通高中数学课程标准中，复数作为必修内容被编排在高中数学"主题三 几何与代数"中。自从 16 世纪随着三次方程求解复数产

① R. M. 加涅, L. J. 布里格斯, W. W. 韦杰. 教学设计原理 [M]. 皮连生, 庞维国, 等译. 上海: 华东师范大学出版社, 1999: 43-50.

② D. A. 格劳斯. 数学教与学研究手册 [M]. 陈昌平, 王继正, 陈美廉, 等译. 上海: 上海教育出版社, 1999: 6.

③ 普通高中数学课程标准修订组. 普通高中数学课程标准（2017 年版）解读 [M]. 北京: 高等教育出版社, 2018: 163-166.

生以来，在近代数学的发展中，复数理论逐渐发展成为重要的数学分支之一，在数学学科本身、系统分析、信号分析、量子力学等领域具有广泛的应用，因此是大学理工类专业比较普遍和重要的一门基础课程。知识的学习和能力的发展是一个循序渐进的过程，如复数的模是一个具有发展意义的数学概念。度量是整个数学学科的重要基础，复数的模是度量的一种具体表现形式。从复数的模可以引申到度量的概念，这就隐含着学生继续学习的发展性内容。从度量又可以引申到极限这一重要的微积分概念，从而发展为更为广阔的复数理论。在认知心理学和数学知识逻辑结构上，以学生的继续学习为背景，基于大学课程学习的知识需要和能力需求，在基础教育中从复数知识的视角研究高中复数课程体系及其与大学数学课程的衔接性更能凸显其重要意义。

≫ 6.2　基于研究实践的探索

6.2.1　对高中复数课程文本比较研究的思考

在我国高中复数课程发展中，课程目标上一直坚持以复数内容的学习完善数系扩充的过程，在具体的知识框架上，体现在"数的概念的发展""复数概念以及它的代数表示""复数的四则运算""复数几何意义"这四个基本部分为支撑点。在复数的三角表示、复数与求解方程等方面，不同时期进行了一定的调整，课程内容总体上表现了一定的波动性，随着课程内容的变化，课时数量等方面也发生一定变化。

在对中国、美国、新加坡、英国和澳大利亚五个国家的高中数学课程标准复数部分文本的比较研究中，五个国家的高中复数的课程目标较一致地体现数系扩充，并且把复数作为学生继续学习的重要知识基础。但在知识的具体容量上，中国的高中复数知识点明显少于其他几个国家，反映在基本的课程目标的承载方式上，对知识结构理解与处理方式的不同。在高中复数的具体知识目标要求上，都把复数的四则运算作为高中复数的重点内容，也比较注重复数几何解释的内容要求，除了中国的高中复数课程以外，其他国家的高中复数课程都把方程作为高中复数部分必须学习的内容。虽然三次方程的卡尔达诺公式与复数的产生直接相关，但这几个国家的高中复数课程为了简化复数的引出过程、降低学生的学习难度都没有以卡尔达诺公式方法引入复数。总体来说，这五个国家的高中复数课程的基本目标相近，但在具体高中复数的知识内容和组织形式方面存在一定差异，在高中复数课程研究中可以深入讨论不同课程组织形式对课程目标的支撑效果。

6.2.2　对高中生复数理解水平研究的思考

在高中阶段的数学课程中，虽然对学习不同的知识或概念的要求程度可能不同，但关于复数知识的根本性的理解是一致的，即要求学生能够掌握有关的核心概念或数学事实，如虚数单位 i 的本质，或者复数的基本代数表示及运算法则等。按照当前的课程经验和实践研究结果，学生在求解较为基本的复数问题时一般不存在太多的困难。但由于目前高中教材中复数的知识内容少之又少，对学生从根本上认识和理解复数的基本概念、定理、法则等内容已经产生影响，不利于学生构建复数相关概念的认知框架，也不利于学生在复数方面的主动探索和学习精神的培养。林崇德先生说："教学的目的是在传授知识的同时，灵活地发展学生的智力，培养学生的能力，而智能的核心是思维。"[①]

通过测试研究结果发现，高中生在复数的理解方面仍然存在一些问题。主要包括：第一，由于时间、课程内容等方面的原因，高中生的复数学习比较集中于基本计算技能的练习，学生在复数学习中表现出较低的理解水平，记忆比较基本的结论，但在复数知识之间的关联和灵活应用复数结论解决问题时，较多学生还不是很擅长。第二，学生知道一些复数的基本结论，但准确把握程度上还稍显不足，在具体的问题中不能准确判断，如学生知道复数集是比实数集更大的集合，但不能在形式上准确判断和辨别特殊的复数形式，在复数学习中记忆的成分过于明显，并且这种记忆还没有形成有效的数学理解，对复数概念的认识有待深入，即在学习过后学生能不能真正地把复数当作一个实实在在的、具有数的意义和功能的独立数学元素来看待。第三，学生对与复数产生直接相关的复数范围内求解方程理解得不是特别充分，对复数产生的必要性需要加强认识。第四，对复数几何意义接触较少，在当前学生的复数学习状况下，学生仅仅能够对复数加减法的几何意义有一些了解，基本没有对复数乘除法等其他运算的几何意义的了解。在利用复数处理一些平面几何问题时存在困难，对于一些复数表达式的几何意义的理解还要还原到复数的代数形式重新判断，这使学生在高中复数学习过程中可关联的概念和复数减少，换句话说，在这样的情况下，不利于学生建立概念之间的关联，形成图式，很难达成好的概念性理解。为了加强学生对复数引入合理性的认识，需要加强复数几何解释的系统性内容。第五，对虚数单位及复数的一般表征理解不够准确，导致对复数运算的含义理解存在一定的误差，问题求解中无法根据不同情境灵活选择方法和处理问题。第六，学生对复数表示形式的相关内容了解很少，虽然掌握了除了复数代数表示以外的复数表示，但也只是停留在形式上。因为，复数的多种表示形式是复数概念不同属性特征的反映，所以，学生在复数学习的过程中，掌握多种表示形式对深入理解复数概念是必要的。第七，学生比较容易在形式上接受复数的四则运算，并能够熟练地进行基本的运算操作，但是对于能够反映复数本质特征的乘方和开方运算，由于缺少必要的知识准备而不能达到较好的理解水平。综合起来，在复数学习中学生存在的困难在于没有足够的时间和知识素材支撑学习。高中复数课程内容的不完善对学生学习产生了一定的影响，为了改变这种现状，强化学生在复数学习方面的理解水平的表现，突出高中复数的教育价值与作用，应该考虑适当调整课程结构，突出复数的核心概念，如虚数单位、复数的几何意义等。

6.2.3 几种高中复数课程引入形式借鉴

课程的确定隐含着一定的哲学假设和价值取向，也隐含着一定的意识形态以及对教育的某种信念[②]。古代关于课程的表述一般是经验性的介绍，课程制定和执行者根据价值判断、社会意识和教育的追求等，有针对性地给不同的学生安排不同的内容。随着课程理论的发展，在现代教育意义下课程设计体现了更多的目的性。如行为主义为了提高教学效果，以"刺激-反应"模型为基础，重视教学方法的改革；"新数学"的课程设计方案重视数学内容的结构化特征，通过重新选择数学内容并进行适当的处理，把数学内容整合起

① 林崇德. 中小学教材编写心理化设计的建议 [J]. 课程·教材·教法，2019 (9)：9-11.
② 施良方. 课程理论：课程的基础、原理和问题 [M]. 北京：教育科学出版社，1996：8.

来以突出数学结构；布鲁纳的结构化课程理论强调学科的结构，现行的高中数学课程大多借鉴了这样一种课程方式，采用螺旋上升方式编排高中数学课程内容。

高中复数课程虽然篇幅不多，但人们仍然对其内容和组织形式进行了详细的思考，尤其是复数的引入方式是受关注较多的一个课程内容。在高中复数课程发展过程中，按照思想和理念不同，高中复数课程的编写表现为不同的形式。经过教育实践检验，虽然有的课程受到了严厉批评或者逐渐淡出历史的舞台，但由于教育发展本身的时代性、综合性和实验性等方面的特征，这些课程形式在教育的历史发展过程中均具有重要意义。这是因为每一种课程都是按照一定的课程与教学的基本原理，审视特定的历史形式，思考课程的目标定位，以及其他方面的因素综合起来而确定的一种课程形式。

6.2.3.1　用代数结构引入复数

例如《统一的现代数学》是 20 世纪 60 年代新数运动时期美国中学数学教材，编写者主要包括数学家、中学数学教师、教育学家等，适用对象是有较高数学能力、准备升入理工科大学专业的学生。无论是在当时还是在整个数学教育的发展过程中，这个版本的教材都具有重要影响，它是按照当时社会发展需要，以布鲁纳的教育思想为重要依据的中学数学课程改革的一次重要尝试。在课程编写上《统一的现代数学》突出现代化和统一化，综合现代数学思想与传统的代数、几何等内容，表现形式上注重现代数学结构。在高中复数课程上，首先介绍的是 2×2 的实矩阵环 M_2 的特殊子集 S，这个子集 S 按照运算"+"和"·"构成叫作"域"的代数结构，再由映射的同构引出"我们必须把平方是−1 的另一种数附加到 **R** 中去，把这个数记为 i"[①]。这样引出复数的虚数单位 i，然后给出复数的代数表示，再由同构定义复数的运算等。这样把代数结构的思想结合到复数课程内容中，先给出域的代数结构，然后再对应地把复数及其运算等内容按照相应的运算嵌入到这个结构中，学生学习过复数之后直接得到的就是复数的域结构，在复数的几何意义方面，也是按照有加法运算的复数和有加法运算的平面点集之间的映射同构建立关系，从而实现了用矩阵关联复数和用矩阵关联平面几何变换的不同知识主题的关联，实现了多个知识的统一。从知识的逻辑结构构建方面来说，这样有很明显的优势，可以让学生接受代数结构意义下的复数以及不同知识之间的关联。但过于强调数学结构，过早引入学生难以接受的抽象概念，教条的课程内容和教学方式等，违背了学生的认知规律，再加上其他方面的一些原因，导致了"新数运动"的失败。

6.2.3.2　用几何向量的方式引入高中复数

因为复数与向量的历史发展根源和二者的相似性，有一种观点认为可以从向量出发引出复数。二者比较起来，高中向量的表现形式比较简洁，有具体的物理背景作为依据，比较容易被学生接受，并且向量在解决其他数学问题时也具有广泛的用途。而对于高中复数课程，首先，在引入方式上，如果按照复数发展历史以三次方程公式解法的形式引出复数比较烦琐，若直接给出 $i^2 = -1$ 或者按照方程 $x^2 + 1 = 0$ 求解的方式引出虚数单位 i 和给出复数，按照负数不能被开方的传统思路，则无法体现复数引入的合理性；其次，单独就高中

---

① 美国中学数学课程改革研究组. 统一的现代数学：第四册第一分册 [M]. 曹才翰，译. 北京：人民教育出版社，1977：81.

复数知识本身来说，不容易找到应用的实际背景。于是就有观点认为，可以借助向量引入复数内容，用特殊向量形式（0，1）来代替虚数单位 i，这种复数引入方式有利于从复数的向量表示开始复数的几何表示，从而展开复数内容。但存在的一个比较明显的问题是，这样形式给高中生呈现的复数课程，应该让学生在逐渐深入学习的过程中认识到复数与向量的本质不同。在历史发展上，高中阶段的复数和二维向量在形式上很相似，向量也是来源于复数。由于复数具有向量表示形式，在表示形式上复数与二维向量之间有一一对应关系，二维向量能解决的问题都可以用复数的方法求解，反之却不一定。复数具有更加多样化的表现形式和用途，复数的表示形式还有代数表示、三角表示和指数表示等，多样性的表示形式有利于沟通数学学科中的不同知识主题，比如借助欧拉公式 $e^{i\theta}=\cos\theta+i\sin\theta$ 等相关的知识就能够实现三角函数与指数函数的统一，从而引出许多新的研究问题，大大拓展了数学的研究领域。在复数的开 n 次（整数次）方运算时，也表现出自身的特性，利用复数的三角表示很容易求出它们的根，在几何意义上也能够很直观地表示为正 n 边形的 n 个不同顶点。在处理平面上的矢量问题时，复数表现出了独特的优势。复数不同于向量的种种特征，这表明不论是在知识方面还是在教育价值方面，不能完全依赖其他知识表现复数，所以，复数知识的学习应该是深入且系统的。

6.2.3.3 从几何中点的运算引入复数

复数在表现形式和应用上与平面几何紧密相连，几何解释已经成为认识复数基本性质的一种基本工具。因此，从对平面几何的点、角等基本元素定义运算的角度引入复数成为可能[①]。这种引入方式以希尔伯特的几何学基础为基本出发点。在给定极点 O 和单位长度 U 的平面上定义极坐标系（O，U），首先，在极坐标系中确定点 P 和点 Q；其二，过点 P 作 $PU' \backsimeq OU$，即得到了以 P 为极点，单位长度不变的新的极坐标系（P，U'）；然后，在新的坐标系中作 $PK \backsimeq OQ$，得到的点 K 在极坐标系中是被唯一确定的，被称为是点 P 与点 Q 的加法之和 $P+Q$，如图 6.1（a）所示。其一，在极坐标系（O，U）中按照长度和角度确定点 Q 坐标；其次，在以 O 为极点、P 为单位长度的新的极坐标系（O，P）中找到这个坐标所对应的点 K，点 K 即可定义为点 P 和点 Q 的乘积，这个过程可以看成相似变换，即 $\triangle OUQ$ 相似于 $\triangle OPK$，如图 6.1（b）所示。

根据乘法定义，在以 O 为圆心，U 为半径的单位圆上，存在一点 Y，满足 $\angle UOY$ 为直角，且 $Y^2 = -U$，这里 Y 对应复数的虚数单位 i，U 对应单位 1，并且平面上的任一点 P 均可以表示为：$P = P_1 + P_2Y$，（P_1，$P_2 \in OU$）。

按照以上定义的几何运算形式可以引入复数并推到复数的有关性质。这种复数的展开方式本质上是对弗雷格（G. Frege）观点的一种继承，认为在本质上几何是数学的认知基础，很好地把复数知识与几何理论结合在一起，为人们在直观意义上认识和理解复数提供了一种新的方法。但这种展开方法偏离复数产生来源于特定形式三次方程求解的历史事实，在深入研究复数理论的过程中也会存在直接的困难。

---

① ANATRIELLO G, TORTORIELLO F S, VINCENZI G. On an assumption of geometric foundation of numbers［J］. International journal of mathematical education in science and technology, 2016, 47（3）：395-407.

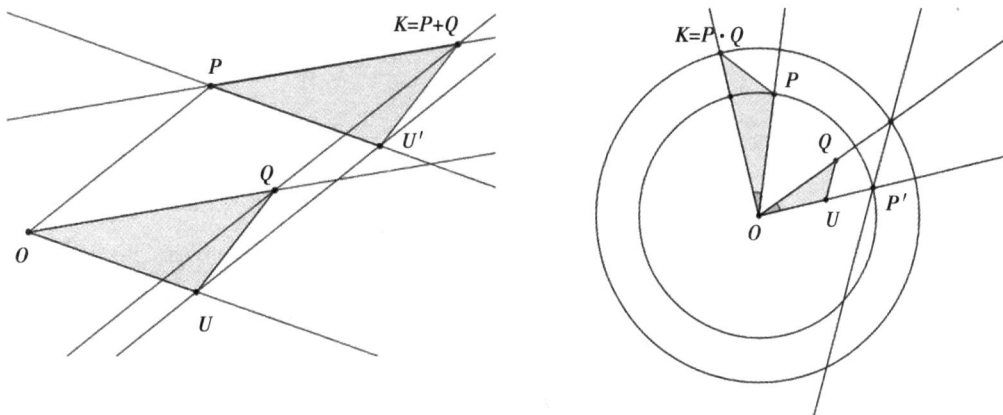

（a）点 P 与点 Q 的加法　　　　　　　（b）点 P 与点 Q 的乘法

图 6.1　平面上两点的加法运算与乘法运算

6.2.3.4　以简化方程为切入点的复数课程

我国现行的高中数学教科书人教版复数部分极大地简化了复数内容。在"数系的扩充与复数的引入"这一章引入复数的方式为"为了解决 $x^2+1=0$ 这样的方程，在实数系中无解的问题，我们设想引入一个新数 i"[①]。瑞士数学家阿尔冈曾经给出了复数的一个稍微不同的几何解释[②]。这两种复数的解释形式看起来比较接近，阿尔冈注意到负数是正数的扩张，便尝试添加新的概念来扩张实数系，考虑序列 1，x，-1，希望找到一种运算使 1 能转变为 x，按照同一种运算又能将 x 转变为 -1。研究结果发现，结合大小与方向，$\sqrt{-1}$ 可以实现这样的转变，即 $1 \cdot \sqrt{-1} \rightarrow \sqrt{-1}$，$\sqrt{-1} \cdot \sqrt{-1} \rightarrow -1$，序列中的 x 对应 $\sqrt{-1}$，包含着 $x^2 = -1$。在人们对复数的认识产生疑惑时，这是阿尔冈给出的一种几何解释，是对复数概念的一种"再加工"。教科书中采用简化方程的形式引入复数至少具备几种好处：第一，在传统意义下，这样做以最简单的方式说明在实数范围内方程 $x^2+1=0$ 无解的问题；第二，直接交代是在实数基础上的数系扩充；第三，直接地说明引入虚数单位 i 的作用。但同样存在的问题是，这样编排课程内容的想法能不能将复数知识有效地传递给学生？方程 $x^2+1=0$ 求解并不是复数产生的直接的方程类型，即通过这个方程求解难以有充分的理由让学生相信引入复数的必要性。另外，人教版教科书也只是简单地介绍了复数的四则运算和复数的几何意义，复数引入的合理性也不能充分体现。复数的几何解释包括复平面上的复数和复数之间的关系、复数运算的几何解释，用复数与向量一一对应的形式解释复数的加、减法运算比较容易接受，但是在解释复数乘、除法运算，甚至乘方、开方运算方面接受程度就低了，所以在复数教学中引入模、辐角等概念，用复数的三角形式结合几何意义解释复数的相关运算就具有重要意义。高中复数课程的学习应该是在学生数学现实上的继

① 人民教育出版社，课程教材研究所，中学数学课程教材研究开发中心. 普通高中课程标准实验教科书：数学 2-2 必修：A 版［M］. 北京：人民教育出版社，2007：102.

② 莫里斯·克莱因. 古今数学思想：第二册［M］. 石生明，万伟勋，孙树本，等译. 上海：上海科学技术出版社，2014：208.

续学习，并为后续学习做准备，所以高中复数课程既应该表现出与实数系等其他数系的一致性和连贯性，也应该注意与后续其他知识的衔接。

6.2.3.5 直接给出虚数单位 i

在英国的高中数学教科书中，进阶数学部分给出了一种比较直接的复数引入方法[1]，如下。

一、介绍

你已经发现，到现在为止，一些问题在实数范围内是不可解的。例如，如果你用计算器求 $\sqrt{-64}$ 的值，你会得到错误信息的提示。这是因为每一个实数的平方仍是实数，$(+8)^2$ 和 $(-8)^2$ 都等于64。

如 $\sqrt{-1}$ 不能被估算，我们可以采用一个符号来表示它——符号 i，$\sqrt{-1}=i$，$i^2=-1$，这样就有 $\sqrt{-64}=\sqrt{64\times-1}=\sqrt{64}\times\sqrt{-1}=8i$。

二、一般的复数

更一般地，复数可以写为 $x+yi$ 形式，其中 x，y 为实数。在复数 $x+yi$ 中，x 称为实部，y 为虚部。如 $2+3i$，$-1-4i$ 都是复数。实数集 **R** 是全体复数构成的集合 **C** 的真子集，这是因为实数可以看成是具有形式 $x+0i$ 的数。

这样的复数引入方式更加直接明了，在初始阶段便于学生从形式上接受复数概念。在英国的进阶数学2教科书中，复数的知识体系较为完备。研究结果表明，英国的高中复数课程目标要求较为系统，知识点较为全面，尤其是对应上述直接地引入虚数单位 i 的方式，其后有详细的复数内容作为补充，使学生在学习过程中可以较好地理解复数。

在高中复数课程中，上述五种复数表现形式引入的出发点不同，分别是从代数结构出发引入复数、从形式相近的向量表示出发引入复数、从几何元素的运算定义引入复数、从简化的方程求解形式出发引入复数和直接给出虚数单位 i 引出复数。在高中阶段，这五种课程形式是结合学生的数学知识基础、认知结构和行为表现等方面综合因素的考虑而表现出的高中复数课程或课程构想。每种课程形式都受到一种或几种课程因素的影响，例如结构化的高中复数课程更多考虑学科专家因素；以向量为切入点的课程主要考虑数学知识结构相近性的影响；基于几何运算定义的高中复数课程以复数的历史发展过程为借鉴，以几何元素及运算的方式构建和引入复数知识体系；以简化方程为切入点的复数课程和直接给出复数表示形式的复数课程是从学生的学习心理出发让学生直接接触复数概念。但课程形式作为特定阶段的产物，同样存在一些问题需要进一步改进，如"新数运动"的失败已经让人们认识到了在中学数学阶段过分强调数学结构的危害，以过于简化的形式介绍复数容易使学生在复数的学习过程中对复数的认识和定位产生错觉，诸如此类的问题需要严谨地对待。在数学课程的编写上，应该做到精准而清楚地说明定义与结论，阐明每个观念或技巧在数学结构层次上的位置，并且依照这个层次循序渐进地呈现数学，也要告诉学生每个观念或技巧的数学目的。因为教育是发展的，要综合考虑学生个体发展和长期教育的整体性，在今后的课程研究中，可以综合多种课程设计理念和课程组织形式，取长补短，在复

---

[1] 引用内容来源于英国的进阶纯数学第二部分的第一章 GCE Mathematics（6360）Further Pure Unit 2（MFP2）Textbook Chapter 1：Complex Numbers.

数知识结构的框架下，充分结合复数的历史发展过程，找到一种既有利于学生接受复数，又能够让学生深入理解复数的更加优化的课程组织形式。

❯❯ 6.3　高中复数基本内容及其层级关系

6.3.1　高中复数内容表现方式

从某种程度上来说，课程作为教育的基本要素对学生的学习和发展起着重要作用。按照史宁中教授的观点，高中数学教育中，不能只是让学生记住一些定义，或者只是掌握一些解题技巧，而应该关注学生的数学能力发展与素养的提高。学生的数学能力发展和素养的形成，很大程度上是靠学生"悟"出来的[①]。高中复数课程需要给学生提供智力加工的基本内容，而且要注意这些内容的有效组织。厘清高中复数的基本内容及其相互关系有利于科学、严谨地构建高中复数课程体系，也为后续的高中复数课程研究提供基本的范围框架。概念图（concept map）是一种基于奥苏伯尔（David P. Ausubel）的学习理论设计出来，用节点和连线的方式来表示概念和概念之间关系的图示方法，绘制高中复数的概念图可以有效表示其关系架构。章建跃教授将概念图的绘制分为三个步骤：第一，列举知识主题中的知识点作为概念图的节点；第二，按照上位、下位的逐渐分化原则确定知识的层级；第三，建立不同层级知识点之间的关系[②]。概念图可以相对完整地展现高中复数的基本内容及其逻辑关系，这里也按照这三个步骤绘制高中复数概念图。

6.3.2　高中复数知识点与层级关系

首先，按照研究的需要，把复数作为根概念，看作第一个层级。其次，按照整理出来的高中复数课程的内容，以及包容程度，把复数分为四个部分：复数的基础概念、复数的几何意义、复数的运算、复数与方程，这四个部分是包容程度较高的复数核心概念，作为第二个层级。此处需要明确的是，虽然当前的高中复数内容中方程的有关内容较为基本，有研究者将其包含在复数的运算中，但此处考虑的是初等数学中与复数有关的较为广泛的一类方程问题，因此在这里将其列为单独的一个部分。进一步与第二层级概念直接相关的复数有关概念作为二级概念的子概念，作为第三个层级。作为子概念的三级概念，需要通过具体的概念形式表现出来，这些具体概念作为第四个层级。四个层级的复数概念逐步展开，构成了高中复数的概念网络。如表 6.1 所示。

---

① 史宁中. 试论数学推理过程的逻辑性：兼论什么是有逻辑的推理 [J]. 数学教育学报，2016，25（4）：1-16.
② 章建跃，宋莉莉，王嵘，等. 美国高中数学核心概念图 [J]. 课程·教材·教法，2013，33（11）：115-121.

125

表 6.1　高中复数知识点的层级关系

根概念	核心概念	子概念	具体概念
复数	复数的基础概念	复数的表示形式	虚数单位 i、代数表示（包括实部、虚部、复数相等、共轭复数）、复数坐标表示、向量表示、三角表示、指数表示
		复数集	实数、虚数、纯虚数
	复数的运算	代数形式的运算	代数形式的四则运算
		三角形式的运算	三角形式的乘除运算、De Movire 定理、乘方、开方运算、欧拉公式
		向量或坐标表示运算	平行四边形法则、坐标的加减运算
		指数表示运算	乘方、开方运算
	复数的几何意义	复平面	实轴、虚轴、复数与复平面上的点一一对应
		模	两点之间的距离、几何轨迹
		辐角	辐角主值
		复数与几何变换	旋转变换、伸缩变换
		复数运算的几何意义	加减运算的几何意义、乘除运算的几何意义、开方运算的几何意义、n 等分圆周
	复数与方程	实系数方程求解	实系数二次方程求解、简单的三次方程求解、一元 n 次方程求解
		方程根的性质	实系数方程根的共轭性质、代数学基本定理、三次本原单位根
		复数范围内分解因式	因式分解理论

6.3.3　高中复数概念图初步刻画

高中复数的基本内容可以概括为四个方面：复数的基础概念、复数的运算、复数的几何意义、复数与方程。第一，复数的基础概念部分主要强调对复数的基本认识，复数与实数的关系，从这里应该明确或体现出复数是从实数扩充而来的。其中复数的虚数单位的引入是高中复数的开始，引领着整个复数体系的展开。复数的表示形式是复数具体内容展开的基础，如复数范围内方程求解关联代数表示，复数的乘方、开方运算关联复数的三角表示，欧拉公式联系复数的三角表示与指数表示等。不同的表示形式体现了复数的不同特征，掌握了相关的属性和特征，就能够灵活地处理和应用复数解决有关问题。第二，运算是数系的重要内容，运算是数集构成数学结构的核心要素。尤其是在复数作为一种数的定义上，更加不能离开复数的运算来定义复数①。例如，单纯地用有序实数对的形式定义复数而不谈到复数的运算和结构就是不可取的，因为平面的二维向量也可以表示为实数对形式，但复数与二维向量的运算是不同的。再者，复数的运算强化了复数的不同特征，复数的多种表示形式结合运算时，复数的代数表示可以进行通常的加、减、乘、除四则运算，却不适合一般性的乘方、开方运算；复数的三角表示适合于乘、除、乘方、开方运算，却不适合一般的加、减运算；复数的坐标表示通过联系复数与向量，赋予复数几何解释，参

---

① 张奠宙，张广祥. 中学代数研究 [M]. 北京：高等教育出版社，2006：25.

考向量解释复数及复数的加减运算。由于在高中阶段不容易进行其他的相关运算，复数的指数表示和三角表示将复数的领域拓展，将指数函数和三角函数等内容联系起来，可以说，整个复数体系是建立在运算的基础上的。因此，复数的运算是高中复数概念图中尤其核心的概念。所以，复数是一种以人为的方式规定出来的数。第三，在人类认识复数的过程中，复数的几何意义发挥了至关重要的作用，在复数的概念体系中，围绕复数的几何意义，展开为复平面、复数的模和辐角、复数与几何变换等重要的概念。这些内容既说明了复数的合理性，也进一步地把复数与平面几何中的问题联系起来，再一次拓展了复数理论的发展空间。第四，关于方程的研究和讨论是复数产生的起源，在三次方程求解中创造性地引入负数开方的符号之后，使数学的发展迎来了新的生机。在初等数学中的复数内容里，围绕方程求解而产生的复数范围内根的性质是数学中的重要结论，在解决一些数学问题时常常可以起到重要的作用。具体结构见图 6.2。

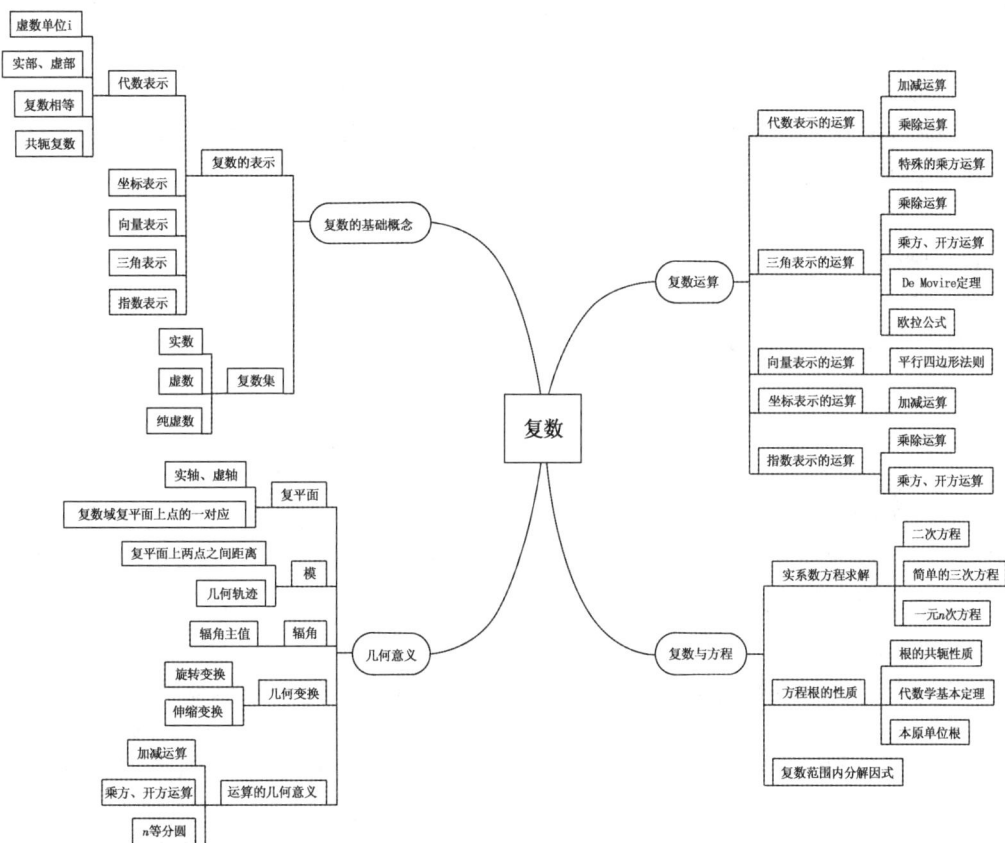

图 6.2　高中复数基本内容概念图

6.3.4　高中复数的核心概念及特征

从高中复数的概念及其相互关系可以看出，复数知识体系的综合性较强，不同概念之间纵横交错，形成知识网络，在这个知识网络中，一些具体概念成为较为关键性的枢纽，起到连接作用。例如，虚数单位 i 的出现是复数的开始，是数系扩充到复数的第一步，然后才有了复数的一般的代数表示形式；再如，复数的表示形式是复数展开的重要基础，不同的表示形式体现了复数的不同方面。与复数的平面表示直接相关的复数三角表示是复数拓展实现突破的重要转折点，有了复数的三角表示，复数可以与平面几何、三角函数、指数函数等建立联系。在高中复数的概念体系中，复数的模、辐角、复数的乘除法运算、平面几何变换、欧拉公式、De Movire 定理等一系列的内容都与复数的三角表示具有紧密联系；又如，复数的运算是复数知识体系中的一个核心概念，运算是数的基础，复数范围内的方程求解、平面几何中的变换等众多内容都与复数运算紧密联系。

在复数的概念体系中，既包括代数特征的概念，也包括几何特征的概念，复数是代数与几何的完美结合体。而在中小学的数学课程内容中，代数与几何表现为两种不同的数学，发展到高中阶段，这种界限开始变得模糊。高中复数按照其独特的内容属性，既有代数概念的特征，又有几何概念的特征。因为，代数概念具有符号化、形式化、结构化和操作化的特征[①]。几何概念的发展则参照范希尔的几何思维发展理论从感性认识开始，经历描述分析、抽象演绎，直到建立严谨的几何概念。

由于高中复数具有递进式的代数特征。复数作为一种数，在复数集上定义运算构成代数系统，说复数具有代数特征是毫无疑问的。第一，复数的表示是一种符号化的表示，这些符号既可以作为具体对象参与某些数学操作或运算，又可以作为抽象数学思维的载体，如方程 $x^2+1=0$ 中的字母 x 就是一个参与具体运算的对象，$(a+bi)+(c+di)=(a+c)+(b+d)i$ 中的字母和表达式则反映了一般的复数和复数代数形式表示的加法法则。第二，复数具有代数的形式化特征。复数作为数系的较高级别形式，是从自然数系开始逐级扩充抽象而来的。在表示复数时，一般会采用 $a+bi$ 或 $r(\cos\theta+i\sin\theta)$ 等一般的符号形式，这些不同的复数表示形式代表了复数的不同含义，因此学生可以根据实际的运算需要选择合适的形式进行操作运算，进行相应的操作时可以在形式上进行，不一定真正地理解概念的本质，如

$$r_1(\cos\theta_1+i\sin\theta_1)\cdot r_2(\cos\theta_2+i\sin\theta_2)=r_1r_2[\cos(\theta_1+\theta_2)+i\sin(\theta_1+\theta_2)]$$

学生在用复数的三角形式计算乘法时，只需要在形式上按照法则计算对应的量就可以进行一些不太复杂的计算，也不需要学生掌握复数乘法的几何意义。第三，复数具有结构性特征。复数概念与其他概念的结构化，通常认为复数是在其他数的概念基础上发展起来的，或者说是由上一级的数的概念构造生成的，如复数是由实数和虚数单位 i 构造生成的，实数是由有理数和无理数从外延上定义，有理数是由整数生成的，整数是由自然数生成的，那么这些就构成一个数的概念之间的结构。例如，复数内部概念的结构化，按照在其上定义的四则运算复数构成复数域，这是一种典型的代数结构。第四，复数概念具有代数的操作性特征。复数概念具有形式化表达，学生在学习过程中，可以按照定理和法则等内容对其进行操作，在操作的过程中，体会形式表达的含义，形成过程性理解，越来越能够刻画概念的本质特征，建立相关概念之间的关系，为最终实现概念性理解做准备。

高中复数也表现出明显的几何演变特征。说复数具有几何特征是毫不为过的，复数的几何解释是复数得以承认的关键内容之一，是复数概念的一部分。第一，将复数与复平面上的点建立对应关系。此时学生主要关注的是直观的对象，知道复数对应复平面上的点，对复平面上的点有一种感性的认识。第二，学生能够在形式上表征复数或复数的几何表

---

① 鲍建生，周超. 数学学习的心理基础与过程［M］. 上海：上海教育出版社，2009：312-314.

示。给定复数之后，能够在复平面上找到对应的点；给定复平面上的点，能够在形式上表示出对应的复数，能够在一定程度上把直观对象与其性质联系起来。例如，关注复数的实部、虚部这样的量在复平面上的相互表示，如给定复数的代数形式，在复平面上找到对应的点，对其进行旋转和伸缩等操作之后，能够表示出对应点的复数代数形式。第三，能够在复平面上找到与复数对应的几何量，能够建立几何量之间的关联，能够进行几何量之间的推理活动，并通过这些推理活动进一步认识和理解复数。例如，用复数的几何表示找出两个复数的和的一半。第四，能够在严谨的形式下推导复数表示的几何量之间的关系，能够灵活地利用复数的几何表示推导和证明有关结论，解决有关问题。例如，用复数的几何表示证明平面几何问题。

不管是复数的代数递进式特征，还是复数的几何演变特征，都是为了描述符合学生认知规律的复数概念发展过程和刻画学生在高中复数学习过程中可能表现出来的理解水平。分析复数的代数特征和几何特征可以更好地在教育发展规律之下思考高中复数课程及其内容的发展。

》》 6.4　核心素养背景下高中复数课程内容发展建议

在基础教育体系中，需要更加关注学生的发展，包括：知识学习、兴趣培养、数学思想方法渗透、数学思维能力培养、个人意志品质培养等，特别是高中阶段的数学教育，是数学学习从具体到抽象的重要过渡期，是学生数学能力和意志品质发展的关键期，因此，高中数学课程的内容和表现形式尤为重要。从学生培养的整体发展规划出发，在数学学习方面倡导可持续的数学教育思想，即通过通俗易懂的内容和方式让学生接触数学，循序渐进地深入数学学习，学习一般的数学思想方法，发展数学思维，形成数学修养，这与布鲁纳提出的以螺旋上升方式呈现内容的教育主张具有一致性。布鲁纳曾经提出，在某一学科的教学中应该首先让学生了解和掌握所学内容的基本结构，这种结构不是简单地指知识的结构，而是指这一学科中最本质的理念性或思维性的内容。当达到一定的数学水平时，再适当加强数学学习任务的难度、方法、技巧等，培养学生进一步学习的能力，在这种能力之下调节自己的学习，在数学专业上和个人品质上都能够逐步形成自我学习的能力，符合一般学生发展的社会需求，也符合数学等专业人才培养的需求。

6.4.1　核心素养背景下高中复数课程

核心素养的提出，使教育活动更加生动，教育目标更加明确和具体化。高中教育发展中提出的数学核心素养可以看成对以往高中数学教育目标的概括和升华。正如前文中提到的那样，在表现核心素养方面复数具有鲜明的特征和优势，高中复数课程内容的设置与发展也应该尽可能地发挥相关知识的优势，体现核心素养的理念与内涵。抽象性是数学的基本特征，为了加强学生的数学抽象素养发展，关键在于知识学习中的抽象过程。例如，从具体的事物到数学概念的认识过程，表现的是从数学外部到数学内部的认识过程，是数学学习中比较常见的抽象方式。再如，从已知的数学事实进一步概括得到新的数学内容的过程，是从数学内部到数学内部的递进式抽象过程，这也是数学学习中比较主要的抽象方式。复数是高中数学内容中比较"高级"的一部分内容，其来源可以看成数系概念逐级抽象发展的结果，在学习过程中，首先，应该突出强调抽象的过程，通过抽象过程，发展学生的抽象素养。该如何在高中复数学习中体现抽象的过程呢？一个重要的方面是表现出数系是如何从已有的实数扩充到复数的，对于学生学习和素养的形成这个过程是极为重要的。"实数为什么不能满足需要了？为什么要表示负数开方？$\sqrt{-1}$有什么样的意义？为什么会出现复数的多种表示形式？"等等。经历这一系列过程，伴随着复数概念的形成，学生的抽象素养将会获得有利的发展。

其次，逻辑性是数学学科的又一个主要特征，要发展学生的逻辑推理素养，在学生的学习过程中，关键是明确和强化逻辑性方面的内容，通过锻炼学生的思维，获得逻辑推理素养的发展。复数作为数学学科中的一个重要分支，在其他学科中具有广泛的应用，相关的命题和结论中都会体现出数学的逻辑性。对于零散的知识，其逻辑性一般也不会表现得太强，因此，高中复数的课程内容不应该仅介绍一些基本的概念，还应该体现概念的深入理解和概念之间的关联，系统性的知识有利于明确知识之间的关联，同时更能锻炼学生对知识的整体把握能力。在高中复数课程内容中，学生根据已知的事实，按照一定的推理形式来获得相应的结论，这是逻辑思维训练的典型过程。例如，数学建模重在体现将现实问题转化为数学问题从而进行求解的过程。在问题解决的意义上，这是一个比较系统的过程，既包括对问题的抽象和转化，还包括对问题的进一步数学表示，也需要寻求具体的数学方法解答。在刻画实际问题，复数表示数学关系等方面具有广泛的应用，借助复数的应用性可以很好地表现数学建模的过程。换一句话来说，在数学建模素养的意义下，应该充分体现复数的情境性和应用性。复数的情境性和应用性既可以在数学问题中体现，也可以在实际问题中体现，因此，用复数来解决平面几何问题可以认为是数学内部应用性的体现，用复数解决其他学科中的问题可以认为是解决实际问题中的体现。

最后，直观想象既包括几何方面的直观，还包括在空间方面的想象，是学生认识事物和感知事物的重要形式，也是发现结论、探索世界的重要方法，在高中数学中强调发展学生的直观想象素养无疑是必要的。在直观想象素养的意义下，高中复数课程内容的发展应该充分强调复数的代数特征与几何特征相结合，一方面充分认识复数的几何意义，借助复数有关的几何图形来表示复数的概念或结论，这样有助于学生利用几何图形来认识和分析问题。另一方面要结合图形与代数内容，建立它们之间的联系，体现数形结合思想。在这一方面，强化复数的几何意义是必要的。运算是数的基本特征，具体包括运算对象、运算法则和运算方法等方面内容。在高中阶段，高中的数学运算素养是学生需要强调的重要素养之一。复数作为一种运算对象，是运算素养发展的重要载体，加强对复数的认识和了解是深入发展学生运算素养的前提。在数学运算素养发展的意义上，在高中复数的学习方面，学生不但要会进行基本的运算，而且要知道运算背后的含义，明白其道理，对于一些复杂问题能够灵活运用相关的运算和法则来解决问题。如果只是考虑复数代数表示的加、减、乘、除四则运算，那就会使复数的运算相仿于多项式的运算，如果在此阶段的学习中学生难以区分，那么就会失去其意义和价值。所以，在复数的运算方面，突出复数与其他数系区别的运算是必要的，如开方的多值性运算，这对学生发展数学运算素养是非常有帮助的。

上面所做论述是以高中数学核心素养为基本背景，对高中复数内容的发展进行基本的分析。高中数学核心素养的发展是重要的，在核心素养的意义下讨论复数课程内容的发展需求也是有意义的。

　　教育的根本目的在于促进学生的发展，数学核心素养意义下高中复数课程内容，应该以促进学生对相关内容的理解为前提。实现对所学复数内容的理解，是数学学习的基本目标，也是发展核心素养的必要条件。在上一章关于学生复数理解的测评中，结果显示出学生的复数理解水平较为基础，在对学生的复数问题求解表现进行归纳和分析中，进一步表明，学生的理解水平不高的原因并不在于所学的复数知识有多难，而是在于高中复数课程内容过于简化和不完善。因此，按照人们对高中复数地位的肯定，以知识理解为基本前提，以数学核心素养发展为基本目标，探寻合理恰当的方式强化高中复数课程内容是必要的。

6.4.2　高中复数课程发展进一步建议

　　关于课程一词的含义，专家学者还没有得到完全一致的意见，本书中所讨论的课程内容主要是指高中复数的知识内容及其基本的组织形式。例如，前文所述，在专家学者的研究下，高中复数课程目标明确，并已经形成了比较稳定的体系。但随着社会的发展，对教育中人才培养的需求也在发生变化，课程也要随之进行一定的调整。通过针对高中复数具体研究过程，有一定的理由认为，当前的高中复数课程内容存在一些不足之处。如当前的知识体系上缺少复数概念本质性的反映，体现在具体内容上复数与实数的本质区别不明显，这样不利于达成复数的教学目标要求。又如，复数的特殊性优势体现在同时包括向量、三角等方面的功能，既有旋转又有伸缩等几何特征，可以一次性实现多个方面的几何特征。再如，用 $i^2 = -1$ 容易掩盖复数的本质，对深入学习和理解复数是一种典型的障碍。自从三次方程公式解法的探索中引入负数开方符号以来，复数开始出现，经过数百年的发展，复数理论成为数学学科中的重要分支之一。高中数学课程标准中明确提出，高中复数的基本课程目标是，通过学习使学生认识和了解数系扩充，让学生感受到复数引入的必要性和合理性。复数的认识不仅需要在意识上知道有这样一种数的存在，而且需要了解这种数的表现形式及其相关运算，更要清楚复数与实数等其他数系的本质不同。数系发展的重要依据是定义在其上的运算，复数来源于实数系的扩充，按照数系扩充的原则，复数具备实数集上的运算，还具有实数集上不是总可实施的开方运算，在表示形式和其独特运算的基础上，复数知识体系表现出多样性。因此，本书研究中将依据实践研究，结合教育理论，主要针对高中复数的内容选择和知识的表现形式等方面提出基本建议，不论是从培养学生核心素养的角度，还是从给学生今后的学习提供必要的知识基础角度，高中复数内容的发展应该包括以下几个方面。

6.4.2.1　坚定高中复数课程基本地位

　　数学是高中课程的基本学科，复数理论是数学学科中的重要内容，复数知识的典型特征使它能够成为学生数学核心素养发展的良好载体。中国历年普通高中数学课程教学大纲或课程标准中都指出了复数的重要性，而且国际上很多国家也都把复数作为高中数学的基本内容，并且复数是学生进入大学理工类专业继续学习的必要知识基础。复数及其理论具有其独特的历史发展背景，与平面几何、三角函数、指数函数、代数结构等数学知识具有较为广泛的联系，在物理、工程等不同领域表现出了不凡的实用价值，在学生的思维品质的发展、数学素养的提高、数学知识结构完善等方面具有重要的教育价值。从人才培养的长效发展机制来说，高中复数是数学中的有机成分，有利于体现人类在数学上的发现方法与历程，展示了人类在数学研究中的创新性思维发展，复数知识本身就具有优势以促进学生的学习和发展。从高中数学的课程目标来说，复数的学习有助于学生获得进一步学习的基础知识和基本技能，对复数知识的深入理解有助于学生获得数学基本思想，通过复数的知识展开掌握基本数学活动经验。复数曲折的历史发展过程和其表现出来的与其他知识主题的普遍联系，使学生通过复数的学习，可以提高学习数学的兴趣，培养善于思考、严谨求学的科学精神，促进创新思维的发展，认识数学的重要价值等。因此，高中数学课程中应该坚持复数的基本地位。

6.4.2.2 保证高中复数知识体系相对完整性

在基础教育中，数学课程开发往往要遵循一定原则，在传统的数学教育中，分散难点是课程的根本原则之一，这对于基础教育中的数学课程来说是非常正确的，有利于促进学生的学习，但如果过分夸大或过于简单化就会变为错误的东西，因为教学内容若被分割为联系薄弱的片段，数学的综合思想和策略就会被忽视，数学内容很容易被学生看作孤立问题的集合，这种原则被异化的现象在课程开发中尤其要注意①。学生的数学核心素养发展离不开知识的深入理解，由于完整的知识结构可以加强学生对知识的理解，促进学生素养的发展。在知识的逻辑上，从学生最开始接触自然数时，小学阶段增加正的分数逐渐将数的学习范围扩大到算术数集，到初中阶段开始学习负数和有理数，数的范围扩大到整数集和有理数集，接着学习无理数后，初中阶段就已经把学习的数的范围扩大到了实数集。在数的认识过程中，在相对较早的时间里学生就已经完成了从自然数集到实数集的数系扩充过程，这个系列过程充实而连贯。复数是在高中阶段后期才学习的内容，为了减少复数学习可能带来的突兀感，应该以某种方式明确复数学习的目的，强调数系发展的关联性和自然性。数系扩充的两种基本方法是添加元素法和构造法。19 世纪 40 年代，高斯与哈密顿（W. R. Hamilton）把复数规定为实数序偶，因为从实数序偶开始，可以用构造法把实数域扩张到复数域，这样能够比较严谨地体现数系扩充过程。从初学者的接受难易程度上，添加元素法更容易接受，中学也是采用的这一方法教学，即以虚数单位 i 引出复数的一般代数表示。但是不管是构造法还是添加元素法，定义复数集上的运算才是关键，有了运算，复数集才能构成代数结构。随着数系的每一次扩充，加、减、乘、除的意义都得到扩展，并且四种运算在交换、结合和分配等重要性质方面保持相同，而且在新数系中的含义与扩充之前的含义保持一致，这是数系发展的连续性和整体性表现。每一次数系扩充中运算从"不能到能"的变化是扩充的本质需求，是前后两个相邻数系的本质区别。就如从实数系扩充到复数系那样，只有区别于实数集的负数开方运算，才能表现出数系的扩充。按照数系扩充的原则，数系从实数集扩充到复数集后，实数集是复数集的真子集，在原来实数集运算的基础上增加负数开方运算形成复数集上新的运算系统，最重要的是新增加的负数开方运算在复数集中是总可施行的，这是数系扩充的主要目的②。所以，可以在开始学习复数之前做一种归纳性的介绍，归纳自然数集到实数集的学习过程，再通过恰当的问题或方式开始复数。让学生了解数系扩充的原因、遵循的规律，引导学生认识到数系扩充过

---

① ROLF BIEHLER. 数学教学理论是一门科学［M］. 唐瑞芬，等译. 上海：上海教育出版社，1998：39.
② 李长明，周焕山. 初等数学研究［M］. 北京：高等教育出版社，1995：9-10.

程的抽象性和主要研究问题①。这样可以使整个数系过程明确串联为一个整体，有目的性地提示学生：复数是与其他数一样的一种数，复数集上一定也和其他数集一样定义了运算，再者，学生以前关于其他数集学习的经验也会比较自然地迁移到复数学习。

高中复数学习的基本目标之一是表现数系扩充，是在实数基础上的数系扩充，将整个数系看成一脉相承的整体，会使学生在学习过程中迁移以前的经验，更容易接受复数。因为，数系扩充是数学的发展过程，从自然数开始，促进扩充的动力来源于数学内部或外部的实际需要，逻辑上表现为满足进一步运算性质的需要，虽然数系发展的历史过程与逻辑顺序不同，但最后都是扩充到复数系。按照基础教育中的数学内容体系，高中复数的数系扩充应该着重表现出与它之前数系——实数系的关联性，在学习过复数内容之后，应该让学生知道是如何从实数系扩充到复数系的。这个过程包括问题的起源、矛盾的所在、复数出现的必要性。不能得到合理解释的数学内容很难被接受，复数的历史发展过程告诉了我们复数被数学家所接受的过程是曲折的，能够被广泛接受主要得益于复数的几何解释，对于学生的复数学习也是一样。数学教育中总是强调理解，学生应该知道复数为什么可以存在，与其他虚构的符号有什么不同。无论如何，适当的推理能力和流畅的运算能力都是数学学习中最重要的能力。运算是数系的核心部分，在引出复数之后，形式上与之前的实数截然不同，这种新的数已经是由实部和虚部两个部分组合而成的了，原来实数中的加、减、乘、除、乘方、开方等运算是否还是可行的呢？这种新的数与扩充之前的实数有哪些不同呢？按照认知心理学的理论，在学习两个比较相近的内容时，首先，可以借助类比的方式帮助学生以一个内容为基础引入对另一个内容的认识；其次，就要注意区分二者以免混淆，对于在实数基础上扩充而来的复数，也应该适当强调复数区别于其他数系的本质特征，如复数的开方运算等。综合来说，高中复数的内容应该是符合教育要求和学生认知要求的完整知识体系，既要符合学生在当前的学习要求，也要满足学生今后发展的需要。

6.4.2.3　突出复数部分核心概念

在宏观上应该强调复数知识体系的完整性，而在具体内容上，复数部分的一些核心概念应该得到加强。按照布鲁纳的结构课程理论，数学教学中应该传递给学生本学科中的基本结构和观念。顾泠沅先生在《教学任务的变革》一文中也明确提出过这样的主张，"从教育的根本目的出发，为了学生的可持续性发展，核心知识应该是学生学习的真正主干。"高中复数中的核心概念起到对这部分内容的支撑和传递基本结构和观念的作用。过于简化的复数内容和结构可能会使学生的学习和理解缺少必要的支撑而不能形成恰当的认知结构。我国老一辈数学家曾经为数学学习总结了这样一条经验：学习数学最怕的是吃夹生饭，如果一些东西学得糊里糊涂，再继续往前学，则一定越学越糊涂，结果将是一无所获。在现行的高中复数课程体系中，代数表示的四则运算是强调较多的部分。考虑学生的知识基础与认知结构发展，高中复数不必讲解较为抽象的代数结构，而应该加强代数结构的核心要素——复数集上的运算。20 世纪起源于美国的"新数运动"已经给基础教育中的数学课程起到了警示作用，高等数学知识下放到中学，过于抽象的数学内容对学生理解数学起到了阻碍作用。基于学生的继续学习，高中复数可以看成广阔复数理论的开端，在

---

① 林京榕. 渗透数学文化，落实核心素养：以"数系的扩充和复数的概念"教学为例［J］. 中学数学教学参考，2017（22）：31-34.

高中阶段，既要让学生开始学习复数的基本概念等内容，也要为学生的后续学习做好准备。此外，有一些核心概念应该进一步强化，如复数的三角表示等多种表示形式、复数的模等概念。

复数的三角表示是复数的一种重要表示形式，是复数与其他知识主题联系的纽带的核心内容。例如下面的问题①。

【例】已知 A 为定圆 O 外的定点，P 为这个圆上任一点，以 AP 为边作正三角形 APZ（A，P，Z 取顺时针方向），求 Z 点轨迹。

解：如图 6.3 所示，以 O 为原点，OA 所在的直线为实轴，建立复平面。设 $|OA|=a$ （$a>0$），圆的半径为 r，则

$$p=r\,(\cos\theta+i\sin\theta),\ (0\leq\theta<2\pi)$$

因为可以把 AP 按照顺时针方向旋转 $\dfrac{\pi}{3}$，得到 AZ，于是有

$$z-a=(p-a)\left[\cos\left(-\frac{\pi}{3}\right)+i\sin\left(-\frac{\pi}{3}\right)\right],$$

进一步可以求得

$$z=r\left[\cos\left(\theta-\frac{\pi}{3}\right)+i\sin\left(\theta-\frac{\pi}{3}\right)\right]+a\left(\frac{1}{2}+\frac{\sqrt{3}}{2}i\right),$$

$$\left(-\frac{\pi}{3}\leq\theta-\frac{\pi}{3}<\frac{5\pi}{3}\right)$$

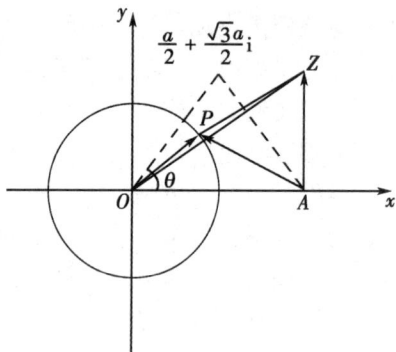

图 6.3　例题图

因此，可以判断所求轨迹为 $\left|z-\left(\dfrac{a}{2}+\dfrac{\sqrt{3}\,a}{2}i\right)\right|=r$。

这里巧妙地借助将复数与平面几何问题联系起来，表示数学量之间的关系，复数的三角表示及其运算在描述几何量的长度和角度等可以看成伸缩变换或旋转变换的位置关系时，发挥了它的优势，更明显的是，在这里复数的三角表示将平面几何问题、带有数量关系的代数问题、三角函数运算等知识主题的内容协调为一体，对学生深入理解数学内容是有帮助的。复数的多种表示形式代表了复数的不同属性和特征，同时具备代数、向量、三角等方面的功能，这是复数的一个重要特性，掌握多种形式的复数表示形式对深入理解复数是重要的。特别地，不管是高等数学中的复数理论还是在初等数学中的复数应用，复数的三角表示都是重要的。

在复数部分与几何意义直接相关，复数的模是可以具有更加一般意义的一个数学概念，其表示复数对应向量的长度，也是复数三角表示中的一个重要组成部分。复数的模是度量的一种具体表现形式，度量是分析理论中的重要的基础性概念，从复数的模可以引申到度量的概念，这就隐含着学生继续学习的发展性内容，由度量又可以引申到极限这一重要的微积分概念，从而发展为更为广阔的复数理论，重视复数的模有利于为学生的后续学习以复数为基础的分析理论奠定坚实的基础。

---

① 余元希，田万海，毛宏德. 初等代数研究：上册 ［M］. 北京：高等教育出版社，1988：122.

6.4.2.4　加强虚数单位 i 引入情境性

数学情境是数学学习的重要内容，也是数学核心素养发展的重要方面，加强数学知识产生和发展的情境是重要的。虚数单位 i 是数系扩充过程中的起始内容，是学生对数的概念认识的新鲜事物，是学生理解复数的关键要素，是复数相关概念中的核心概念。但实际上受到课程内容呈现和教学方法的影响，学生在学习复数之后，常常认为虚数除了使得如 $x^2+1=0$ 一类方程有根以外没有实际意义[①]。要改变这种状况，应该加强虚数单位 i 引入的情境性。

首先，对于虚数单位 i 需要明确其来源，熟悉其表征方式和运算依据等。以简化方程 $x^2+1=0$ 的解的形式引出虚数单位 i 的特点是形式比较简洁，从形式上接受起来比较容易。但若后续复数内容一直缺少复数产生的背景等相关内容，容易让学生误以为虚数单位 i 这个符号只是随意构造出来的，况且也与复数的发展历史相差甚远。单纯的这种方式，不足以揭示复数概念，甚至会掩盖复数的本质，又怎么能体现复数引入的合理性和必要性呢？不难否认，求解方程 $x^2=-1$，给出了复数与方程之间关系的提示，相对容易使学生在形式上认识虚数单位 i，但这还远远不够，在学生能够从形式上认识复数之后，还应该想办法促使学生在本质上理解复数。

其次，可以借助历史上的三次方程求解的卡尔达诺公式方法开始引入复数。但考虑这个公式的内容虽然是初等方法，对于高中生来说整个过程却比较陌生，解释起来颇费周章，再加上相关内容的讨论就更不容易了。为了直观和直接地引入复数，可以结合图像的直观方法并以数学史的文化渗透方法直接告诉学生三次方程求根公式，这样更加符合课程的目标定位和学生学习的认知能力需求。可以按照如下过程引入。

16 世纪数学家们已经可以用公式法求解形如 $x^3+px+q=0$ 的实系数一元三次方程，求根公式为[②]：

$$x=\sqrt[3]{-\frac{q}{2}+\sqrt{\left(\frac{q}{2}\right)^2+\left(\frac{p}{3}\right)^3}}+\sqrt[3]{-\frac{q}{2}-\sqrt{\left(\frac{q}{2}\right)^2+\left(\frac{p}{3}\right)^3}}$$

对于三次方程 $x^3-15x-4=0$，对应有 $p=-15$，$q=-4$，其对应的三次函数图像如图 6.4 所示。

从图像可以看出，这个三次方程应该有三个实根，但在应用上述求根公式计算时，有：

$$x=\sqrt[3]{-\frac{-4}{2}+\sqrt{\left(\frac{-4}{2}\right)^2+\left(\frac{-15}{3}\right)^3}}+$$

$$\sqrt[3]{-\frac{-4}{2}-\sqrt{\left(\frac{-4}{2}\right)^2+\left(\frac{-15}{3}\right)^3}}=\sqrt[3]{2+\sqrt{-121}}+$$

$$\sqrt[3]{2-\sqrt{-121}}$$

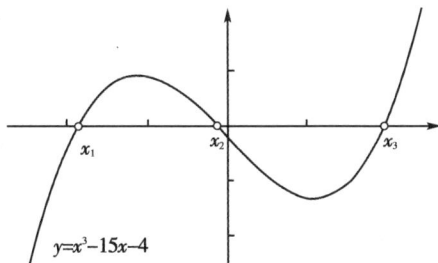

图 6.4　对应的三次函数图像

在计算过程中，出现了 $\sqrt{-121}$ 这样的负数开方，

---

① 曹林. 虚数不虚："复数的概念"教学实践［J］. 上海中学数学，2017（9）：27-29.

② 张奠宙，张广祥. 中学代数研究［M］. 北京：高等教育出版社，2006：83.

按照传统方法似乎没有办法进行计算。但在解决这个问题时，数学家创造性地引用了负数开方的符号，记$\sqrt{-1}=i$，进一步令$\sqrt{-121}=\sqrt{121}\cdot\sqrt{-1}=11\sqrt{-1}==11i$，则上面计算未知数$x$的公式计算结果中$2+\sqrt{-121}=2+11i$ 和 $2-\sqrt{-121}=2-11i$，像这样的，形如$a+bi$（a，$b\in\mathbf{R}$）的数叫作复数。通常用字母z表示，即$z=a+bi$（a，$b\in\mathbf{R}$）。

6.4.2.5 丰富复数几何意义相关内容

复数的几何意义是直观想象素养的直接表现。几何意义也是复数获得广泛承认的基本原因，通过复数的几何解释，人们逐渐接受、使用并发展复数。高中复数课程配合复数的表示形式和运算等内容，再比较系统地阐述复数的几何解释，使学生领会复数引入的合理性。著名数学家菲利克斯·克莱因曾经说过，如果不想用系统发展的叙述而使学生感到厌烦，当然也不进行抽象的逻辑解释，那么我们就应当把复数解释为所熟悉的数的概念的扩张，避免任何神秘感。首要的是应当使学生立刻对复平面上的几何作图说明形成习惯①。复数的几何意义内容较为丰富，通常情况下，借助二维实数对这一中介使复数的代数表示与复平面上的点之间建立一一对应关系，使复数的研究和应用领域大大拓展，从而使复数迸发崭新的活力。由复平面可以定义复数的模和辐角，这样复数可以借助三角函数来表示，即复数的三角表示。复数可以同时具备旋转变换、伸缩变换等平面几何特征，在解决平面几何问题时可以发挥更大的作用。复数的几何意义既是对复数存在性的解释，也是对复数运算合理性的说明，阿尔冈曾经用与虚数单位 i 对应的90°旋转变换来解释 1 转换为−1 的过程，这样的过程现在可以用来解释复数的运算。在高中复数中，通常用向量的平行四边形法则来解释复数的代数形式的加、减运算，由复数的三角形式来解释复数的乘、除运算和乘方、开方运算。复数表达式的轨迹问题也具有典型的几何意义，用复数的式子来描述几何轨迹的是数学中的常用方法。

复数的几何解释是复数理论的重要组成部分，在复数的发展过程中具有重要地位，为人们认识和理解复数提供了合理性。我国的高中复数课程经历了多次的调整，但复数的几何意义一直都是基本内容之一。在数系的理解上，引入有理数可以把分蛋糕作为背景，引入负数可以把温度的计量作为背景，引入无理数可以把几何作图作为背景。以什么内容作为复数学习的背景更合适？三次方程公式求解是复数发展历史上的背景，但有人认为过程比较烦琐，所以与复数紧密相关的复数几何意义是值得深入考虑的另一个方面。复数能够用来表示平面几何上的旋转变换和伸缩变换，虚数单位可以用来表示基本的变换单元，结合平面几何知识，再引导学生学习复数会相对容易。复数的几何特征包括复数与复平面上点之间的一一对应，还包括对复数相关运算的几何解释，从加、减、乘、除四则运算到乘方、开方、n 次方、开 n 次方等运算都可以用几何意义来解释，直接给复数和复数的运算赋予直观的意义。

6.4.2.6 加强复数范围内方程问题讨论

复数与方程是直接相关的内容，复数是方程求解的方法和工具，方程是复数的起源，是体现复数运算的重要知识载体，可以通过方程求解展现引入复数的必要性。在较早时期

---

① 菲利克斯·克莱因. 高观点下的初等数学：第一卷［M］. 舒湘芹，陈义章，杨钦樑，译. 上海：复旦大学出版社，2008：80.

求解如一元二次方程这一类的方程时，若判别式小于 0 则可以直接认为方程无解，但在 16 世纪之后，数学家研究三次方程公式求解时引入了负数开方符号参与运算，这使方程根的存在性的情况发生了改变，人们在讨论方程的根时情况就变得复杂得多。方程是复数产生的根源，要使学生直观地看到复数引入的必要性，将复数与方程结合起来是较好的一种方式，我国之前的教学大纲中就包括复数范围内的方程问题，且国外的高中数学课程标准中的复数部分也大多包括方程问题，有的复数课程内容中还包括代数学基本定理这一结论。在高中生复数理解水平的测试研究中，有的学生在复数的表征水平上表现出了一定的不足，即不能在复数问题求解的过程中按照需要准确地表征出复数的代数形式，导致无法完成问题求解。如何让学生在复数学习的过程中准确地表征复数，单纯地认识和记住一些符号是不够的，需要给学生提供恰当的问题情境，所以带有理解性地看待复数问题，可以通过方程求解中的负数开方问题加深学生对复数的认识与应用，让学生不但能够掌握复数的表征形式，而且能够根据问题条件的判断灵活处理复数问题。

6.4.2.7　注重复数课程衔接

数学课程中蕴含的基本思想和基本方法往往体现在一系列的数学事物中，加强数学课程的衔接有助于"四基"和"四能"的体现。课程作为学生在学校课堂学习的基本素材，对学生的学习有很大影响。学校教育中的数学课程应该注重连贯性，连贯性可以使得学生在数学学习中形成综合的数学观念、数学思想，并能够有效地了解数学的发展机制。也应该突出重要的数学内容，这些内容在某一教育阶段的数学学科中占有重要的地位，具有重要的意义，同时这些内容需要学生花费更多的时间来完成，需要学生倾注更多的精力来思考。对于数学内容的具体安排需要明确，既体现出知识的关联性，避免不必要的重复，也可以把它们作为深入学习和研究的基础①。

在普通高中数学课程标准修订的过程中，一定程度上参考了基础教育中的数学内容和高等数学中的内容。在高中复数课程部分既应该关心与之前数学课程的衔接，也应该关心与后续数学课程的衔接。在高中数学的课程内容方面，人们按照认知心理学理论，总是强调课程的系统性，复数是基础教育数学课程中统摄性比较强的一部分内容，主要是因为复数与其他多个知识的关联性较强，能够把多个知识综合在一起，因此，在高中复数的课程内容上，可以适当关注与相关内容的衔接，如与代数、三角函数、平面几何等内容的关联，将多个内容通过复数建立起知识体系，实现知识的整合。而且，大学里的高等数学是初等数学内容的延续，或者说高等数学内容的运行和发展以初等数学为基础，初等数学的学习质量将会影响高等数学的学习。在高中复数的课程目标上，复数是学生今后进入大学继续学习的知识基础，因此，高中复数课程的发展需要与大学数学课程衔接。这种衔接应该着重关注两个方面：第一是高中复数与大学中的复分析、物理等学科中的复数理论中的知识衔接，为学生准备必要的知识基础，使学生在进入大学学习之后能够具备一定的复数知识起点；第二是在学习过程中学生的认知衔接，高中复数应该避免过于烦琐和复杂，重在为学生提供关于复数理论的认知基础，让学生通过一定的复数知识体系掌握复数理论的基本观念和结构，如教育家布鲁纳说的那样，当学生掌握了这个学科的基本结构时，以后

---

① 全美数学教师理事会. 美国学校数学教育的原则和标准［M］. 蔡金法，吴放，李建华，等译. 北京：人民教育出版社，2004：16-17.

学习相关内容就会更容易。

6.4.2.8 加强数学文化内涵

通过学习数学内容促进学生必备品格的发展是数学核心素养理念的一个方面。数学文化的熏陶对学生的品格、态度等方面的发展具有良好的促进作用。在我国的高中数学教科书中通常都包括一些拓展阅读的数学文化内容，新加坡的高中数学课程标准中也明确给出数学史等文化内容，如让学生阅读并讨论文章《17 个改变历史进程的方程式》。研究结果表明，认知的历史维度和文化基础已经是当前研究中的重要内容，社会的历史文化视角既产生了新的认知观念，也产生了新的知识观和认知主体观，认为知识是通过认知主体而产生的，这些主体在其生产活动中被纳入历史上形成的思维传统①。以课程为载体的高中生数学学习作为特定的认知形式需要考虑其历史和文化因素，虚数的出现就是历史背景下的符号化过程。数学知识的历史发展过程在一定程度上反映了有关知识的逻辑关系和在思维上被接受的难易程度。

不论在复数知识本身，还是在历史人物事件上，复数的历史发展过程都具有戏剧性色彩。费罗等与塔塔利亚居然利用求解方程来赌钱，卡尔达诺违背诺言将三次方程求根公式公示于众，但同时促进了数学的传播，这些如小说情节一样的复数历史发展过程能够深深吸引学生，可以激发学生数学学习和数学研究的兴趣。在教学中，回归复数产生的历史，利用真实的历史发展情境和本源性的数学问题，让学生从根本上认识和理解复数，认识到复数产生的合理性和必要性②。在三次方程公式求解过程中，借助方程 $x^3-15x-4=0$ 的讨论，可以让学生知道当判别式小于 0 时不能像从前那样直接得出方程根不存在的结论，这也是数学家为什么要引入负数开方这一表示的原因，因此，数学史内容有助于学生了解复数的发展动机。在出现了负数开方的符号表示 $i=\sqrt{-1}$ 之后，数学家又从运算的合理性方面对复数的运算规律进行研究，规定了复数的运算法则，满足复数的运算需求，阿尔冈对 $1,x,-1$ 这样三个数的变换关系的解释也有利于学生进一步了解复数。因此说，复数的发展历史有助于学生了解数学家的思维过程。复数的历史发展过程就是复数知识体系逐渐建立的过程，每一步都与人类的认知紧密相关，因此，复数的历史发展过程有利于学生了解复数的知识脉络和理论依据。在认识复数的历史发展过程中，也让学生感受到，在打破传统模式的限制后，数学思想可以产生巨大的创造力，从而拓展新的数学领域③。综合来说，虽然复数的历史发展过程的内容不可能一一在高中复数课程中详尽地展现出来，但适当地呈现相关的复数发展历史，对学生的复数理解和数学文化素养的发展都是有帮助的。

① BAGNI G T. Bombelli's Algebra（1572）and a new mathematical object［J］. For the learning of mathematics, 2009, 29（2）: 29-31.

② 闫东, 高学明. HPM 视角下有关复数问题的教学解析［J］. 中学数学, 2011（5）: 6-7.

③ 纪志刚. 从记数法到复数域: 数系理论的历史发展［J］. 上海交通大学学报（哲学社会科学版）, 2003（6）: 42-47.